U0574550

BLUE BOOK

智 库 成 果 出 版 与 传 播 平 台

电子竞技蓝皮书

BLUE BOOK OF E-SPORTS

中国电子竞技发展报告（2023）

THE DEVELOPMENT REPORT OF E-SPORTS IN CHINA (2023)

电子竞技社会价值

主　编／段　鹏　张易加

副主编／王筱卉　季　彬

社会科学文献出版社

SOCIAL SCIENCES ACADEMIC PRESS（CHINA）

图书在版编目（CIP）数据

中国电子竞技发展报告.2023：电子竞技社会价值／
段鹏，张易加主编.--北京：社会科学文献出版社，
2023.4
（电子竞技蓝皮书）
ISBN 978-7-5228-1610-4

Ⅰ.①中… Ⅱ.①段… ②张… Ⅲ.①电子游戏-运
动竞赛-体育产业-产业发展-研究报告-中国-2023
Ⅳ.①G898.3

中国国家版本馆 CIP 数据核字（2023）第 054343 号

电子竞技蓝皮书

中国电子竞技发展报告（2023）
　　——电子竞技社会价值

主　　编／段　鹏　张易加
副 主 编／王筱卉　季　彬

出 版 人／王利民
责任编辑／张炜丽　路　红
文稿编辑／张　爽
责任印制／王京美

出　　　版／社会科学文献出版社（010）59367194
　　　　　　地址：北京市北三环中路甲 29 号院华龙大厦　邮编：100029
　　　　　　网址：www.ssap.com.cn
发　　　行／社会科学文献出版社（010）59367028
印　　　装／天津千鹤文化传播有限公司

规　　　格／开　本：787mm×1092mm　1/16
　　　　　　印　张：15　字　数：223 千字
版　　　次／2023 年 4 月第 1 版　2023 年 4 月第 1 次印刷
书　　　号／ISBN 978-7-5228-1610-4
定　　　价／168.00 元

读者服务电话：4008918866

主要编撰者简介

段　鹏　中国传媒大学党委常委、副校长，中国传媒大学媒体融合与传播国家重点实验室常务副主任，国家舆情实验室常务副主任，科技部"111引智计划"智能融媒体基地主任，国家语言文字推广基地主任，教授、博士生导师，享受国务院政府特殊津贴。国家有突出贡献中青年专家、中宣部"四个一批"理论人才、国家中长期科技发展规划融媒体科学首席科学家。北京大学、悉尼大学等11所国内外知名高校兼职教授或特邀研究员，ESCI英文期刊 *Global Media and China* 联合执行主编，发表和出版中英文学术成果600多万字，是我国媒体融合与传播研究领域具有影响力的学者之一。

王筱卉　中国传媒大学数字媒体与艺术学院副教授，哲学博士，中国传媒大学5G智能媒体传播与产业研究院院长，中国传媒大学-虎牙电竞研究中心主任。主要关注戏剧影视学相关研究，尤其是数字创意设计和电子竞技领域。曾主持和参与多项省部级以上科研项目，参与策划执导数档大型活动及综艺晚会，发表的多篇论文被CNKI收录并被多次引用和下载，科研及教学实践成果丰硕。同时是北京（国际）大学生电竞节创始人和多个大型活动及综艺晚会的总导演、制作人，多部电影及电视剧导演、制片人，其作品曾荣获中宣部"五个一工程"奖、中国金鸡百花电影节金鸡奖等多项国内外大奖。

宋　芹　中国传媒大学媒体融合与传播国家重点实验室助理研究员，传播学博士。研究领域为国际传播、媒体与数字文化、智能融媒体传播。主持国家语言文字推广基地重点建设项目"基于全媒体的中华经典诵读作品融媒体传播及平台建设"、国家广电总局社科项目"智能融媒体环境下视听业未来发展研究"等，参与多项国家级和省部级重要课题以及国际科研合作项目，多篇舆情专报被政府有关部门采纳，并在国内外期刊发表多篇学术论文。曾赴美国东北大学等高校担任访问学者，撰有专著《社交媒体语境下的西方后真相问题研究》，译有《流行音乐、数字技术与社会》。

摘　要

电子竞技脱胎于电子游戏，与体育竞赛密切相连，作为现代科技发展的产物，作为支撑百亿规模产业的基础，中国电子竞技筚路蓝缕，已然成为人们社会生活的重要组成部分。

近期，8 个电子竞技项目被纳入 2022 年第 19 届亚运会竞赛项目，这是继 2018 年电子竞技成为雅加达—巨港亚运会表演项目后，首次作为亚运会正式竞赛项目出现在公众视野中，亦是对电子竞技规则公平性、价值取向正确性及国内国际影响力的综合认可。作为集科技、体育、文化、社交于一体，拥有独特商业、文化及用户价值的数字文娱类体育项目，电子竞技文化彰显了亚文化现象的丰富性和多元文化表达的重要性，对提升国民竞技精神、益智能力及美学接受度等均起到正向价值引领作用。截至 2021 年 12 月，全国共有 23 个省（区、市）出台电子竞技行业支持性政策，我国电子竞技行业正处于蓬勃发展阶段。

电子竞技是一种新型的智力经济和娱乐项目，我国电子竞技蓬勃发展，但与欧美等发达国家和地区相比仍有较大差距。厘清中国电子竞技的社会价值，系好社会责任的"第一颗扣子"，使其实现"弯道超车"显得尤为重要。"电子竞技+教育""电子竞技+公益""电子竞技+海外"等概念方兴未艾，不断拉近大众与电子竞技之间的距离。中国电子竞技应当发挥其在经济、文化、社会等方面的正向引导作用，承担相应的社会责任，去粕取精，努力成为人民群众喜闻乐见的休闲娱乐体育产品，为国家增强文化软实力、不断提升国际传播影响力贡献应有的力量。

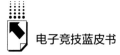

电子竞技如何传播社会正向价值？本报告立足新时期新阶段我国电子竞技产业发展现状、特性及问题，探索包括电子竞技模式、电子竞技用户和电子竞技培养等在内的多元化模块和整合性内容，借助游戏说（哲学）及文化传播视角，综合运用文献资料法、对比分析法、专辑访谈法、个案研究法、三角互证法等，分析电子竞技作为文化载体出海的可能性、策略及效果，并完善整体产业布局，最后从社会行为和认同的角度完成正向价值的认知。

关键词： 电子竞技　文化传播　社会价值

目 录 ↖

Ⅰ 总报告

Ⅱ 分报告

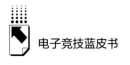
皮书数据库阅读 **使用指南**

总 报 告

General Reports

B.1
中国电子竞技发展报告（2023）

段 鹏 宋 芹 张斯充*

摘 要： 电子竞技诞生至今已有60余年，其比赛和竞技形式在不断变化发展，迭代更新。我国电子竞技行业起步稍晚，但已逐步追上潮流并有赶超之势，并日渐成为行业的"弄潮儿"。中国电子竞技用户规模不断扩大，市场规模逐步增长，呈现技术升级、生态建设、认知破圈的特点。伴随电子竞技依托载体的发展和大量高新技术的使用，未来电子竞技将朝着移动化、科技化的方向发展，向着新兴体育产业转型升级。从电子竞技的本体出发，可将其看作体育竞技和文化娱乐的重要内容。电子竞技拥有世俗化、平等化、专业化、合理化、科层化、

---

* 段鹏，中国传媒大学党委常委、副校长，中国传媒大学媒体融合与传播国家重点实验室常务副主任，国家舆情实验室常务副主任，科技部"111引智计划"智能融媒体基地主任，国家语言文字推广基地主任，教授、博士生导师，享受国务院政府特殊津贴，研究方向为智能媒体传播、媒介理论与历史、国际传播；宋芹，中国传媒大学媒体融合与传播国家重点实验室助理研究员，研究方向为国际传播、媒体与数字文化、智能融媒体传播；张斯充，中国传媒大学传播研究院硕士研究生，研究方向为媒体融合、智能传播。

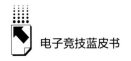
量化和纪录化的现代体育特征，并逐步成为当下人们娱乐生活的重要组成部分，构建起自身的文化生态版图。我国电子竞技产业正处于爆发式增长期，增速虽有所放缓，但在质量上有较大提升。电子竞技与在线直播、影视文化、城市发展、酒店产业和高等教育等产生着良好的"化学反应"，表现出一种多业态融合的趋势。电子竞技产业的未来蕴藏无限可能。

关键词： 电子竞技　体育竞技　文化娱乐

一　历时与共时：电子竞技源流、现状

（一）世界电子竞技历史源流

由发光二极管到屏幕显示，从主机端到 PC（个人电脑）端再到现在的移动端，从线下对战到通过局域网、互联网对战，可以说，电子竞技的发展离不开电子游戏和信息技术的发展，电子游戏和相关电子移动设备的进步带动了电子竞技的发展。电子游戏最早出现于 20 世纪中叶，"阴极射线管娱乐装置"是人类历史上采用电子视觉化显示器的互动式电子类游戏，在这个游戏中，玩家需要通过按键向敌机开火，击中敌机后获得胜利，① 这被业界公认为电子游戏的雏形。1962 年，美国麻省理工学院（MIT）的学生斯蒂芬·罗素（Stephen Rusell）设计了一款游戏《太空大战》（*Space War!*），该款游戏革命性地实现了双人交互，被认为是 PC 端游戏的起点，它可以使双人同时参与游戏，开启了全新的"竞技模式"。1972 年，美国斯坦福大学

---

① Silberman, Gregory P. "Patents are Becoming Crucial to Video Games," *The National Law Journal*, August 30, 2006.

（Stanford University）的学生在实验室里举办了"泛银河系太空大战奥运会"（Intergalactic Spacewar Olympics），这被认为是世界上第一场电子竞技比赛。① 此后电子竞技在美国、日本、韩国等地不断发展，经历了从主机端游戏到 PC 端游戏的转型，游戏种类不断丰富，各类比赛和竞技形式也在不断扩充。

从电子竞技的发展历程来看，可以以 10 年为一个阶段来划分电子竞技的发展史。20 世纪 50 年代，计算机时代开始，这为电子竞技的出现提供了技术和硬件准备。20 世纪 60 年代，竞技性电脑游戏和多人互动电脑游戏开始出现，电子竞技萌芽初现。20 世纪 70 年代，"泛银河系太空大战奥运会"成为世界上第一场电子竞技比赛，而当时的奖品仅是《滚石》杂志（Rolling Stone）一年的免费订阅权，由于技术设施的局限，早期参与电子竞技的人群仅局限在大学和相关科研机构，电子竞技并未普及。20 世纪 70 年代，随着"Magnavox Odyssey"的推出，出现了第一款可以连接到电视显示屏的游戏机，尽管使用起来并不方便，但这是电子竞技走向大众化、普适化的重要一步，街头游戏机在这一时期迅速发展，"高分榜"的激励竞争性被引入其中。20 世纪 80 年代，电子游戏的"高分榜"被不断普及，来自爱荷华州的一位街机运营商创立了第一个全美视频游戏排名榜，与此同时机器制造商威廉姆斯在 1983 年创立了美国国家视频队（U. S. National Video Team），这是世界上第一支电子竞技战队，因此，他被认为是电子竞技战队的先驱之一。值得关注的是，1988 年 Netrek 发布，这是世界上第一款多人电脑游戏，最多可以支持 16 名玩家通过互联网展开对抗。由于早期互联网技术在科研机构运用广泛，这款游戏在当时深受研究计算机的科学家们的喜爱。

20 世纪 90 年代，随着电子技术的不断发展，电子竞技更加适合普通用户。在这个阶段，日本游戏公司任天堂（Nintendo）利用游戏的竞技性，于 1990 年在美国组织了"任天堂世界锦标赛"（Nintendo World Championships），参赛者被分为三个组，分别参与《超级马里奥兄弟》（Super Mario Bros）、《红色赛

---

① 戴焱淼：《电竞简史：从游戏到体育》，上海人民出版社，2019。

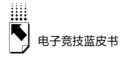
车》（Red Racer）和《俄罗斯方块》（Tetris）三项游戏。20 世纪 90 年代，个人电脑和互联网的普及成为电子竞技史上非常重要的转折点，进一步推动了电子竞技的发展。随着设施设备价格的降低、性能的增强，网络游戏有了越来越强的吸引力，越来越多的游戏玩家在网络中"相遇"，网络给了大家一个突破时空隔阂的机会。在这个阶段，如《毁灭战士》（Doom）、《雷神之锤》（Quake）、《虚拟竞技场》（Unreal Tournament）和《星际争霸》（Star Craft）等多款经典游戏不断出现，成为电子竞技史上浓墨重彩的一笔。同时，第一批电子竞技联盟也于 20 世纪 90 年代出现，如脱胎于"德国氏族联盟"（German Clan League）的"电子竞技联盟"（The Electronic Sports League）于 1998 年成立。1999 年，《反恐精英》（CS）推出，这是在有限沙盘地图中"反恐部队"与"恐怖分子"的战斗，每回合 5 分钟的刺激"交战"使该款游戏迅速传播，并成为电子竞技史上最成功的游戏之一。

进入 21 世纪，电子竞技在全球火爆起来，第一届"世界电子竞技挑战大赛"（WCGC）于 2000 年在韩国首尔举行。第一届"电子竞技世界杯"（ESWC）在法国普瓦捷举行，当届赛事的总决赛于法国巴黎举行。随着各类比赛的不断开展、奖金的不断攀高，电子竞技成为 21 世纪世界文娱体育产业不可分割的重要组成部分。

根据知名数据及市场调研公司 Newzoo 公布的数据，2020 年全球电子竞技观众将增至 4.95 亿人。其中，核心电子竞技爱好者 2.23 亿人，比上年增长 2500 万人，预计将以 11.3% 的复合增长率（2018～2023 年）在 2023 年达到 2.95 亿人。[①] 与此同时，全球将有 20 亿人知晓电子竞技市场，中国是对这一数字贡献最大的国家之一。

（二）中国电子竞技发展现状

中国的电子竞技发展起初落后于世界发展的步伐，但已经逐步追上并赶超，成为引领行业发展的"弄潮儿"。中国的电子竞技发展历程总体上

---

① Newzoo：《2020 年度全球电竞市场报告》，2020 年 3 月。

可分为探索期（1998～2008 年）、发展期（2009～2013 年）、增长期（2014～2017 年）与爆发期（2018 年至今），历时虽短，但蕴藏无限的生机与活力。

2003 年 11 月 18 日，国家体育总局正式宣布将电子竞技运动列为中国第 99 个正式开展的体育运动项目，此举有着重要意义，将中国电子竞技的发展推向一个新的高潮，这意味着中国电子竞技正式被国家认可。2004 年，第一届全国电子竞技运动会（China Esport Games，CEG）顺利举办，凭借庞大的人口基数和广阔的市场前景，中国开始成为世界电子竞技重要的组成单元。

2004 年，随着电子竞技的不断发展，这项电子体育项目也越来越受到各大媒体的喜爱。当时的中央电视台体育频道（CCTV5）创办了一档栏目，名为《电子竞技世界》，这是中央电视台首次播出的以电玩游戏为内容的电视栏目，在每周五晚上的黄金时段播出。《电子竞技世界》栏目关注国内外电竞行业动态、分析产业发展情况、组织电子竞技赛事，将资讯、评论等节目形式融合，以人物、赛事为切入点，引导青少年参与健康的电子娱乐活动，促进电子竞技产业在中国的正向发展。该节目在 2004 年成为中央电视台全台收视率排名第五的火爆节目。在此期间，许多地方电视台也开始开设各类电子竞技节目，如旅游卫视推出的《游戏东西》成为该频道当时收视率排名第一的一档栏目。北京电视台推出的《游戏任我行》、陕西电视台推出的《游戏攻略》、上海音乐频道推出的《动漫情报》、成都经济电视台推出的《玩家》等都成为当时收视率较高的电视栏目。可惜好景不长，2004 年国家广播电影电视总局发布了《关于禁止播出电脑网络游戏类节目的通知》，如今，电子竞技类电视节目已难寻踪迹，但当时那批电子竞技电视节目的制作者很多进入后来的电子竞技网络节目制作、电子竞技赛事策划行业。这也从一个侧面说明，社会对电子竞技和游戏产业的矛盾心理，"电子竞技产业如何发挥社会价值、趋利避害"成为重要研究课题。

2004 年，出现了名为"游戏风云"的游戏类内容付费电视频道，"游我所爱，任我风云"是该频道的口号，该频道力图打造中国游戏电视第一

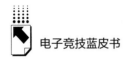

品牌。2005 年，随着土豆、优酷等视频网站的成立，网络带宽不断提升，在互联网上出现了一大批视频内容制作博主，他们将游戏教学、趣味视频、赛事录播等内容上传至互联网平台，形成"视频分发平台+电子竞技"的全新模式，让更多人熟悉和了解电子竞技。这种模式在 4G 网络普及后，逐步发展为以"斗鱼""熊猫"等直播平台为首的直播业态，进一步提高了电子竞技的可触达性。用户原创内容（User Generated Content，UGC）、职业生产内容（Occupationally-generated Content，OGC）、专业生产内容（Professionally-generated Content，PGC）纷纷加入相关内容端。

除了与竞技、娱乐紧密相关的传媒行业外，电子竞技本身也发生了巨大的变化。2005 年全国电子竞技运动会（CEG）组委会第一次工作会议召开，此次会议有竞赛委员会和电子竞技职业俱乐部的负责人参加，标志着我国第一批电子竞技俱乐部的建设初见雏形，电子竞技正式走上了和传统体育项目类似的职业化道路。同年，WE（World Elite）俱乐部的 SKY 李晓峰在新加坡举行的世界电子竞技大赛（WCG）总决赛上夺得《魔兽争霸3》项目的冠军，这是中国电子竞技选手在 WCG 赛场上获得的第一个冠军，五星红旗在世界电子竞技的舞台上冉冉升起，李晓峰也被广大电子竞技爱好者称呼为"人皇"[①]，我国电子竞技产业迎来新的发展热潮。任何一项体育竞技赛事的发展都离不开规则的制定和管理办法的颁布，2006 年，由中华全国体育总会制定并经国家体育总局批准，面向社会颁布实施了一系列电子竞技运动项目管理规定，包括《全国电子竞技竞赛管理办法》《全国电子竞技裁判员管理办法》《全国电子竞技运动员注册与交流管理办法》《全国电子竞技运动员积分制度实施办法》，为我国电子竞技的发展提供了制度保障。

在 2007 年于中国澳门举办的第二届亚洲室内运动会上，电子竞技第一次被列入中国大型体育赛会的正式比赛项目。2008 年，国家体育总局将电子竞技改批为第 78 个体育项目。此后，诸如世界电子竞技大赛（WCG）、全国电子竞技大赛（NEST）、义乌国际电子竞技大赛（IET）、全国电子竞技公开赛

---

① 李晓峰常在《魔兽争霸3》比赛中选择"人族"这一种族进行战斗。

（NESO）等比赛在中国落地生根，进一步推动了电子竞技的发展。

2016 年 4 月，国家发展改革委等部门联合发布《关于印发促进消费带动转型升级行动方案的通知》，明确提及电子竞技，要求拉动游戏消费，带动全产业链发展。① 2016 年，国家体育总局发布的《体育产业发展"十三五"规划》要求丰富体育产品市场，以电子竞技等运动项目为重点，引导具有消费引领性的健身休闲项目发展。② 文化部发布《文化部关于推动文化娱乐行业转型升级的意见》，支持鼓励游戏游艺场所增设电子竞技等服务项目，并鼓励在商业综合设施设立涵盖电子竞技的服务项目。③ 时任国务院总理李克强主持召开国务院常务会议，并在会议上提出，"要出台加快发展健身休闲产业指导意见，因地制宜发展冰雪、山地、水上、汽摩、航空等户外运动和电子竞技等"。④

2018 年雅加达亚运会上，《英雄联盟》、《王者荣耀》（国际版）、《皇室战争》、《实况足球 2018》、《星际争霸 2》和《炉石传说》6 款游戏入选电子竞技表演赛。虽未成为正式比赛项目，但这为电子竞技逐步在世界范围内确立自身"体育竞技"的属性提供了良好的契机，中国职业电子竞技代表队在雅加达亚运会上夺得了 2 金 1 银的骄人成绩，在当时新浪微博发起的"亚运会中国健儿加油榜"活动中，中国职业电子竞技选手占据了前 10 位中的 7 席，展现了远超传统体育项目的关注度，吸引了众人的目光。获此佳绩后，中国电子竞技产业获得了良好的发展机遇，并实现了持续性发展。

2019 年，电子竞技运营师和电子竞技员与物联网工程技术人员、人工智能工程技术人员等，共同被列入 13 个新职业。人力资源和社会保障部指

---

① 《24 部委联合印发〈促进消费带动转型升级的行动方案〉体育健身列入"十大扩消费行动"》，国家体育总局网站，2016 年 4 月 29 日，https：//www.sport.gov.cn/n10503/c722335/content.html。

② 《体育产业发展"十三五"规划》，国家体育总局网站，2016 年 7 月 13 日，https：//www.sport.gov.cn/n10503/c733612/content.html。

③ 《文化部关于推动文化娱乐行业转型升级的意见》，文化和旅游部网站，2016 年 9 月 21 日，https：//www.mct.gov.cn/whzx/bnsj/whscs/201609/t20160921_751961.htm。

④ 《国务院办公厅关于加快发展健身休闲产业的指导意见》，中国政府网，2016 年 10 月 28 日，http：//www.gov.cn/zhengce/content/2016-10/28/content_5125475.htm。

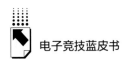

出，2019 年电子竞技行业有超 50 万名从业者，未来 5 年将存在近 200 万人的人才缺口。①

腾讯电竞、企鹅智库以及《电子竞技》杂志三方联合发布的《2021 中国电竞运动行业发展报告》显示，2016～2021 年，我国电子竞技用户规模由 1.3 亿人扩大至 4.25 亿人。2021 年中国电子竞技市场规模约 1673 亿元，同比增长 13.5%，行业进入平稳增长阶段。当前电子竞技收入增速有所放缓，但伴随电子竞技赛事和电子竞技内容生产的逐步优化，电子竞技赛事商业化步伐的逐步加快，电子竞技进入亚运会，以及和 Web3.0、元宇宙等概念的结合，电子竞技行业的业态将发生新的变化。② 在 2022 年的杭州亚运会上，电子竞技作为正式比赛项目亮相，《英雄联盟》、《王者荣耀》（亚运版）、《和平精英》（亚运版）、《炉石传说》、*DOTA* 2、《梦三国 2》、《街霸 5》和 *FIFA Online* 4 等 8 个项目入选，在技术升级、生态建设、认知破圈的助力下，中国电子竞技产业将持续优化发展。

二　竞技与娱乐：电子竞技本体形式的二元博弈

电子竞技究竟是一种怎样的存在，是偏向于竞技、彰显人类竞技精神的体育运动还是偏向享乐主义的娱乐活动？这一直是学界和业界争论不休的话题。无论是作为竞技还是作为娱乐，电子竞技作为一个矛盾的综合体，始终充斥着人类本能的、原始的欲望。体育作为人类特有的一种活动，不断反思其内涵，更有利于人类发现自身的价值，弄清生活的真谛和未来的方向，这也是电子竞技这种后现代产物能够带来的题中之义。就像戴焱淼在《电竞简史：从游戏到体育》一书末尾提到的，"电子竞技是游戏，电子竞技正在被讨论是不是体育。更重要的是——'体育'也不外

---

① 《电竞从业者超 50 万人　预计未来五年人才需求近两百万》，东方财富网，2019 年 7 月 11 日，https：//caifuhao. eastmoney. com/news/201907110957428852303 90。

② 《2021 中国电竞运动行业发展报告》，搜狐网，2021 年 8 月 6 日，https：//www. sohu. com/a/481715113_ 1209559157。

乎是'游戏'"。① "存在即合理"，也许电子竞技是竞技还是娱乐并不是人们应该关注的焦点，其对社会产生的价值几何，如何正确引导其健康发展才应该成为人们关注的重点，本部分将从电子竞技的本体出发，分别论述作为体育竞技的电子竞技和作为文化娱乐的电子竞技。

（一）作为体育竞技的电子竞技

德国哲学家伽达默尔（Gadamer）曾指出，游戏是为观看者而表现，只有在观赏者那里才能赢得完全意义。② 对于电子竞技的定义，学界和业界都有不同的声音。瓦格纳（Wagner）认为，电子竞技是体育活动的一部分，参与者通过信息和传播技术发展训练其心智和身体能力。③ 电子竞技的英文名为 Esports（也可写为 E-Sports 或 e-Sports），其"sport"的后缀从词源学上奠定了其"体育"身份的基础，这意味着电子竞技在很大程度上是"体育"的组成部分或者呈现方式。

2003 年 11 月 18 日，国家体育总局正式批准将电子竞技列为中国第 99 号正式体育竞赛项，并对电子竞技进行了定义：电子竞技就是将高科技软硬件移动设备作为运动器械进行的、人与人之间的智力对抗运动。在 2008 年中央电视台《百科探秘》栏目中，记者在国家体育总局采访时，得到的有关电子竞技内涵的答复是：电子竞技是将高新技术产品的硬件和软件作为体育运动器械，进行的人与人之间的智力竞赛。以上的定义和延伸，从政治、学理等视角分别为电子竞技属于体育竞技做出了阐释。但也有很多学者对上述观点提出了不同的意见，如苏少秋在《传统与新潮交锋：电竞是体育的质疑》一文中指出，电子竞技与体育虽然在竞技的层面有共性，但究其本质，电子竞技仅属于智力支配性游戏，与身体主导性的体育存在区别。④

---

① 戴焱淼：《电竞简史：从游戏到体育》，上海人民出版社，2019。
② 〔德〕伽达默尔：《诠释学：真理与方法》，洪汉鼎译，上海译文出版社，2004。
③ Wagner M. G., On the Scientific Relevance of E-Sports（paper represented at the Proceedings of the 2006 International Conference on Internet Computing & Conference on Computer Games Development, 2006）.
④ 苏少秋：《传统与新潮交锋：电竞是体育的质疑》，《体育科技文献通报》2021 年第 11 期。

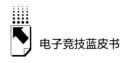

从发展现状来看，"电子竞技从属于体育"已经成为定论，在西方世界，是通过词源学上的姻亲关系，在中国则是通过政府早期的强制性事实认定。① 这无疑从历史和政治两个角度，为电子竞技属于体育竞技提供了佐证。阿伦·古特曼（Allen Guttman）从文化人类学的视角出发，在《从仪式到纪录：现代体育的本质》一书中揭示了现代体育的本质，其认为现代体育主要有七个特征：世俗化、平等化、专业化、合理化、科层化、量化、纪录化。② 从这七个方面对电子竞技进行分析可以发现，电子竞技是较为符合现代体育特征的。

电子竞技伴随移动互联网和智能手机的普及，已经不再是少数人参与的项目，而是成了众人日常生活的一部分，完成了"世俗化"的演变。而电子竞技也有一套严密的规则、比赛程序和胜负标准，同时由于电子竞技对身体素质的要求偏低、对智力脑力的要求偏高，可以有效地缩小性别、年龄等差距，提供相对平等的竞技条件。人们时常可以看到对"外挂""加速器"等"盘外招"的控诉，相关组织方均会严肃对待与处理，从本质上来看，这与传统体育竞赛中对"兴奋剂"的态度是一样的。电子竞技也完成了从早期网吧中的"草台班子"到线下职业俱乐部的蜕变，拥有了专业的人才选拔、训练培训、比赛组织系统，实现了竞赛的"专业化"。现代体育组织的科层化特征是非常明显的，目的在于统一规则和实践，创造公平竞争的环境。③ 这种科层化使规则得以延续并保持相对稳定。虽然在国际层面仍然没有一个统一的机构或组织对电子竞技进行集中管理，但是已经开始有了众多科层化组织，如韩国通过全国性的行业组织对电子竞技进行规范管理，国家体育总局也对中国的电子竞技进行了实质性的介入、干预和指导。量化和纪录更是成为电子竞技的一种基础性功能，电子竞技这种依托于信息

① 宗争：《电子竞技的名与实——电子竞技与体育关系的比较研究》，《成都体育学院学报》2018年第4期。

② 〔美〕阿伦·古特曼：《从仪式到纪录：现代体育的本质》，花勇民等编译，北京体育大学出版社，2012。

③ 郭振、刘波：《历史社会学视野下的PLAY，GAME，SPORT形态演变分析》，《天津体育学院学报》2010年第1期。

技术的体育竞赛，更能通过数据来展现相关成果。拉开各项电子竞技比赛的数据统计菜单，各类数据无比详尽，从街机时期的玩家排行榜到当下《英雄联盟》职业联赛（LPL）、《王者荣耀》职业联赛（KPL）的积分和争冠机制，电子竞技显然已经符合现代体育"挑战、追求和创造纪录"的显著特征。

运动可以锻炼和提高参与者的思维能力、反应能力、四肢协调能力和意志力，培养团队精神。从这个角度来说，电子竞技无疑是一种体育竞赛。疫情期间，众多体育赛事由于对场地的高度依赖，陷入较长一段时间的休赛期，为能够脱离场地限制的电子竞技提供了弯道超车的重要契机。同时，电子竞技还需要在人才选拔、赛事结构、商业模式等方面不断向成熟体育赛事靠拢，在学习借鉴中完善自身。

（二）作为文化娱乐的电子竞技

电子竞技脱胎于电子游戏，人们可以从文化娱乐属性的视角看待电子竞技，这为电子竞技提供了一个全新的发展视角，也为其社会价值的认知和实践提供了全新的路径。

从 20 世纪中叶至今，短短几十年，电子竞技已成为当今社会难以忽视的一种文化现象，影响人们生活的方方面面。在麦克卢汉看来，游戏是一种大众艺术，是集体和社会对任何一种文化的主要趋势和运转机制所做出的反应。[1] 而电子竞技在此基础上成为人们心灵生活的一种戏剧化展演，为各类紧张和负面的情绪提供了一个倾泻的窗口。

汪明磊指出，电子竞技正逐渐成为当下年轻人文化娱乐生活的一部分，[2] 电子竞技已经成为"Z 时代"年轻人的"新宠"，并成为产生深层次影响的一种文化娱乐活动。

电子竞技成为当下年轻人社交的重要话题，无论是电子竞技赛事本身，

---

① 〔加拿大〕马歇尔·麦克卢汉：《理解媒介：论人的延伸》，何道宽译，商务印书馆，2000。
② 汪明磊：《互动仪式链视角下电竞用户文化研究——以英雄联盟粉丝为例》，《当代青年研究》2021 年第 4 期。

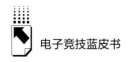

还是从中衍生出的电子竞技运动员、电子竞技周边商品、电子竞技影视等都成为年轻群体语料库的重要组成部分。从电子竞技中衍生的流行语，如"gank""冲塔""闪现"等已被广泛延伸至其他常见的生活场景，成为一种流行文化。在传统的线下场景，如学校、网吧、餐厅等，电子竞技成为人们口中闲聊的话题，在互联网构建的"虚拟世界"中，如论坛、博客、应用软件等，电子竞技都被开辟为专门的板块，以供交流。电子竞技从自身属性上更加贴合互联网语境，能够通过多媒体多渠道进行内容传播，吸引更多用户，提升转化率和渗透率，甚至形成一种模因传播的态势。

电子竞技已成为一种全新的消费娱乐和休闲选择。伴随电子竞技专业化、职业化的发展，各地纷纷上马相关产业工程，电子竞技在有的城市被列入发展规划，成为城市特色。同时电子竞技凭借其优势，在内容创作和衍生方面取得较大进步，如虚拟偶像的建立、综艺节目的拍摄、周边产品的售卖等，均使电子竞技成为一个连接虚拟和现实的桥梁。每当有重大的电子竞技赛事举办，其流量会呈现爆发式增长的态势。如在2020年《英雄联盟》全球总决赛开赛当天，新浪微博出现了大量相关"热搜"，总阅读量达数十亿次，知乎上相关帖子的浏览量突破7000万次。作为文化娱乐的电子竞技，不断构建起自身生态版图。

三　产业与模式：电子竞技的产业模式

（一）电子竞技产业发展整体概况

我国电子竞技产业正处于爆发式增长阶段，成为推动经济增长的重要力量。总体来说，电子竞技产业生态是指电子竞技产业核心主导者及周边参与者，简言之，就是指与之关联的所有单位。这就是以线下赛事运营为中心的电子竞技产业链的扩展与衍生。

根据艾瑞咨询相关数据，2021年中国电子竞技市场规模已达到1673亿元，同比上涨13.5%，整个产业的增速开始放缓，电子竞技产业开始进入一个稳中求进的发展阶段（见图1）。① 总体而言，当前电子竞技产业的增速有所放缓，这与国家监管的趋严和行业自身的规制有很大关系，但版权、赞助、内容等部分仍保持了较快的增速，呈现总体升级的样态。

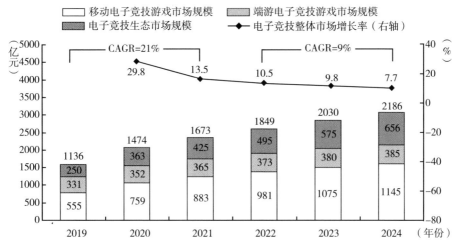

图1　2019~2021年中国电子竞技整体市场规模及2022~2024年预测市场规模

说明：2022~2024年数据为预测数据。

资料来源：《2022年中国电竞行业研究报告》，艾瑞咨询，2022年5月27日，https：//www. iresearch. com. cn/Detail/report？id=4001&isfree=0。

电子竞技产业生态以赛事的运行为核心，包含赛事参与、内容授权、内容传播和衍生品开发等一系列环节。所有单位部门均需围绕赛事开展工作，最终目的是将电子竞技内容推向更多用户，拉动消费，并从中获益。

从产业链的角度来看，电子竞技拥有一条日渐成熟的上中下游产业链：上游——内容授权，包括电子竞技游戏研发和游戏运营等；中游——赛事执行和内容制作，前者包括电子竞技综合服务平台、电子竞技场馆运行等，后者包括赛事内容制作和衍生内容制作；下游——内容传播，包括电视渠道、电子竞技媒体、网络直播传播等。②

---

① 《2022年中国电竞行业研究报告》，艾瑞咨询，2022年5月27日，https：//www. iresearch. com. cn/Detail/report？id=4001&isfree=0。

② 秦雪：《三问电竞：不止游戏》，《团结报》2022年5月14日，第4版。

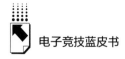
2022年，中国电子竞技产业发生了一些变化，基本盘依然保持稳定。《英雄联盟》职业联赛（LPL）、《王者荣耀》职业联赛（KPL）、《绝地求生》冠军联赛（PCL）、《穿越火线》职业联盟电视联赛（CFPL）、腾讯电竞运动会（TGA）等赛事成为主流，EDG电子竞技俱乐部、BLG电子竞技俱乐部、AG电子竞技俱乐部、WB电子竞技俱乐部等持续发展。在内容授权方面，腾讯游戏、完美世界、网易游戏、巨人网络、暴雪等游戏厂商依旧占据主流。在内容传播端，以视频、直播为主的虎牙直播、斗鱼、bilibili势头强劲，作为专业内容提供商的人民电竞和体坛电竞等提供了更多深层次内容，抖音、快手等短视频平台为电子竞技赛事的二次创作提供了平台。在内容提供部分，英雄体育、Funspark、NEDTV、Imba等提供了赛事服务，超竞教育、小葫芦等则为电子竞技提供相关衍生服务（见图2）。

图2 2022年中国电子竞技产业图谱

说明：图谱未包含行业各环节所有企业，排名不分先后。

资料来源：《2022年中国电竞行业研究报告》，艾瑞咨询，2022年5月27日，https：//www.iresearch.com.cn/Detail/report？id＝4001&isfree＝0。

（二）电子竞技产业创新模式分析

电子竞技产业呈现一种多业态融合的趋势。除了基本的赛事运营、广告赞助外，IP衍生、明星运营、战队经济等变现的途径也为其带来了丰厚的经济利益。游戏产业延伸至网文、动漫、音乐、影视剧、主题公园等娱乐产业，甚至涉足房地产、酒店等实体产业，使电子竞技产业不断创新融合，吸引更多的流量和资本。

本部分将重点从"电子竞技+在线直播""电子竞技+影视文化""电子竞技+城市发展""电子竞技+酒店行业""电子竞技+人才培养"几个部分探讨电子竞技产业创新模式。

1. 电子竞技+在线直播

根据艾瑞咨询数据，2019年中国游戏直播市场仍在快速增长，独立游戏直播平台市场规模超200亿元，许多平台总营收同比增长超过70%，市场规模快速扩张。2019年，中国游戏直播平台用户规模达到3亿人，在疫情的影响下，参加电子竞技、看游戏直播成为人们居家生活的主要选择之一。[①] 电子竞技和在线直播是一种源和流的关系，电子竞技是在线直播的核心，而在线直播为电子竞技的传播提供渠道，并带来了巨大的流量。

随着4G网络的普及，电子竞技直播于2015年兴起，出现了斗鱼、虎牙直播、熊猫直播、龙珠直播等多个注重游戏垂类的直播平台，虎牙直播和斗鱼相继敲钟上市，登陆纽约证券交易所和纳斯达克，让人们看到了这片"蓝海"的巨大潜力，电子竞技直播行业逐渐呈现"两超多强"的格局。蔡湫雨在《电竞经济：泛娱乐浪潮下的市场风口》中将电子竞技直播平台的发展分成了3个阶段[②]：第一阶段（2013~2014年）退役选手成为主播，直播平台成为电子竞技明星与普通用户沟通的重要渠道；第二阶段（2015~

---

① 艾瑞咨询：《2020年中国游戏直播行业研究报告》。
② 蔡湫雨：《电竞经济：泛娱乐浪潮下的市场风口》，人民邮电出版社，2018。

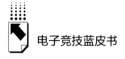

2016年）长尾内容使用户数量增加，该阶段直播平台用户多为电子竞技参与者，平台中也出现了很多小众游戏用户；第三阶段（2017年至今）移动端带动流量二次爆发，在这个阶段，游戏直播平台从个人电脑端开始向移动端迁移，手机游戏直播日益火爆，这也与电子竞技的移动化相吻合，未来，手机游戏直播将成为重要的推流内容。该阶段不同平台的竞争也进入白热化，资本的注入和监管不断加强，使电子竞技直播开始向规范化和规模化发展。

电子竞技直播的产业链是一个复杂糅合的链条，由内容版权方、内容提供方、直播平台、用户组成内容生产的链条，外部还存在由公安部门、文化部门、网信办、广电总局等监管部门和品牌赞助方，另外游戏公司、广告公司、电商平台等商业合作方也可以通过业务合作的形式加入其中。

人工智能（AI）、虚拟现实（VR）等技术被大量运用于电子竞技直播中，2019年9月，斗鱼在苹果发布会直播中首次推出能够和人类流畅交流的AI虚拟直播，同年虎牙直播发布数字人解决方案，模拟真人主播生成数字人虚拟形象。电竞VR观战平台sliver.tv就是基于虚拟现实的沉浸式平台，可以使用户在该平台观看电子竞技的VR内容，《反恐精英》、《英雄联盟》、DOTA 2等FPS、MOBA游戏都已被涵盖。"直播+"的生态将继续拓展平台的内容边界，推动电子竞技和在线直播的发展。

2. 电子竞技+影视文化

近年来，电子竞技逐渐成为影视创作的重要题材，不断被运用在电视剧、电影和综艺节目的制作中。电子竞技题材不仅是新兴元素的糅合叠加，更是实现"影视—游戏"跨媒介叙事的开拓地带。[①] 电子竞技和影视的融合能够发挥两者特质，并不是任何一方的单项突破，而是跨媒介的扩张。电影理论家让·米歇尔·弗罗东（Jean-Michel Frodon）等人认为，"电影正在或

---

① 乔一蝶：《从游戏到游戏世界：电竞题材影视剧的跨媒介叙事策略研究》，《东南传播》2022年第3期。

将要涉及电子游戏的领域，它或者将电子游戏翻拍成电影（根据电子游戏设计电影剧情），或者创作一些以电子游戏迷为背景人物的影片，或者从电子游戏中的人物形象和情节设计中汲取创作灵感"。[①]

电子竞技类电视剧已有大量成熟作品上线，《最强男神》《微微一笑很倾城》《陪你到世界之巅》《亲爱的，热爱的》《全职高手》《穿越火线》《我的时代，你的时代》《良辰美景好时光》《你微笑时很美》《你是我的荣耀》等均是其中的代表之作。此类电视剧多以青春、热血为主题，关注电子竞技的职业化和专业性。当下"IP+偶像+爱情+电子竞技"成为电子竞技影视剧的全新内容模式，青年偶像的加入使电子竞技在女性群体和青年群体中的影响力不断提升。

电子竞技纪录片和电子竞技电影也是其中的重要门类。以《魔兽》《龙之谷》为代表的游戏电影取得了不俗的成绩，其中与游戏贴合的部分使玩家大呼过瘾，但因其缺少了竞争和竞赛元素，该类型电影并不能完全算作电子竞技电影。2008年，以SKY李晓峰为原型的电影《电竞之王》在院线上映，讲述"人皇"是如何走上世界电子竞技最高领奖台的故事，虽然口碑一般，但最终该片还是斩获了2亿元票房。此外，还有《硬汉枪神》《垫底联盟》等作品。但值得注意的是，目前有关电子竞技的电影作品大都是以网络大电影的形式在网络平台展映，并未冲上院线，这也体现了当前国家监管部门对电子竞技的摇摆态度，电子竞技必须不断推动自身的健康发展，向社会传播正向价值，不断赢得社会认可。2020年，一部名为《电子竞技在中国》的纪录片在中央电视台播出，这是自《电子竞技世界》后，登上央视的又一部电子竞技类纪录片，该片在片头强调"谨以此片献给被理解和误解的青春"，成为一次对全社会的大型电子竞技科普。

电子竞技类的综艺节目也十分火爆，节目充满各种戏剧冲突和矛盾，吸引了众多观众观看。近年来，电子竞技综艺出现许多全新的玩法，

---

① 让·米歇尔·弗罗东、杨添天：《电影的不纯性——电影和电子游戏》，《世界电影》2005年第6期。

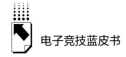

2019年腾讯视频联合《王者荣耀》和《王者荣耀》职业联赛（KPL）推出《终极高手》，拳头游戏、腾讯视频、斗鱼等合作出品《超越吧！英雄》，2021年《英雄联盟》《所向无前》官宣，还出现了类似《马上有酒局》等访谈类电子竞技综艺节目。这些综艺节目从赛事、选手、周边等角度全面解析电子竞技，不断刺激电子竞技"破圈"。近期电子竞技综艺《战至巅峰》上线，腾讯视频和虎牙直播等联手，给电子竞技粉丝呈现真实的电子竞技职业圈生态，让电子竞技新人接受和职业电子竞技选手相同的训练安排、训练赛，并一视同仁对他们予以高标准、严要求。《战至巅峰》的宗旨是"赢了一起狂，输了一起扛"，凸显了电子竞技战队团结与共同进退的精神。① 真人秀的综艺形式加上明星的加入，取得了良好的收视效果。

影视是一种互构性极强的文化作品，电子竞技作为和文化娱乐相关联的产物，在不同形式影视作品的重构下，其自身的传播力、影响力、吸引力不断被激发，而影视作品也拥有了一个具有强烈戏剧冲突和节目效果的新题材。

3. 电子竞技+城市发展

电子竞技作为一种充满活力的新兴产物，已经深度嵌入大量迅速发展的城市中，成为城市发展的重要推动力。电子竞技作为一种科技竞技体育以及数字文化娱乐产业，既有媒体形态，又有科技属性，既能通过场馆建设、文旅融合推动实体经济发展，又能结合 IP 产业、形象构建助力虚拟经济腾飞。当前各地竞相布局电子竞技相关产业，显示出电子竞技正为经济发展带来新活力。电子竞技孕育的"线上+线下"新业态，有着巨大的发展空间。

2021年12月，全国政协委员、中国音像与数字出版协会理事长孙寿山在游戏产业年会致辞中指出，要持续推进电子竞技产业城市化发展，"要加

---

① 《杨幂训猪队友、龚俊人菜瘾大！首档电竞实训综艺〈战至巅峰〉开播》，"体育大生意"百家号，2022年6月15日，https：//baijiahao.baidu.com/s？id＝1735664863060444708&wfr＝spider&for＝pc。

快电子竞技战队城市化冠名，以赛事为核心，结合战队、场馆、园区的复合化场景，拉动电子竞技就业和消费，打造地方经济增长新引擎"。①

近年来，各地政府高度重视电子竞技产业发展，给予其大量的政策扶持。2020年，成都市政府办公厅出台《关于推进"电竞+"产业发展的实施意见》，提出要进一步提升电子竞技研发和发行水平、搭建多层次电子竞技赛事体系，形成电子竞技与文创、科技、旅游、娱乐等多产业融合发展的创新发展格局。② 2022年12月14日，《广州市天河区电竞产业发展规划（2020—2030年）》正式发布，提出将天河区建设成粤港澳大湾区世界级电子竞技中心的目标定位。③ 海南发布了支持电子竞技产业发展的"海六条"，在资金、人才、税收、签证、赛事审批和转播上逐步完善并推出相应支持政策，大力支持电子竞技产业发展。④ 截至2020年，在海南自由贸易港生态软件园区内，以电子竞技、游戏等为主的数字文体企业超过1000家，未来电子竞技产业将成为海南文化体育消费发展的强劲动力。云南省体育局印发的《云南省"十四五"电子竞技产业发展规划》提出，以滇中综合电子竞技产业圈为核心，将昆明、曲靖、玉溪打造成以国际、国内高水平电子竞技赛事为主导，多业态融合发展的综合性电子竞技城市。⑤

上海、北京、杭州、苏州、深圳等城市早已收获了第一波电子竞技产业福利，电子竞技的发展也并不局限于一、二线城市，江苏太仓、湖北江夏等地也进行了电子竞技小镇、电子竞技园区建设。在梁力中和陈逸明看来，电

---

① 《体育化之后，电竞如何助力城市产业发展？》，"新浪财经"百家号，2022年1月18日，https：//baijiahao. baidu. com/s？id=1722299089368339327&wfr=spider&for=pc。
② 《成都将发力打造"电竞文化之都"》，成都市人民政府网站，2020年5月11日，http：//www. chengdu. gov. cn/chengdu/home/2020－05/11/content＿2de5fedf74204362a7e5bbe8942c2e65. shtml。
③ 《〈广州市天河区电竞产业发展规划（2020—2030年）〉正式发布》，"人民资讯"百家号，2020年12月25日，https：//baijiahao. baidu. com/s？id=1687009421701139638&wfr=spider&for=pc。
④ 周春燕、周发源：《海南推出"海六条"支持电竞产业》，《中国改革报》2010年7月4日，第11版。
⑤ 《每周体育产业观察（第122期）》，云南省体育局网站，2022年3月4日，http：//tyj. yn. gov. cn/news＿show. aspx？id=34471。

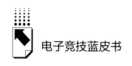

子竞技已成为未来城市"抢人大战"的利器，是以 5G 技术为代表"新基建"的引领力，更是新一代数字经济的杰出代表。[①] 伴随电子竞技成为城市发展蓝图的一部分，未来电子竞技将在创造就业岗位、推动智慧城市建设等方面发挥更加重要的作用。

4. 电子竞技+酒店行业

电子竞技酒店已成为当今酒店行业不容忽视的一支力量，并且还在不断发展中。电子竞技酒店特指提供电子竞技设备、电子竞技场馆等电子竞技相关服务的专门酒店以及提供电子竞技主题房型的普通酒店。

电子竞技的发展带动了电子竞技酒店新业态的出现，不仅是传统酒店行业加入电子竞技市场，电子竞技产业链中的许多企业也开始关注酒店行业，形成"双向奔赴"的局面。网鱼网咖、雷神、京东等依托电子竞技资源打造自身的电子竞技酒店品牌，腾讯则推出"数字 IP 酒店共创合作"，与香格里拉、凯悦等传统国际酒店集团共同打造电子竞技主题酒店。电子竞技酒店的下一步发展，是要在满足客人住宿、电子竞技和社交的需求之上，打造电子竞技文化的交流空间，在新场景中实现沉浸式体验，这对相关企业提出了更高的要求。

"电子竞技+酒店"和"酒店+电子竞技"这两种不同路径的发展模式存在些许不同。专门的电子竞技酒店专注"电子竞技+酒店"，其以电子竞技为主要目标，更加注重电子竞技本身的体验和随之而来的社交需求，其设计会更多考虑电子竞技用户的需求，如配备大容量的电冰箱，提供舒适的人体工学椅和高端主流的电子竞技设备。而传统酒店的转型更多是借用电子竞技的 IP，以一种"酒店+电子竞技"的模式进行，如在屋内装修等方面采用电子竞技题材的壁画，摆放电子竞技周边的模型玩具等。

2020 年 8 月，全国共有电子竞技酒店 8015 家，增速超过 600%。[②] 根据同程研究院的相关研究和访谈，国内电子竞技酒店行业仍将保持高速增长，

① 梁力中、陈逸明：《电子竞技与城市发展》，《科技视界》2021 年第 27 期。

② 《2021 年全国电竞酒店规模及消费人群区域分析》，"中研普华"搜狐号，2021 年 7 月 11 日，https://www.sohu.com/a/556401457_120961824。

预计2023年电子竞技酒店将突破2万家。[①] 电子竞技酒店在本质上是文化产业与旅游产业融合的产物，它的产业链横跨电子竞技与酒店两大产业。根据同程研究院的行业观察和调研，目前国内电子竞技酒店产业链的上游商家为电子竞技游戏商家（含游戏开发企业和分销企业）、电子竞技设备供应商以及电子竞技酒店的经营企业，其中电子竞技酒店的经营企业包含专门电子竞技酒店经营企业和普通酒店经营企业（提供电子竞技主题房）两大类。电子竞技酒店目前比较主流的第三方分销渠道主要由在线旅游（OTA）平台（携程、同程旅行等）、生活服务平台（美团等）以及电子竞技相关社群构成，头部品牌的直销能力也正在提升中（见图3）。

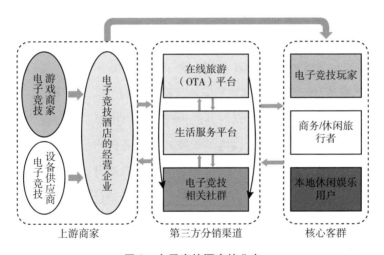

图3 电子竞技酒店的业态

资料来源：《中国电竞酒店市场研究报告2021》，同程研究院网站，2021年7月10日，https://www.sgpjbg.com/info/31431.html。

电子竞技酒店是电子竞技空间布局在微观上的一种呈现，该类型的酒店发展路径主要是对用户群体进行充分研判，并在此基础上制定差异化的价格策略；以顾客需求为准绳进行差异化的功能设定；以电子竞技产业为基础，

---

① 《中国电竞酒店市场研究报告2021》，同程研究院网站，2021年7月10日，https://www.sgpjbg.com/info/31431.html。

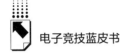

寻找一条差异化的竞争路线。① 电子竞技酒店需要与电子竞技赛事、活动进行充分联动，才能激发活力。此外，电子竞技酒店还存在监管模糊不清的问题，到底是归属于酒店业还是传统网吧，对未成年人入住的态度等，亟须界定。

5. 电子竞技+人才培养

电子竞技这个在许多人眼中就是"打游戏"的行业，近年来已"荣登"高等教育的殿堂。事实上，任何一个行业的发展都离不开人才的培养，面对当前电子竞技行业快速发展和工作人员匮乏、技术水平不高的情况，人才培养是电子竞技行业发展所需的，是社会主义市场经济体制下，高等教育顺应社会发展规律的重要体现。

2016年9月，教育部高等职业与成人教育司发布了13个增补专业，"电子竞技运动与管理"专业就是其中的一个。2016年，一些专科院校开始创办电子竞技专业，其中锡林郭勒职业学院率先设立。2017年，一些本科院校也加入电子竞技相关专业开设创办的浪潮，南京传媒学院（原中国传媒大学南广学院）成为全国首个开设电子竞技相关专业的本科高校，中国传媒大学、上海体育学院、广州体育学院等著名高校也纷纷开设相关专业。短短两年时间，电子竞技专业从无到有，从专科院校到本科院校，从社会培训到纳入大学教育，一路发展迅猛，② 电子竞技已上升到国家教育层面，被高等院校纳为培养专门人才的专业，体现了社会需求与人才培养之间相匹配的趋势。

需要注意的是，电子竞技专业并不是为了培养职业玩家，而是培养电子竞技经营与管理、游戏策划与执行、传媒方面的技能型人才。③ 培养的主要类型有管理运维类、专业内容制作类、赛事支持类、体育训练类，各高校结合自身特色，挖掘各自在电子竞技方面的潜力。如中国传媒大学的数字媒体

---

① 刘福元：《城市电竞产业发展的空间布局与政策联动》，《四川行政学院学报》2021年第2期。

② 肖龙：《我国电竞行业发展现状及前景分析》，《内蒙古科技与经济》2018年第12期。

③ 郑定超、肖志坚、余建浙：《探索电子竞技运动与管理专业人才培养与发展》，《高教学刊》2021年第24期。

艺术专业（数字娱乐方向）聚焦电子竞技产业中游、上游的赛事直转播、游戏设计等，首批毕业生中有超过一半的人在大型互联网公司从事游戏策划工作。

除学历教育外，电子竞技从业人员的职业教育空间巨大，我国电子竞技职业选手普遍学历较低，如何通过职业化渠道为这些从业者提供学历再教育的机会和可能，是中国电子竞技探索实现社会价值的一条重要路径。

四 电子竞技未来发展趋势

经济基础决定上层建筑，生产力决定生产关系，电子竞技从态势上呈现蓬勃发展之姿，从中能瞥见其未来的向上之势。从电子竞技依托的载体来看，它经历了从笨重的、难以移动的电子计算机到街机，再到逐渐轻量化的主机端和PC端，并逐步迈向轻便、易得的移动端，这体现了电子竞技移动化的发展趋势。伴随5G、人工智能（AI）、虚拟现实（VR）、增强现实（AR）、混合现实（MR）等技术的应用，电子竞技从简单的"飞机大战"和像素游戏发展到今天各类高端的游戏设备、沉浸式的竞技体验以及日益精准化的日常训练，甚至不断向创造人类数字虚拟新世界的"元宇宙"进发，Web3.0时代电子竞技创造全新的竞争样态并为用户持续提供全新的体验，这体现了电子竞技发展的科技化趋向。

当然，电子竞技还呈现体育化不断加强的态势，从雅加达亚运会上的表演项目到杭州亚运会上正式成为比赛项目，电子竞技不断发展壮大，表明电子竞技向体育产业持续推进并升级转型。电子竞技的国际化前景十分广阔，从游戏开发、内容制作、赛事参与到商业赞助、文化交流等各个层面，电子竞技都体现出其作为一种中外文化交流桥梁的重要地位，这种能够通过"虚拟在场"进行的竞技交流显得尤为重要。同时，电子竞技还呈现一种多业态融合的趋势，很多产业开始与电子竞技进行合作，区隔被不断打破，联系逐渐紧密，产生了众多的新业态。

本部分重点对电子竞技的移动化和科技化进行阐述，力图擘画电子竞技

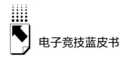

未来发展的部分蓝图。

1. 电子竞技的移动化

电子竞技本体游戏的演进和相关技术设备的发展密切相关，甚至在很大程度上由技术手段决定。目前来看，电子竞技已经走向移动时代，并且程度在不断加深。

中国互联网络信息中心（CNNIC）发布的《第49次中国互联网络发展状况统计报告》显示，截至2021年12月，中国移动网民规模达10.29亿人，网民使用手机上网的比例为99.7%，手机上网已经成为中国网民最主要的上网方式。[①] 移动电子竞技游戏市场规模和电子竞技生态市场规模迅速扩张，2021年移动电子竞技游戏市场规模达724.5亿元，电子竞技生态市场规模从2017年的101.7亿元增长至2021年的552.6亿元，规模总额增长了4倍之多。根据《2020年1-6月中国游戏产业报告》，2020年上半年中国手机游戏市场销售收入达1046.73亿元，手机游戏已经成为游戏市场的主力军，占比超过75%。[②] 用手机玩游戏已成为中国网民最普遍的在线娱乐方式之一，各游戏类型中多人在线战术竞技类和射击类游戏深受用户欢迎，最负盛名的莫过于腾讯推出的《王者荣耀》和《和平精英》，两者均为国内该类型游戏的流量之王。

2015年，移动电子竞技游戏《王者荣耀》面世，正式打开了移动电子竞技市场的全新局面，这款游戏风靡全国，并成为"现象级"游戏，直至今日仍拥有大量玩家。因为移动电子竞技具有硬件设备要求低、适应碎片化时间和具有社交属性的特点，电子竞技未来将逐渐向移动端发展。

移动电子竞技在硬件设备上要求较低，相较于端游和主机游戏更加贴近用户的日常生活。根据游戏官方网站信息，《英雄联盟》V4.2.6.7版本安装包文件达到15GB，而《王者荣耀》3.73.1.6的安装包文件仅为3.5GB。

---

① 《第49次中国互联网络发展状况统计报告》，中国互联网络信息中心，2022年4月1日，http://www.cnnic.cn/n4/2022/0401/c88-1131.html。

② 《2020年1-6月中国游戏产业报告》，中国音数协游戏工委（GPC）、中国游戏产业研究院，2020年7月21日，http://jinbao.people.com.cn/n1/2022/0721/c421674-32482149.html。

同时《英雄联盟》提供了最低配置和推荐配置两种硬件要求，如果用户想要获得较好的游戏体验，需要配置价格在 3000 元及以上的个人电脑，而顺畅运行《王者荣耀》仅需市场上主流的千元智能机型即可。数倍的差价、数倍的储存空间占用差异以及智能手机的不断普及，使用户接触移动电子竞技的可能性增加，造就了电子竞技的移动化趋向。

移动电子竞技更加符合当前群众的生活方式和娱乐休闲习惯。随着生活和工作节奏的不断加快，人们已经逐渐形成了碎片化的阅读和休闲娱乐习惯，对于随时随地能够进行的活动需求持续提升。仍以《英雄联盟》和《王者荣耀》两款游戏为例，《英雄联盟》需要通过个人电脑端进行游戏，平均一局游戏的时长为 30~40 分钟，在进行游戏时参与者的物理空间很难改变，并且"战局"瞬息万变，很难抽出时间进行其他的生产、生活行为，竞技进行时玩家的身体与注意力从主观和客观上都被占据，很难符合当前多线程工作的要求。而《王者荣耀》只需通过智能手机和平板电脑开展竞技，一局游戏的时长可以控制在 20 分钟左右，并且进行游戏的地点几乎不受限制，且只要有通畅的网络即可，在地铁通勤时、工作间隙都可以进行，能够满足玩家较为灵活的时空要求，对于游戏玩家而言，这无疑成为一种更好的选择。

同时，移动电子竞技由于其较低的设备要求、更加灵活的时空选择，拥有更好的社交属性，以往常见的"网吧开黑"等电子竞技线下社交方式能够在不同地点开展，比传统的个人电脑端拥有了更多的时间、空间选择。以往人们通过看新闻、刷微博、"逛"论坛等方式进行休闲，往往只能通过评论、点赞、分享等进行情感交互，而在移动电子竞技中，参与者可以在很短的时间内与共同参与者互相配合取得胜利，从情感上增加了集体荣誉感与满足感，增强了队友之间的友谊与认同感，使电子竞技的社交目的得以实现。①

2. 电子竞技的科技化

电子竞技是体育和游戏在现代科技发展下的全新产物，代码和电流是其

---

① 张璇：《我国移动电子竞技传播现状及策略研究》，硕士学位论文，广州体育学院，2018。

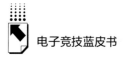

内在本质。在当前科技高速发展的背景下，电子竞技中的科技应用不断涌现，成为贯穿整个行业发展的重要因素。随着人的不断"赛博化"，城市不断发展为"码之城"，① 未来的电子竞技注定是科技化、智能化、"赛博化"的。

当前，人工智能被引入电子竞技。人工智能技术成为当前科技发展的一个热点，已经在电子竞技领域被频繁使用。人们可以使用人工智能技术进行电子竞技训练的相关辅助工作。如某战队组建了一支数据团队，该团队专注于分析比赛数据，用于提升选手竞技能力，并针对优化比赛策略与战术给出有效意见。电子竞技中的场景时刻处于动态对抗的世界，每秒都在产生大量的事件数据。人工智能视频分析技术可以从海量数据中，挖掘出影响比赛的关键行为数据，并将收集到的基础单元切片式数据整合成用于评估分析的相关指标。通过人工智能计算机视觉算法，标注出比赛中的英雄、动线、趋势、行动等关键信息。完成之后，直接导入赛事视频，让人工智能技术自动找到有意义的信息，并转化为可用的数据，最后通过分析这些非现成数据，找出制胜的规律。② 这种运用人工智能技术辅助训练的行为在其他体育运动中也可以看到，如 Alpha Go 在围棋运动中的运用，Alpha Go 可以不断进行自我学习，甚至变得连人类都难以战胜它。

对于一项体育赛事而言，观赛体验无疑十分重要。如现代的足球比赛通过高清摄像头、移动摄像头、"飞猫"等设备，从多角度对每位球员每个动作进行精彩呈现，相比传统固定机位的拍摄，这种拍摄方式极大地提升了比赛的观赏性。针对电子竞技这种在屏幕上进行的比赛，比赛场馆和现场转播显得尤为重要。《英雄联盟》全球总决赛是电子竞技中占有重要地位的赛事，开幕式上往往会展现当季最先进的技术和呈现手段。在 2017年《英雄联盟》全球总决赛开幕式上出现的"远古龙"就是通过 AR 技术

① 孙玮、李梦颖：《"码之城"：人与技术机器系统的共创生》，《探索与争鸣》2021 年第 8 期。
② 《现在电竞圈的黑科技有哪些？ta 们是如何实现的？》，知乎，2021 年 6 月 13 日，https：//www.zhihu.com/question/464083941。

制作而成的，"巨龙"从鸟巢体育场一跃而下，最终降落到舞台中央，并且还在飞行过程中向观众席上投射下阴影，在直播画面中显得更为逼真（见图4）。

图4　2017年《英雄联盟》全球总决赛开幕式上采用AR技术制作的"远古龙"
资料来源：腾讯体育。

2022年，作为杭州亚运会专业电子竞技场馆的中国杭州电子竞技中心正式落成（见图5），场馆以"星际漩涡"为设计理念，三条主步道作"骨架"，环绕核心旋转上升，形成双曲面异形结构，宛如星云中的恒星。[①] 整个电子竞技中心以屏幕为主要呈现手段，拥有4面大屏和4面角屏，还有总面积达240平方米的斗屏。2部高清全息投影、6组线列阵音响和4只返听音响，配合场馆内墙具有吸音效果的UHPC板和GRG穿孔板，足以达到沉浸式观赛体验效果。除此之外，场馆内还安装了192个可升降演艺灯，能够起到烘托气氛的效果。

---

① 《从外观到内置，还有视听感官的双重提升——杭州电竞中心带来全新沉浸式观赛体验》，"杭州日报"百家号，2022年5月9日，https：//baijiahao.baidu.com/s？id＝173234972 6698398522&wfr＝spider&for＝pc。

图 5　中国杭州电子竞技中心

资料来源：《从外观到内置，还有视听感官的双重提升——杭州电竞中心带来全新沉浸式观赛体验》，"杭州日报"百家号，2022 年 5 月 9 日，https：//baijiahao. baidu. com/s？id＝173234972 6698398522&wfr＝spider&for＝pc。

从训练到赛场，从比赛到观众，科技浸润电子竞技的方方面面，电子竞技的科技化发展趋势难以阻挡。

B.2
中国电子竞技社会价值
研究报告（2023）

王源 段鹏 宋芹 张斯充*

摘　要： 游戏在中国一直不是社会的主流文化，处于相对弱势的地位，但伴随电子竞技行业的不断发展，其社会功效被不断发掘，总体上呈现一种向善向好的态势。电子竞技作为游戏和体育的二元混合体，在经济和文化上起到正向推动作用，总体上能够被主流价值观"收编"，只要加以正确引导便能够充实人类文明的灿烂花园。本报告将通过电子竞技与青少年人格养成的关系及其社会行为机理、电子竞技促进体育竞技精神传播和社会认同感形成两部分内容，探析电子竞技与社会价值之间的深层次关系，以期改变人们对电子竞技的传统刻板印响，推动电子竞技不断提升社会价值。

关键词： 社会价值　社会认同　集体记忆　文化软实力　电子竞技

---

* 王源，中国传媒大学传播研究院博士研究生，研究方向为媒体融合、传播理论与历史；段鹏，中国传媒大学党委常委、副校长，中国传媒大学媒体融合与传播国家重点实验室常务副主任，国家舆情实验室常务副主任，科技部"111引智计划"智能融媒体基地主任，高等学校学科创新引智计划智能融媒体基地主任，国家语言文字推广基地主任，教授、博士生导师，享受国务院政府特殊津贴，研究方向为智能媒体传播、媒介理论与历史、国际传播；宋芹，中国传媒大学媒体融合与传播国家重点实验室助理研究员，研究方向为国际传播、媒体与数字文化、智能融媒体传播；张斯充，中国传媒大学传播研究院硕士研究生，研究方向为媒体融合、智能媒体传播。

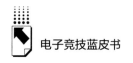
一 电子竞技与青少年人格养成及其社会行为机理研究

（一）电子竞技的教育功能

1. 电子竞技与教育

电子竞技脱胎于游戏却高于游戏，在传统观念中，"玩游戏"是一种不务正业的行为，人们很难将游戏、电子竞技与教育联系起来。但伴随社会生产力的不断发展，人的身体不断被解放，娱乐成为生活不可或缺的重要组成部分，电子竞技与教育之间产生了重要的联系。

维特根斯坦（Ludwig Josef Johann Wittgenstein）曾将游戏视作一个"具有家族相似性的概念"，[①] 它们是一套存在松散联系事物的集合，其中每个部分都以与其他部分重叠的方式，与集合中的其它事物存在着相似性。詹姆斯·保罗·吉（James Paul Gee）在《游戏改变学习：游戏素养、批判思维与未来教育》一书中提出，一款游戏就是一段精心设计的学习经历，包括解决问题的过程。[②] 人类的文明在经验积累中不断延展，从经验中学习并储存下来的长期记忆在人们脑海中进行着特殊的工作，这是一种在脑海中进行的特殊模拟，人们在其中进行着角色扮演，并不断拓展延伸以完成趋利避害、长远规划的目标，这必须通过混合和杂糅记忆中的习得经验碎片来达到。在詹姆斯·保罗·吉看来，电子游戏就是人类大脑活动对外界的映射。游戏是一种外部的想象，能以技术手段提升人们的学习体验，帮助人们在各自生活中做出更好选择。当前社会竞争越来越激烈，人们很难保证在现实生活中不犯错，但是在电影、书籍、游戏中，人们即便犯错误往往也不必承担

---

① 李葆嘉：《论家族相似性、原核意义论、原型范畴理论的语义学来源》，《北华大学学报》（社会科学版）2021年第2期。

② 〔英〕詹姆斯·保罗·吉：《游戏改变学习：游戏素养、批判思维与未来教育》，孙静译，华东师范大学出版社，2019。

很严重的后果，游戏让人们拥有更多的选择。

在蓝江看来，在数字化的游戏中，世界开始变得游戏化。[①] 由于虚体的存在，人们可以建立多元的世界感知经验，能够在电子游戏中建构不同的自我，身体与世界产生联系的统一规则被打破，这赋予了多元化自我存在的可能。电子游戏中的虚体可以与身体共享感知经验，数字自我的存在成为可能。电子竞技作为游戏的一种升华，它既有游戏的相关特征，又有竞争性和智能化的趋向。电子竞技逐渐成为一个平台，在虚拟的空间中可以带给人们基于选择的学习体验，通过外部想象的方式，依靠技术来实现仿真和角色扮演，可以应用在人们未来生活的规划和行动中。

电子竞技或者电子游戏已经成为一种学习和求知的视角，电子竞技的理解符号通常有内部视角和外部视角两种可能，即电子竞技既可以从内部被视作一种内容，也可以从外部被解读为人们参与的社会实践活动。当人们参与第一视角的射击类电子竞技比赛时，玩家通过第一视角在虚拟世界中穿梭，这就是从内部视角看待符号领域的一种可能。如受到许多玩家喜爱的育碧公司推出的《刺客信条》系列电子游戏，这款游戏的玩家可以"化身"刺客，领略波斯王朝的绚丽，跟随华盛顿参与美国独立战争，在波士顿倾茶、在莱克星顿打响战斗，还可以在工业革命时期的英国看到工厂制下的黑暗与其中暗藏的点亮人类希望的星火，从而构建出价值观、人生观和历史观。这种"主动参与"的内部视角是在现实生活中难以建构的，电子竞技和电子游戏基于现实与历史，建构出一个虚拟和奇幻的世界，当人们通过批判性的视角参与游戏时，他们正在用一种新的方式体验这个世界。事实上，大量的教育游戏已经被推出，如《模拟城市》《瘟疫公司》等，这些游戏在训练人们的观察能力、空间能力、逻辑思维能力、经营管理能力等方面发挥了重要作用，并在模拟电路教学、编程教学、数学教学等多个领域实现了应用。

电子竞技或者电子游戏被用于特种训练，在军事、医疗、工业、培训等诸多领域发光发热。以电子竞技在军事中的应用为例，古代军队会组织打猎

---

① 蓝江：《文本、影像与虚体——走向数字时代的游戏化生存》，《电影艺术》2021 年第 5 期。

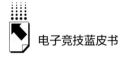

等娱乐活动进行训练，迁移到现在这种模拟多通过电子竞技方式进行。1981年，美军就开始使用街机游戏《终极战区》进行训练，在新冠肺炎疫情期间《魔法雷霆》成为美军第一骑兵师日常训练内容，在训练过程中充分运用其竞争性，开展了排名赛等多种形式的竞赛活动。2011年，中国首款军事电子游戏《光荣使命》正式亮相，收获了显著的军事效益和经济效益，该款游戏通过飞行模拟的方式训练飞行员，花费仅为实际飞行训练的1/70。[1] 电子竞技中的技术也被迁移使用，激光模拟射击训练（电子对抗竞技）是一种借助激光技术、无线通信技术、传感器技术、网络技术、数据库技术等高科技手段构建的模拟实战训练系统。采用此系统，不仅节省了训练费用，提高了训练效率，而且保证了训练的安全性。利用此系统可以很好地解决军警训练场地单一和训练安全问题，可以开展全天候、全地形、全场景模拟训练。

对于电子竞技本身而言，它不仅有教育的功能，自身也演化为了一个教育的门类。在世界教育的浪潮中，电子竞技成为一门专业，培养大量从业者为其工作，增加了就业岗位，创造了一个行业。中国高等教育已经将电子竞技作为一个专业，除培养职业电子竞技选手外，更加注重培养电子竞技上中下游产业的从业者，如中国传媒大学、上海体育学院、山东体育学院等院校均已参与其中。美国有175所大学和学院是全美大学电子竞技协会（NACE）的成员，并且提供官方认可的电子竞技课程，能为学生提供部分或全额的运动专项奖学金。

看似与教育毫无关联的电子竞技，因其自身的特点，已经在事实上和教育产生了联系，并与教育密不可分，在青少年教育中起着越来越重要的作用。

2. 电子竞技助力文化继承和发展

美育亦称"美学教育""审美教育"，使学生掌握审美基础知识、形成一定的审美能力、培养正确的审美观点。[2] 电子竞技满足了群众对新型文化娱乐方式的需要，不断提升人民群众的幸福感，同时电子竞技也部分承担起

①《中国首款军事电子游戏成士兵战斗力生成辅助手段》，中国新闻网，2011年8月5日，http://www.chinanews.com.cn/gn/2011/08-05/3236425.shtml。
② 顾明远：《教育大辞典1》，上海教育出版社，1990。

继承和传播我国优秀历史文化的责任，并且与社会现状相呼应，发挥正向的引导作用，成为文化传播的全新方式。随着社会进步和人类发展，人们对美的追求不断提高，电子竞技作为"第九艺术"，融合了动画、美术、数字媒体技术等多种艺术门类，在高等教育美育，特别是在优秀传统文化的继承和发展方面起到积极作用。

伴随电子竞技的不断发展，作为其本体部分的游戏不断在游戏玩法、人物设计、美术表现上体现出越来越高的水准，中国的一些电子竞技游戏正逐步与中国传统文化元素相融合，这有利于弘扬和传播中华优秀传统文化，使青少年在参与电子竞技的过程中受到优秀传统文化潜移默化、春风化雨般的熏陶。

以当下最火爆的手游《王者荣耀》为例，这款电子竞技游戏从多个方面实现了与中华优秀传统文化的融合。《王者荣耀》在角色的设置中汲取了中国传统文化的元素，其中来自中国神话传说的游戏角色有孙悟空、杨戬、钟馗、东皇太一、牛魔王、后羿、太乙真人、哪吒、女娲、妲己等，还有大量以中国历史人物为原型创造的游戏角色，如周朝的墨子、白起、扁鹊、高渐离等，秦汉时期的嬴政、项羽、虞姬、刘邦、韩信、张良和王昭君，三国时期的曹操、刘备、关羽、张飞、赵云、黄忠、夏侯惇、典韦、吕布、貂蝉、甄姬、诸葛亮、蔡文姬、周瑜、刘禅、孙尚香、大乔、小乔，魏晋南北朝时期的兰陵王、花木兰，隋唐时期的程咬金、狄仁杰、武则天、李白、苏烈和元朝的成吉思汗等（见表1）。游戏人物的形象和技能设计都根植于中华优秀传统文化，源于游戏创作者和运行方以及玩家对相关历史记载、文学名著、美术作品的认识。

表1 《王者荣耀》部分角色分类

类型	角色
虚构人物	铠、露娜、阿轲、安琪拉、李元芳、老夫子、干将莫邪、明世隐、百里玄策、百里守约
欧洲神话人物	雅典娜、亚瑟
中国神话人物	孙悟空、杨戬、钟馗、东皇太一、牛魔王、后羿、太乙真人、哪吒、女娲、妲己

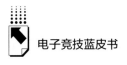
续表

类型	角色	
日本武术名家	宫本武藏	
游戏派生人物	橘右京、不知火舞、梦奇、娜可露露	
欧洲历史人物	马可波罗	
中国历史人物	周朝	姜子牙、墨子、白起、廉颇、鬼谷子、芈月、扁鹊、钟无艳、庄周、高渐离、鲁班
	秦汉	嬴政、项羽、虞姬、刘邦、韩信、张良、王昭君
	三国	曹操、刘备、关羽、张飞、赵云、黄忠、夏侯惇、典韦、吕布、貂蝉、甄姬、诸葛亮、蔡文姬、周瑜、刘禅、孙尚香、小乔、大乔
	魏晋南北朝	兰陵王、花木兰
	隋唐	程咬金、狄仁杰、武则天、李白、苏烈
	元朝	成吉思汗

注：表内人物时代、地域划分均按《王者荣耀》官方信息界定。
资料来源：腾讯手游《王者荣耀》官方网站。

　　在《王者荣耀》的"英雄故事"介绍中，这类角色会被添加互联网时代的表达烙印，同时让玩家在互动场景中熟悉了解中华传统文化，让电子竞技玩家在娱乐中重温历史文化。①

　　此外，《王者荣耀》在皮肤②设计、出场台词等方面也显示出很高的文学和艺术造诣。"遇见敦煌"系列由《王者荣耀》与敦煌研究院携手推出，以敦煌壁画为主题，包括以敦煌代表元素"飞天"为基础的"遇见飞天"、取材自壁画《九色鹿本生》中白鹿形象的"遇见神鹿"还有以《东方药师经变画》中胡旋舞为灵感创造的"遇见胡旋"等。2021年，《王者荣耀》又与重庆白鹤梁水下博物馆建立合作关系，为推广白鹤梁文化推出皮肤"白鹤梁神女"。在游戏中甄姬这个角色的出场台词极其考究，"若青云之蔽月，如流风之回雪"出自曹植《洛神赋》"髣髴兮若青

---

① 赵倩倩：《中国传统文化与网络游戏的融合发展研究——以〈王者荣耀〉为例》，《今传媒》2018年第12期。

② "皮肤"是游戏《王者荣耀》中一种英雄装饰品，部分"皮肤"需要用户以充值点券的方式进行购买，也可通过各项官方活动获得。

云之蔽月，飘飖兮如流风之回雪"；李白"凤求凰"角色的台词"逆了苍天，踏破碧落黄泉"，则是化用了白居易《长恨歌》中的"上穷碧落下黄泉，两处茫茫皆不见"；而原始皮肤的台词"十步杀一人，千里不留行"，则是来自唐朝诗人李白的《侠客行》。这体现了当代电子竞技已经开始跳脱出历史虚无主义的窠臼，走向尊重历史源流、传承历史之美、发扬传统之光的全新时代。

《王者荣耀》对传统文化的继承和发展不局限于内容设计层面，也延伸到线下活动和文创战略等领域。作为出品方的腾讯在与敦煌研究院的合作过程中，双方携手拍摄了一系列关于敦煌文化的纪录片，从专业学者和舞蹈演员的角度推广相关知识，让玩家更详细地了解相关文化。而在与白鹤梁水下博物馆的联动中，《王者荣耀》专门打造了"白鹤梁神女"形象的数字导游，尝试利用这种更亲切的方式带领人们感受文物的魅力。2020 年，《王者荣耀》推出限定皮肤"李小龙—裴擒虎"，与佛山当地政府一同推出武术主题文旅线路，并邀请广州美术学院师生参与创作，用多种艺术形式立体呈现裴擒虎悟道佛山武术的故事。此外，《王者荣耀》还将潍坊风筝、端午龙舟、长城守卫等元素融入游戏设计中，游戏设计者综合利用多种媒体艺术手段，获得好评无数。

这种现象还出现在电子竞技的相关衍生文化场景中，由著名歌手陈奕迅演唱的歌曲《孤勇者》是《英雄联盟：双城之战》的中文主题曲，以平凡英雄、幕后英雄的角度开展创作，蔚和金克丝两个游戏角色的设定是"孤勇者"的写照。结合当下脱贫攻坚、乡村振兴、抗疫救灾的现实情况，这首歌曲有着极高的传唱度，在社交网络上随处可见小学甚至幼儿园儿童的集体合唱，这种现象充分体现了其中蕴含的价值观被大众所接受，起到了正向的引导作用，向大众传播了正确的价值观和较高水准的审美观念。

这些形式不仅激发了玩家的学习动力，引发人们的情感共鸣，还激发了电子竞技参与者对传统文化创造性转化和创新性发展的热情，用游戏等艺术形式记录社会发展，能够帮助人们更快地接受新生事物。

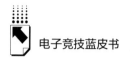
3. 电子竞技促进人的价值实现

人生价值对青年人而言是一个非常有意义的话题，也是极其关键的哲学话题。人生价值是以人生为对象，以价值为评判，是指人生对社会和个人需要的满足，分为自我价值和社会价值。[①] 不同学者对价值的理解各不相同，有的认为价值是一种独立的存在，不依附于任何别的事物，也有的认为价值是一个关系范畴，通过事物之间的相互联系和作用产生效果。社会价值和自我价值是人生价值的两个方面，两者并不互斥，而是相互影响、互为因果的完整系统。

对于电子竞技而言，它在很大程度上成为从业者实现人生价值的一种手段和方式，其可以作为一种别样的劳动，从业者可以在已有基础上发挥天赋特长，不断扩大成果，满足自身更多的需求。人生价值的实现必须协调好人、社会、环境三方面的关系。电子竞技从业者的技能、技巧不断提高，他们想要成为职业的电子竞技选手，就必须付出惊人的努力。在央视发布的一段视频中，这些电子竞技职业选手每天的平均训练时长超过 10 小时。而在当下的环境中，社会对电子竞技的认可度越来越高，对于其作为一项职业的呼声越来越大，青年人通过电子竞技实现人生价值的可能性越来越大。马克思曾指出，"人们自己创造自己的历史，但是他们并不是随心所欲地创造，并不是在他们自己选定的条件下创造，而是在直接碰到的、既定的、从过去继承下来的条件下创造"。[②] 在当下的文化环境中，多元发展成为社会包容性的重要体现。最后是环境，以往的环境往往指自然环境，但随着科技的进步，人类逐渐从现实走向人机共生共存的"数字化生存"时代，近期大热的"元宇宙"概念正揭示了这种"赛博化"的发展方向。在此情境下，电子竞技为人类在虚拟世界中实现人生价值提供了一条可行的、先验的路径。

Uzi（简自豪）是一名《英雄联盟》职业选手，几乎斩获了一个电子竞

---

① 王浩业：《人生价值实现视阈下的大学生中国梦教育研究》，博士学位论文，北京交通大学，2019。

② 卡尔·马克思、弗里德里希·恩格斯：《马克思恩格斯文集》，中共中央马克思恩格斯列宁斯大林作编译局译，人民出版社，2009。

技选手能获得的所有荣誉，曾上榜"2017 中国运动员影响指数排行榜"，排名第二十，是唯一上榜的电子竞技运动员。2018 年，简自豪与队友入选2018 年雅加达亚运会《英雄联盟》电子体育表演项目中国代表队，并最终获得冠军。而在这些光芒万丈的成绩和亿人关注的流量背后，人们发现简自豪的学历仅停留在初中，在传统观念中，这样的学历是很难取得社会认可的成功的，但电子竞技无疑为类似的孩子提供了延伸更多人生价值空间的可能。从前的中国电子竞技第一人"人皇"SKY 李晓峰已经退役多年，《魔兽争霸》这款游戏也在快速更新的时代逐渐淡出人们的视野，他也开启了人生的下一站，目前，他主要从事电子竞技公益事业及电子竞技教育相关工作。电子竞技选手"若风"禹景曦也已经退役，退役后他将更多精力放在了回馈电子竞技行业上，曾捐赠过两所电子竞技慈善学校。对退役年龄在25 岁以下的电子竞技职业选手来说，这个行业的健康持续发展，也能为他们退役后的人生提供更多样的选择。这样的"别样人生"并非社会主流，简自豪、李晓峰等仍是少数，对电子竞技加以正向引导，不断完善赛事服务、赛事组织、赛事策划等相关产业链，让从业者的职业生涯得到保障，无疑也为当代社会的多元化发展提供了一条可能的路径。

（二）电子竞技的社会属性

1. 社交性

著名心理学家希斯赞特米哈伊（Mihaly Csikszentmihalyi）指出，"游戏是最显而易见的心流来源，玩耍是出类拔萃的心流体验"。[①] 和游戏相比，现实是疏离的。电子竞技建立了新型的社交纽带，创造了更活跃的社交网络。随着人们在社交网络里互动性的不断加强，人们逐渐产生了一种积极的"亲社会情感"。腾讯互动娱乐业务系统高级副总裁马晓轶曾表示，作为一个全新的独立产业，电子竞技正在连接更多的可能。通过技术的不断发展，

---

① 〔美〕简·麦格尼格尔：《游戏改变世界：游戏化如何让世界变得更美好》，闾佳译，浙江人民出版社，2012。

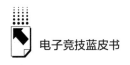

电子竞技的边界得以持续扩展；在更快速、更频繁的交流和配合中，电子竞技用户的情感也被不断带入游戏中，从线上到线下，产生了一种价值共通的沟通方式，为全球的年轻人架起文化交流的桥梁。

腾讯在社交性方面做出了极大的努力，其旗下的游戏产品大多是通过关联微信或 QQ 账号登录的，省去了较为烦琐的注册步骤，可以充分发挥社交平台和游戏之间的互动性。通过与社交平台的联动，熟人好友之间可以进行组队竞赛，增强群体意识和竞争意识。现实中的社交关系可以映射到游戏中，如情侣可以通过"保护、掩护"增强亲密关系，好友可以通过"对战"增进友情，父母子女间的共同竞赛有助于营造和谐友爱的家庭氛围。

其他社交平台也通过多种方式涉足电子竞技社交行业。大量互联网公司通过收购战队的形式进入电子竞技领域，微博电子竞技俱乐部副总裁胡彪表示，"微博入局电子竞技是大势所趋，我们作为一个活跃着大量游戏 KOL（关键意见领袖）、MCN（多频道网络）、媒体机构的社交媒体平台，再加上近年中国电子竞技发展迅速，微博入局电子竞技就显得更加水到渠成"。[①] 同时社交平台为电子竞技的传播提供了全景敞视的广场，在这些社交平台中活跃着大量的电子竞技 KOL、MCN、媒体机构等。99% 的电子竞技受众经常使用社交媒体，电子竞技的社交属性凸显，用户依赖社交平台实现情感连接的需求十分强烈。在社交平台上，中国电子竞技爱好者的周活跃度全球第一，26% 的中国电子竞技爱好者会选择每天与电子竞技 KOL 互动，47% 的中国电子竞技爱好者每周与电子竞技 KOL 互动。诸如虎扑 App、微博等传统社交平台，还有抖音、快手等短视频平台都专门划分了有关电子竞技的板块，从重大赛事节点、选手侧、用户端等多层面满足电子竞技受众的需求。

电子竞技的社交性甚至催生了"陪练"这样一个新职业，陪练的本质是通过公平公正的方式，使玩家能够在陪练师的教学指导下提升自身的游戏技能。以 2015 年上线的游戏社交"标杆级"平台 Discord 为例，它以游戏

---

① 《专访微博电竞副总裁胡彪：以社交矩阵撬动电竞生态》，搜狐网，2022 年 5 月 23 日，https：//www.sohu.com/a/549771084_ 519172。

玩家的语音社区起家，随后几年逐步发展成泛游戏/电子竞技用户的兴趣社交社区。2020年12月，Discord 估值已达70亿美元，月活跃用户超过1.4亿人，并在语音社交的基础上加入了视频功能。2020年 Discord 累计完成1.3亿美元的收入，这样的营收规模却撑起了超过70亿美元的估值，这足以证明基于电子竞技的社交正在成为下一个资本竞逐的风口。[1]

2. 社会化

电子竞技文化以其独特的吸引力和广泛的传播力，逐渐在青年中形成特有的亚文化圈层。在其影响下，部分青年出现虚拟社会化、反社会化和重复社会化等倾向，这将直接影响青年在现实社会中的行为。[2]

电子竞技凭借其竞技性、游戏性、娱乐性的特征，在青年群体中迅速占据了一定的地位，并逐渐形成了具有自身特色的电子竞技文化体系。一方面，电子竞技的生产、传播、接受过程均依赖互联网，不论是在传播速率上，还是在受众范围上，都具备更强的交流属性；另一方面，接受过高等教育的青年是电子竞技主要的受众群体，不论是电子竞技专业的开设，还是来自电子竞技文化的网络流行语，抑或是电子竞技成为亚运会的项目，都离不开青年群体，他们以丰富的互联网使用经验，为电子竞技文化"代言"。电子竞技在互联网与青年群体的双重影响下，在休闲娱乐的手段中逐渐获得了社会属性，逐渐成为能够引领青年发展方向的网络新媒体公共领域的一部分。

电子竞技游戏从边缘的文化逐渐走向群众基础广泛的竞技体育项目，是电子竞技从小众到流行、从精英到普惠、从娱乐到专业的社会化过程。互联网不仅作为电子竞技游戏的传播和使用介质，而且为电子竞技的"破圈"奠定了基础，使电子竞技游戏的影响不用局限于虚拟的网络世界。对电子竞技行业发展的支持、对电子竞技职业标准的建立、对电子竞技行业政策的实施，都是电子竞技文化向现实世界拓展的重要体现。人们为电子竞技游戏赋予社会化的特征，同时，作为引领青年的途径之一，电子竞技更需要注重其教育

---

① 《剖析电竞社交价值，从技能陪练开始播》，"36氪"百家号，2021年8月3日，https://baijiahao.baidu.com/s？id=1707031835102266447&wfr=spider&for=pc。

② 孙润南：《电竞文化影响下的青年社会化引领》，《思想教育研究》2022年第2期。

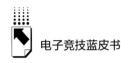

的社会功能。电子竞技游戏在网络中构建了虚拟的空间，使青年在娱乐的过程中形成了具有交往属性的社会网络，构建了虚拟的社会纽带。与真实的社会相似，在电子竞技中，每个角色也具备各自的特征，被"分配"了各自的职责，在一定的游戏规则（类似真实社会中的法律制度）下"人人各司其职"，以达到最终目标。

电子竞技游戏作为引领青年群体价值观的极具影响力的渠道之一，不仅通过自身的趣味性与竞技性对广大青年产生吸引，还以新媒体短视频、网络直播等形式，对青年的发展及成长教育产生影响。但是，如果期待虚拟角色与现实角色两者之间存在张力，就会出现社会角色认同的危机。[①] 故其社会化的历程，需要在游戏的政策、规定等方面，依照社会对青年的期待，塑造青年的社会角色，并且实现青年的自我期待与现实角色的融合。首先，通过制度的建立，引导人们树立正确的思想观念，使电子竞技作为一种文化产业的同时，在社会化历程中被赋予公共属性，将优秀的文化融入青年群体的娱乐休闲领域，以积极的价值导向完善和实现电子竞技游戏行业的推广。其次，增强电子竞技的社会责任感，帮助青年群体培养团队意识及交往能力，在他们参与竞技的同时发挥电子竞技本身的社会功用，引领青年群体向更加积极的方向发展。

《王者荣耀》职业联赛（KPL）选手 KOKO，早年因校园霸凌变得自闭，辍学进入社会工作。后来通过《王者荣耀》找到了交流途径，并因游戏水平重新获得自信。进入职业俱乐部以后，他逐渐获得成长，并重新融入社会。

二　电子竞技促进体育竞技精神传播与社会认同感研究

（一）电子竞技娱乐性功能与竞技性精神

1. 娱乐性：让生活变得更美好

美国学者威尔伯·施拉姆（Wilbur Schramm）和威廉·波特（William

---

① 风笑天、孙龙：《虚拟社会化与青年的角色认同危机——对 21 世纪青年工作和青年研究的挑战》，《青年研究》1999 年第 12 期。

E. Porter）在《传播学概论》一书中从政治功能、经济功能和一般社会功能三个层面总结了大众传播的功能。监控、协调和社会遗产的继承被划入政治功能的范畴；提供资源及买卖机会的资讯、经济政策的制定、市场的运作与控制以及经济行为的洗礼被划入经济功能的范畴；娱乐等被划入一般社会功能的范畴。[①] 传播对于整个社会来说具有重要意义，有学者认为整个社会的运转都可以被视为一种传播，人们可以以一种"元传播"的视角来看待整个世界。作为娱乐事业的一部分，电子竞技无疑起着至关重要的作用。

经济学家爱德华·卡斯（Edward Castronova）提出了一种向游戏空间"大规模迁徙"的现象，[②] 虚拟空间可以让人享受到精心设计的快乐、惊险刺激的挑战以及强而有力的社会联系，可以最大限度地发挥人们的潜力，让人们心情愉快。电子竞技游戏是提高人们生活质量的重要途径，在艰难的时刻能够提供积极情感、积极体验和社会联系。面对无聊、焦虑、孤独和抑郁，没有人能够免疫，游戏却能以一种成本相对较低的方式缓解这些问题。

在"游戏是一种普遍存在于人与动物之中的原始自发行为，有着自我追求、自我表现和自我达到的目的"的概念中，自我满足与自我实现成为游戏的核心特征。[③] 电子竞技爱好者参与电子竞技比赛同样是基于自身自发的精神需求和娱乐需求，这是电子竞技游戏属性的延续。

电子竞技不断朝着泛娱乐化方向发展，影视、综艺、体育等明星纷纷进入电子竞技行业，电子竞技也与音乐、影视、体育等多个行业建立起多元化、全方位的合作关系，其可以借用自身游戏属性和网络属性，不断增强自身的娱乐功能。

2. 竞技性：虚拟中的刀光剑影

达尔文在进化论中强调了"物竞天择，适者生存"的理念，竞争是

---

① 〔美〕威尔伯·施拉姆、〔美〕威廉·波特：《传播学概论》，何道宽译，中国人民大学出版社，2010。
② 〔美〕简·麦格尼格尔：《游戏改变世界：游戏化如何让世界变得更美好》，闾佳译，浙江人民出版社，2012。
③ 李宗浩、李柏、王健主编《电子竞技运动概论》，人民体育出版社，2005。

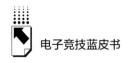

人类天性中具有对抗、比拼和决斗精神的活动，是一种人性的渴望。竞技体育要求参与者全面发展其体能、智力、心理等方面的能力，最大限度地挖掘和发挥自身潜力，在技术能力上达到个人的高峰并取得优异成绩，竞技体育最显著的特征是竞争性。电子竞技的载体游戏也多有丰富的策略和操作维度的要求，上手门槛较高，必须花费大量时间学习、练习才能掌握，可以说电子竞技在本质上和国际象棋、围棋这类的益智类体育竞技项目相同。

2019年，亚洲电子体育联合会主席、中国香港体育协会暨奥林匹克委员会副会长霍启刚在第六届世界互联网大会媒体融合分论坛上发表演讲。[①]他认为电子体育正逐渐融入主流文化，演变到如今的电子体育不应该只是为社会带来经济利益，而应更好地与体育精神交融，"科技与传统"相结合，"娱乐与交流"并存，"竞技与拼搏"为主思想，以此来引导人们树立正确的价值观，并通过电子体育媒介将这些正能量注入社会。其中竞技和拼搏的精神是电子竞技作为体育运动竞技性的体现，对于正处在发展阶段的电子竞技而言，其竞技精神是必须坚持和发扬的。

国际运动科学与体育协会（SPE）的"体育竞技宣言"中对体育竞技运动有明确定义：凡是含有游戏属性并与他人进行竞争以及向自然障碍挑战的运动都是体育竞技运动。竞技类游戏的最大魅力便是它的不确定性，游戏玩法硬核，竞争激烈，加上团队的配合与队友的交流，让协同竞技成为游戏中最具魅力的环节。作为一项国家承认的体育项目，电子竞技有着统一的比赛规则，并且要求进行"公平、公正、公开的比赛"，电子竞技与其他体育比赛一样能够激发人们的竞技精神。

同时，人们必须关注到长期使用电子设备可能会对人体产生一定的损害，这与传统体育运动带来的身体损伤类似，都是一直困扰体育发展的因素，需要多部门协同努力对其进行改善。

---

① 《霍启刚出席互联网大会谈电子体育：正逐步融入主流文化中！》，澎湃新闻，2019年10月21日，https://m.thepaper.cn/baijiahao_4734003。

（二）电子竞技社会认同与集体记忆构建

1. 电子竞技的突围

长期以来，电子竞技被"污名化"，人们一直戴着有色眼镜看待它，常将其视为"洪水猛兽"。电子竞技被认为大致上有以下三个方面的问题：一是伤害身体，二是导致心理成瘾，三是容易引发暴力犯罪。从情感认知上看，不难发现对电子竞技文化的"原罪"认识实质上是一种对游戏及电子游戏的情感延续和认知迁移。这种文化惯性也是美国社会学家费尔丁·奥格本（William Fielding Ogburn）提出的文化堕距效应，即在文化变迁过程中，占据统治的优势文化带有极强的文化效用，导致文化内部的结构产生错位，适应文化的机能存在障碍。[①] 事实上，电子竞技不同于电子游戏，电子竞技也并不是"电子海洛因"，其正向的社会价值正不断被发掘和壮大。

在施畅看来，电子竞技的污名正不断消散，电子竞技正在成为一种集社交、时尚、竞技于一体的新型娱乐方式。[②] 传统售卖点卡、道具付费的商业模式已经被泛娱乐化的行业生态取代，作为电子竞技基石的电子游戏本身也在更新换代。政府各部门出台了大量政策扶持产业的转型升级，促进电子竞技的绿色、健康发展。原有的游戏玩家也长大成人，掌握了更多社会话语权，原有的趣缘群体发展壮大，在经济实力上也能支撑相关的消费行为。

电子竞技正获得越来越广泛的认同和理解，其媒介形象的演变也可以体现这一趋势。以《人民日报》为例，梳理其对电子竞技的相关报道，1984年《人民日报》在报道中第一次出现"计算机游戏"这样的说法，但是直到21世纪前后"电脑游戏"的概念才更受关注，且始终无法占据主流地位。1997年《人民日报》首次使用"网络游戏"这个概念，且对这一概念的使用频率呈现不断上升的趋势，自2004年起使用次数激增，2011年迎来史上最高的使用频率。2002年，"电子竞技"的概念首次在报道中被使用，

---

① 〔美〕费尔丁·奥格本：《社会变迁关于文化和先天的本质》，王晓毅、陈育国译，浙江人民出版社，1989。
② 施畅：《恐慌的消逝：从"电子海洛因"到电子竞技》，《文化研究》2018年第1期。

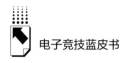

但直到 2016 年才因为电子竞技产业和视频直播行业的蓬勃兴起迎来报道量倍增。[①] 1989 年《人民日报》出现对国内游戏的负面报道，随后便从危害身体健康、影响学习、引发社会赌博乱象等角度来报道电子游戏，网瘾现象也受到社会的广泛关注，"电子毒品"等词汇被用于形容电子游戏。但这种情况从 2009 年开始出现好转，以电子竞技为首的游戏产业被建构为新经济引擎，嵌入全球金融危机和中国推动文化产业振兴的语境，认为它是"逆势增长"的朝阳产业。这一转变体现了电子竞技的突围，该类型报道的话语变迁集中反映了电子竞技在中国社会认知中的重要转向，体现了中国越发包容和开放的社会局面，也预示了电子竞技在正向社会价值下建构的美好未来。

2. 电子竞技维系社会认同

电子竞技的社会认同经历了长期的变迁。与日常生活中的传统网络游戏不同，电子竞技具备更加完善的竞赛体系，不仅以其独特的竞技性、娱乐性吸引了大批青年观众，还顺应其专业化的发展趋势打造了职业选手团队。职业选手年龄普遍在 20 岁左右，例如获得《英雄联盟》世界总决赛亚军的 SH 皇族战队的简自豪当时就只有 17 岁。因此，电子竞技对青年群体的影响相较于传统网络游戏更加广泛且深入，其生态发展的职业化、专业化为网络游戏领域注入新的血液和力量，不但对青年群体的观念认知带来影响，竞赛本身的竞技性还在价值认同方面为玩家带来了集体荣誉感与获得感，增强了对自身价值的认同感。

电子竞技以体育的竞技精神为核心，来源于网络游戏，却高于网络游戏。另外，加上对电子竞技的政策支撑，电子竞技与传统网络游戏在媒介建构方面产生了差异。制度的制定和实施在二者之间形成了边界，打造电子竞技行业媒介的规则和措施更加积极，以电子竞技游戏获得国家荣誉的方式使越来越多的电子竞技职业选手在国际性赛事中留下拼搏的身影。电子竞技的比赛还暗含奋斗、拼搏、公平、公正的竞赛精神，电子竞技选手不仅代表了

---

① 何威、曹书乐：《从"电子海洛因"到"中国创造"：〈人民日报〉游戏报道（1981-2017）的话语变迁》，《国际新闻界》2018 年第 5 期。

玩家、游戏与体育竞技，还代表了国家。电子竞技让选手感受到作为一名游戏玩家，需要摆脱负面标签的压力，从"边缘化"的群体中走进大众的视野，获得被社会认可的归属感。这是一种价值观的改变，凝聚了相关群体。

在社交媒体的运行中，用户往往以一种粉丝群体、兴趣聚落的方式来建构群体的身份认同，群落中的用户需要用特定或专属的方式来寻找同类、分辨过路者，这种分辨往往是通过使用专属图案、专属表情包、特定的"粉丝黑话"，加之对话题的熟悉程度和关心与否实现的，这种方法往往行之有效。当下许多网络流行用语出自电子竞技游戏，这类群体身份被划分在同一情境下，使参与者能够得到群体共识和认同感。特别是在竞赛进行的过程中，这类独特的身份标识能够让赛事情感不断升温，最终达到一种"狂欢"的状态。并且这种"狂欢"在网络社会中广泛传递，电子竞技赛事呈现一种包容开放的接纳性，使群体范围不断扩大，就如同世界杯赛事常会成为新球迷接触足球运动的契机一般。

竞技精神、社会体验和爱国情感在电子竞技比赛中成为玩家的共识，构成共同记忆，这是与其他网络游戏群体最大的区隔特征。除此之外，群体认同在电子游戏玩家群体中以更鲜明的特征获得了体现和张扬，玩家选手与电子竞技群体共同为电子竞技正名，让电子竞技以积极的形象呈现在主流社会中。

电子竞技游戏同体育赛事一样，为选手建立了一个实现梦想、获得价值的舞台。1985年出生的李晓峰作为卫冕世界电子竞技大赛（WCG）《魔兽争霸》项目的第一人，2008年，成为北京奥运会的一名火炬手，参与奥运圣火的传递。这是作为电子竞技参与者获得的社会认同，鼓励着更多的青年人加入电子竞技行业，实现自身价值。

3.电子竞技创造集体记忆

电子竞技游戏为参与玩家构建了虚拟的社会空间，电子竞技直播赛事在对竞技现场以及虚拟竞赛界面进行信息传递的同时，也营造了特殊的氛围和场域。竞赛直播本身具有的仪式性也被赋予在电子竞技中。观众沉浸式地参与直播的比赛场景，竞赛以过程与结果的不确定性为观众带来不同于其他类

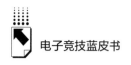

型的转播或录像观看体验，塑造并强化了仪式感，同时赋予观众个人记忆，从而构建集体记忆，使观看及参与群体在交流中完成身份的认同。

每个个体都拥有自己的个人记忆，将个体放置于社会中，便能与同时代的人一同建构并拥有集体记忆的框架，以进行回忆，并对记忆加以定位。正是这些个人记忆将每个个体联系起来，以构建集体记忆，建构社会的文化内涵。保罗·康纳顿（Paul Connerton）认为人的身体实践是反映记忆的重要方式，在《社会如何记忆》一书中他将身体实践划分为体化实践（incorporating practices）和刻写实践（inscribing practices）两种方式，前者强调亲身参与，例如身体语言以及对特有姿势的记忆，后者则是通过媒介捕捉并保存信息以形成记忆记录。① 电子竞技可以对体化实践和刻写实践两种方式进行综合，产生记忆。

网络游戏本身具有一定的文化内涵，例如游戏人物及场景的设定、游戏内容及情节的构建等，均能体现社会的文化背景，并决定游戏的叙事方式。格尔茨（Clifford Geertz）将仪式视为一种"文化表演"，媒介仪式是通过对"媒介符号的传播，被邀请参与某些重要的共同性活动或者某些盛大事件（即媒介事件），最终呈现的一种象征性和表演性的文化实践过程和行为"。② 电子竞技游戏则在其媒介中构建了不同的符号，为参与者提供了多种多样的可供选择的事件，参与者为游戏文化内涵的实现赋予了实践过程，进而组成仪式性的"表演"，实现电子竞技参与者群体的价值。在电子竞技赛事中出现的符号，应用群体不局限于选手和观众，还有竞赛的主持人、解说员等角色。

在仪式理论中，仪式的主持人起着重要的仪式中介作用，控制着仪式的进程，主持人的角色和能力是"公共的"，是被"群体""集体"所赋予的特殊象征行为。③ 主持人的着装打扮、主持风格等也与选手相匹配，共同组成了完整的电子竞技场域。这些符号的构建不局限于国家形象，还借助赛场

---

① 〔英〕保罗·康纳顿：《社会如何记忆》，纳日碧力戈译，上海人民出版社，2000。
② 〔美〕克里福德·格尔茨：《文化的解释》，韩莉译，译林出版社，2014。
③ 陈颖：《媒介仪式的效果：认同与实践》，硕士学位论文，南京大学，2015。

内相同的符号传递信息，让来自世界各地，具有不同观念的玩家对电子竞技形成相对统一的认识。另外，对于场外观众而言，直播中传播的符号也为屏幕前的观众带来具有象征意义的仪式。电子竞技群体以集体观念的形式获得文化内涵的价值实现，建构集体记忆，增强个人在群体中的自我认同感。电子竞技直播同体育赛事直播类似，能够将参与式的游戏体验与竞赛场地中的信息相结合，召集玩家群体，建立交流平台，完成情感的表达和集体记忆的共享，构建电子竞技玩家"共同体"。

法国社会学家爱弥尔·涂尔干（Émile Durkheim）认为，仪式中的共同回忆创造了一种凝聚感，进而形成一种"集体意识"，并借此为集体找到一种描述他们自己事实和经历的方式。[①] 电子竞技是由实体场景和线上场景共同组成的多维空间，参与者可以选择线上或线下的方式参与其中，并与其他参与者进行互动，这是一种相互关注的仪式行为。在竞赛开展的过程中，参与者可以通过互联网进行虚拟联结，沉浸式地进入电子竞技的空间，形成集体兴奋，造就集体意识。在涂尔干"集体意识"的基础上，法国社会学家莫里斯·哈布瓦赫（Maurice Halbwachs）提出集体记忆这一概念，哈布瓦赫认为记忆实际上是一种社会性的建构。[②] 回忆是被某些事件唤起的，电子竞技游戏赛事中，竞赛仪式的传播为电子竞技参与者带来相似的情景，通过约定俗成的符号，使参与者在群体内形成了集体记忆，就如同 2018 年雅加达亚运会电子竞技赛场上冉冉升起的五星红旗，已经成为一代人的共同回忆。

这种集体记忆并不是一成不变的，也不是时刻活跃的，它会在特定时间被特定事件唤醒，内涵也会随着现实情况的演变而发生改变。"抗韩"是国内《英雄联盟》玩家都熟知的流行语，原因是韩国队长期在《英雄联盟》游戏中占据霸主地位，其中也蕴藏中国网民朴素的民族情感，在很长一段时间内"抗韩"成为《英雄联盟》这款游戏的主线，虽然韩国队

① 〔法〕爱弥尔·涂尔干：《宗教生活的基本形式》，渠东、汲喆译，商务印书馆，2011。
② 〔法〕莫里斯·哈布瓦赫：《论集体记忆》，毕然、郭金华译，上海人民出版社，2002。

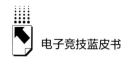
"不可战胜"的神话早已破灭，但是长期形成的集体记忆仍未改变。《英雄联盟》2022年季中冠军赛开赛三天，英雄联盟赛事官方在对比赛和训练环境进行更大范围的技术评估后，发现所有比赛日志中呈现的延迟与釜山赛场的体验存在差异，拳头游戏决定对有RNG（中国战队）出赛的所有三场比赛进行重赛，这重新激活了尘封的记忆，在中文互联网中"抗韩"的呼声再次出现。"恭喜WE"也是一种十分常见的说辞，其来源可以追溯到2005年、2006年WE战队的SKY李晓峰连续获得两届WCG魔兽争霸项目冠军时期，但是"恭喜WE"逐渐演变成了一种贬义的说法，现在多用于讽刺或调侃某场比赛结束，已经成为广大《英雄联盟》玩家经常使用的一个句式。

电子竞技赛事中的符号传递以及直播场景中的仪式使选手与参与群体有着相对一致的集体意识，具有代表性的画面和具有特殊含义的句式构成了该群体共同的集体记忆，培养了共同的仪式场域，建构了认同的空间。对于电子竞技竞赛的选手和参与者而言，电子竞技仪式使孤立的参与者联合起来，获得各自的身份。全球性的电子竞技赛事还在一定程度上扩大了虚拟空间中的联结网络，引来世界各地成千上万参与者的关注。这些参与者在观看赛事的过程中，也从原有社会结构中脱离出来，真实空间中的个人身份、地位等被模糊化。通过仪式，电子竞技参与者进一步锚定了自己在群体中的位置，加深了他们对电子竞技文化的理解与认同，最终形成了一批电子竞技"想象的共同体"。

三 电子竞技助力智慧城市文化软实力跃升

随着中国电子竞技在世界电子竞技赛事中取得亮眼成绩和相关产业布局，电子竞技文化从开始的玩家式小众文化逐渐发展为被大众认可的文化。从接受到认知，从认知到理解，电子竞技文化为社会带来的正向影响正在不断显露。电子竞技属于新兴体育运动，区别于传统的体育竞技，也是当下年轻人追捧和热爱的生活娱乐方式。同时地方政府也开始意识到电子竞技对提升城市形象和发展数字文旅以及注入经济活力具有积极的作用，因此许多城市也开始加入"电竞之城"的建设队伍。电子竞技在青少年人格养成和体育竞技精神传播方面的作用不断凸显，其正向社会价值还体现在助力城市文化软实力的跃升中。可以说电子竞技产业是在数字经济、数字文化发展浪潮中，促进城市经济文化繁荣的重要抓手。电子竞技赛事不仅可以作为内容传播的主体，还能承载当地特色文化，并整合吸引庞大的"粉丝"群体，从而利于城市文化的传播。城市独特文化和电子竞技赛事的结合，可以促进当地文化产业的发展并加快数字化的进程。同时电子竞技作为青年新兴竞技文化运动的代表，也有利于营造时尚的城市文化氛围，从而增强城市文化吸引力和活力、发展新文创产业，为城市树立与电子竞技元素结合的新时代城市赛博形象。

（一）电子竞技赋能城市文化发展和创造力提升

文化和创造力的积极影响可以通过不同的、多方面的机制传播到更广泛的人群、行业和地区。文化和创意行业处于艺术、商业和技术之间的"十字路口"，处于触发溢出效应的关键位置。这种文化和创意溢出可以定义为艺术、文化和创意产业活动通过概念、思想、技能、知识和不同类型的溢出对地方、社会、经济产生更广泛影响的现象。文化和创造力在经济与社会活动中产生，文化创意环境产生的经济效益能够跨越城市边界并溢出到其他区域，文化活力和创意经济有助于改善所在地区的经济条件。文化和文化遗产形成了所谓的文化资本。文化资本与物质资本、人力资本和自然资本一样，能够产生商品和服务的流动，是经济生态系统的一部分，能够影响经济活动。城市的文化活力特征可以包含在文化资本的概念中，因此，它可以以多种方式与当地经济互动。文化创意的存在激活和刺激了与文化相关的一系列活动和服务（建筑、城市形象、广告和营销、零售和旅游等）。因此，差异化"电竞之城"的构建，应该因地制宜，建立在城市资源的基础上，充分结合所在城市的文化、自然、产业资源，打造出独特的"电子竞技+文创"之路。

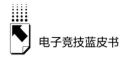
首先，通过电子竞技带动当地文化产业链和就业空间的发展。电子竞技是一种赛博式的文化元素，可以为城市的发展和产业的创新开拓新的营销思路，为城市发展注入活力。如广东作为我国改革开放的先行省份，在推动电子竞技产业的发展上也处于全国前列。在电子竞技热潮下，一些传统制造业也纷纷布局电子竞技市场，入驻电子竞技产业生态圈，并开发与电子竞技相关的衍生产品，通过电子竞技提升自身品牌的影响力。以电子竞技、动漫为代表的创意文化在广东省快速发展，并且孵化出如三七互娱、华强方特、奥飞传媒等动漫头部企业，以及虎牙直播、YY语音、网易直播等直播平台。

其次，将城市文化和旅游元素与电子竞技相结合，新兴产业模式引领消费模式的变革，未来中国将持续探索"电子竞技+文旅"的场景建设，为未来城市的创新发展带来更多思考与可能。如2021年夏天宁波的海皮岛水世界联合中国电子竞技娱乐大赛（CEST）打造《王者荣耀》电子竞技赛事；2021年长沙电子竞技文旅消费节通过与腾讯合作，联手打造电子竞技文旅活动，吸引了众多电子竞技爱好者齐聚长沙。城市文旅与电子竞技的融合，一方面能够丰富城市的旅游资源，为城市增添新的形象标签；另一方面也能帮助电子竞技玩家找寻到归属感，推动线下场景落地。各地文化产业政策的落地和实施，也推动了电子竞技与文旅的融合，带动地方对电子竞技产业的引进和开拓，并促进文旅消费，以电子竞技赋能城市文旅产业发展。城市通过引进电子竞技文化和电子竞技俱乐部，进一步开发电子竞技消费新场景，打造电子竞技特色文化，推动餐饮、主题酒店、服饰等周边产业的消费和发展，同时将电子竞技文化融入城市生活，推动城市文化的发展。

最后，打造城市文化新概念。可以尝试在城市文化内涵和具有吸引力的电子竞技IP中找到一致性，将电子竞技精神、形象、故事等元素融入城市文化建设中，展现城市特有的文创形象和电子竞技精神。并利用电子竞技提升城市的宣传力和影响力，为城市提供线上营销渠道，将电子竞技根植于城市文化，推动城市文化的宣传，促进电子竞技与视听产品和内容的结合，促进电子竞技与影视、动漫、综艺、纪录片等的文娱作品相结合，打造新的经济增长点，丰富电子竞技IP的内容和价值链，推动电子竞技文化的传播。

如 2020 年陕西卫视推出的电子竞技纪录片《精英之路》，从电子竞技的视角讲述城市的故事，推动城市文创产业升级。

公益、乡村振兴、直播带货等与电子竞技精神相融合，成为城市文化与电子竞技衔接的新思路。2020 年，腾讯光子工作室联合《和平精英》游戏主播举办扶贫直播公益活动，展示彭水县的农产品和旅游资源，塑造了电子竞技的正面形象，发挥了电子竞技积极、健康、绿色的社会价值。

未来城市和电子竞技的结合可以不断开拓新的方式，增强城市文化的活力，一方面可以结合融媒体产品和多媒介渠道的传播，讲述电子竞技与城市的故事；另一方面可以从社会公益视角出发，推动电子竞技与城市教育、公益、经济发展、文化传承的正向结合，加深城市与电子竞技之间的联结。

（二）打造城市文化消费的新业态

随着电子竞技产业在城市的发展和布局，各地都在积极打造"电子竞技文化之都"。电子竞技产业的入驻，可以带动地方的招商引资、推动城市产业结构转型、刺激城市文旅消费、促进就业等。应根据城市的特点因地制宜发展电子竞技产业，开拓出具有城市特色和文化底蕴的电子竞技发展路径。

一方面，如北京、上海等一线城市，依托其文化资源和研发人才，以及其强大的 IP 内容创作能力和制作能力，带动衍生产业如媒体直播、影视、动漫等参与电子竞技文化生态圈，促进电子竞技融入文娱产业发展。

另一方面，如上海、杭州等沿海城市，有主办赛事的经验和基础，这有利于电子竞技赛事的线下举办。这些城市拥有丰富的场馆资源，可以满足标准化电子竞技赛事举办的需求，同时，城市基础配套设施齐全，在主题酒店、交通、餐饮等方面的资源充足，此外，近年来沿海城市吸引了大批高校毕业生和年轻人就业生活，城市发展呈现年轻化趋势，更有利于推动电子竞技的发展。

苏州、西安、昆明、佛山等城市，由于本身文旅产业发达，有较为充足的文体产业发展预算经费。除此之外，这些城市本身的历史文化底蕴深厚，

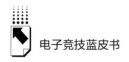
电子竞技产业的入驻和发展能为其城市传统文化的输出和创新提供新的思路,有利于丰富本地的文化交流活动,提高城市文化活力。城市消费新业态需要与当地的发展状况结合,因地制宜并遵循当地政府法律法规,结合当地的资源条件和需求,寻找新的消费方向。

（三）构建新型数字电子竞技城市形象

2003 年,国家体育总局将电子竞技纳为我国正式开展的第 99 个比赛项目,而后又在 2008 年将电子竞技重新定义为第 78 个正式体育竞赛项。国家统计局在《体育产业统计分类（2019）》中将电子竞技赛事列为商业化、市场化的职业体育赛事活动,国家层面的认可与地方层面各具特色的普惠措施推动电子竞技产业发展进入新阶段。[1] 互联网信息化平台成为传输和控制信息的主要平台并影响着人们生活的方方面面,范·迪克将其称为"平台数字生态",这些平台生态构成的垄断性正逐步成为连接社会、政府以及公民的"第四极"。基于平台社会的视角,平台社会下的媒体发展具有高度数字化、智能化的特征,并解构着传统媒体产业的结构体系,催生出新媒介技术下的数字化媒体产业发展模式,其内容更加丰富多元,产业模式更具创新力。平台经济的影响不断渗透浸入社会经济和文化发展的方方面面,并对我国电子竞技产业的发展产生颠覆性影响,也推动我国电子竞技发展进入黄金期。

以云计算、人工智能等为代表的新兴科技不断赋能城市产业的发展,也赋能文化产业价值链的延伸,并催生出以电子游戏、动漫、影视、数字化出版等为代表的数字产业。数字化的产业内容成为文化创意产业的核心,城市的转型和发展与数字化紧密结合,在电子竞技产业的推动下,电子竞技数字城市消费新场景和新业态不断涌现。

上海作为国内电子竞技产业发展的先驱城市,提出打造"全球电子竞技之都"的产业蓝图,上海也是国内发布电子竞技相关利好政策最多的城

---

① 《电竞与城市如何双向赋能?——2019—2020 中国电竞与文旅产业政策分析》,腾讯研究院,2021 年 4 月 16 日,https://www.tisi.org/18173。

市之一。上海包容开放的文化氛围为其打造"电竞之都"奠定了基础，上海从电子竞技人才、赛事运营、资本入驻等方面推动电子竞技产业的发展，助力其成为新兴数字化电子竞技城市。

同时，全国各城市纷纷加入布局电子竞技产业的行列中，2019年北京市发布《关于推动北京游戏产业健康发展的若干意见》，提到要在海淀区打造北京游戏精品研发基地；2020年成都市发布《关于推进"电竞+"产业发展的实施意见》，提出要大力建设"电竞文化之都"；《广州市促进电竞产业发展行动方案（2019—2021年）》中也明确指出，广州市力争三年内建成"全国电竞产业中心"。[①] 城市数字化的发展离不开电子竞技产业集群的打造。电子竞技产业集群是提升城市影响力和知名度的重要方式。通过跨地域、跨界合作，推动其他领域与电子竞技产业的融合发展，开发游戏IP，促进跨文化交流。同时，电子竞技产业集群有助于城市电子竞技生态的打造，带动城市文旅消费，打造数字化城市消费热点。

---

① 《电竞与城市如何双向赋能？——2019—2020中国电竞与文旅产业政策分析》，腾讯研究院，2021年4月16日，https：//www.tisi.org/18173。

分 报 告
Topical Reports

B.3
中国电子竞技产业发展报告（2023）

王筱卉　段　鹏　和　纳　鲍威宇*

摘　要： 本报告从中国电子竞技赛事体系的构建与梳理、电子竞技网络直播模式与传播效果、数字内容创意产业与"绿色电子竞技"三个方向对中国电子竞技产业的发展情况进行研究。在中国电子竞技赛事体系构建方面，分别聚焦以内容制作授权和组织管理为主的上游环节、以主流电子竞技赛事制作为主体的中游环节、以探讨电子竞技赛事职业选手的选拔与电子竞技赛事传播为主的下游环节。最终总结出我国电子竞技内容赛事化、专业化，电子竞技赛事商业化、全民化的未来发展趋势。在电子竞技网络直播模式与

* 王筱卉，中国传媒大学数字媒体与艺术学院副教授，哲学博士，中国传媒大学5G智能媒体传播与产业研究院院长，研究方向为戏剧影视、数字创意设计和电子竞技；段鹏，中国传媒大学党委常委、副校长，中国传媒大学媒体融合与传播国家重点实验室常务副主任，国家舆情实验室常务副主任，科技部"111引智计划"智能融媒体基地主任，国家语言文字推广基地主任，教授、博士生导师，享受国务院政府特殊津贴，研究方向为智能媒体传播、媒介理论与历史、国际传播；和纳，中国传媒大学媒体融合与传播国家重点实验室科研助理，研究方向为新媒体、数字人文等；鲍威宇，中国传媒大学传播研究院硕士研究生，研究方向为传播理论与历史。

传播效果方面，首先梳理了中国电子竞技产业发展的总体概况，并对斗鱼、虎牙两家龙头企业和多家直播平台的产业概况进行了针对性总结分析。其次对电子竞技直播内容生态进行考察，整理了虎牙直播、斗鱼、企鹅电竞、快手直播、bilibili 五家国内主流直播平台对不同电子竞技赛事直播的版权占有情况。最后总结了电子竞技直播中各参与者的互动模式。在电子竞技直播效果方面，本报告从量化数据入手，对电子竞技赛事播出时产生的播放量、弹幕、评论等观看数据进行分析，总结出电子竞技直播效果的文化意涵。在内容创意产业层面，本报告以内容导向为主轴，指出应坚定社会和文化的站位，加大政府监管力度，提高产业自觉意识，持续发展绿色健康的数字内容创意产业，营造"绿色电子竞技"良好环境。

关键词： 电子竞技赛事体系　电子竞技产业　数字创新产业

一　中国电子竞技赛事体系建构研究

世界电子竞技大赛（World Cyber Games，WCG）2013 年在中国昆山举办后停办，加之同时期其他网络游戏赛事强势兴起，世界范围内游戏行业加快从"LAN Party"转向"Internet Party"，中国电子竞技赛事体系也随之迎来转型。WCG 从以第三方赞助商主导电子竞技赛事的模式转向以游戏研发商、运营商授权并主导电子竞技赛事的模式。我国电子竞技赛事体系上游的内容授权与组织管理、中游的内容制作与产业模式、下游的传播平台与选拔模式均发生了巨大变化。

（一）上游环节

1. 内容授权

电子竞技赛事体系的上游环节主体主要包括游戏研发商和游戏运营商。

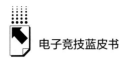

游戏研发商主要负责制作电子竞技游戏的内容。一款游戏从制作到发行涉及硬件开发和软件设计等方面，从美术、音乐、编剧、文学等众多领域向游戏研发商提出要求。我国的游戏从最早的红白机到现在的家庭游戏主机等经过了数十年的发展变化，在网络技术及其基础设施获得极大发展的今天，依托互联网技术的网络游戏成为主流。游戏研发商制作的游戏能够实现全球同步上线发售，这就涉及游戏的跨国发行销售和运营维护。游戏研发商出于成本的考量无法在全球各个国家设置分部门，加之游戏属于受知识产权保护的文化产品，因而游戏研发商往往会将内容授权给地区性的运营商，由运营商进行某区域游戏的销售、运营、维护，为玩家提供服务。就运营商而言，其目的就是通过各种运营手段努力延长游戏的生命周期，并在周期内吸引游戏用户，刺激玩家不断对游戏进行了解、更新和付费，以此提高游戏收入和衍生价值。目前，微软旗下的动视暴雪（Activation Blizzard）、Valve、蓝洞（Bluehole）、腾讯游戏（Tencent Game）为国际游戏研发头部企业，腾讯游戏、网易游戏、完美世界占据国内游戏运营商的头部位置。例如，由动视暴雪研发制作的知名 MMORPG（大型多人在线角色扮演游戏）《魔兽世界》由网易获得国内代理权并进行日常维护运营，由 Valve 研发的 FPS（第一人称射击类游戏）CS：GO 在国内由完美世界代理。

2. 组织管理

国家政策是我国电子竞技产业良好发展的重要保障。根据艾瑞咨询发布的《2021 年中国电竞行业研究报告》，2020 年电子竞技产业的总体规模达到1474 亿元，用户规模达到 5 亿人；预计在各互联网头部平台的带领下电子竞技产业规模将保持稳定增长态势。电子竞技产业的经济、文化价值和潜力逐渐凸显，给各个城市带来更多的发展渠道，多地陆续出台利好政策以促进电子竞技产业的发展。2008 年，国家体育总局定义电子竞技为第 78 个体育项目，标志着电子竞技成为国家体育战略布局的一环；2013 年，国家体育总局组建了一支由 17 人组成的电子竞技国家队；2015 年，国家体育总局出台《电子竞技赛事管理暂行规定》，我国第一次拥有了专门针对电子竞技赛事的规范性管理文件；2016 年，《体育产业发展"十三五"规划》提出要丰富体育产品市场，推动电子竞技运动项目发展；2019 年，人力资源和社会保障部、市场监管总局、统计局正式将电子竞技运营师、电子竞技运动员列为新职业。据不完全统计，2020~2021 年全国各地出台的电子竞技行业相关政策及文件共 24 部（见表 1）。

表 1　2020~2021 年全国各地出台的电子竞技行业相关政策

地区	发布时间	政策名称
北京	2020 年 2 月	《关于应对新冠肺炎疫情影响促进文化企业健康发展的若干措施》
	2020 年 4 月	《北京市文化产业发展引领区建设中长期规划（2019 年—2035 年）》
	2020 年 8 月	《海淀区关于支持数字文化产业发展的若干措施（电竞产业篇）》《石景山区促进游戏产业发展实施办法》
	2020 年 12 月	《北京经济技术开发区电竞游戏产业政策》《北京智慧电竞赛事中心建设规划》
上海	2020 年 1 月	《静安区关于促进电竞产业发展的实施方案》
	2020 年 2 月	《上海市全力防控疫情支持服务企业平稳健康发展若干政策措施》
	2020 年 8 月	《电子竞技直转播技术管理规范》《电子竞技直转播平台管理规范》
	2021 年 1 月	《上海市国民经济和社会发展第十四个五年规划和二〇三五年远景目标纲要》
广东	2020 年 4 月	《关于加快文化产业创新发展的实施意见》（深圳）
	2020 年 7 月	《龙岗电竞产业 9 条》（深圳）
	2020 年 11 月	《白云区白云湖街促进电子竞技产业项目资金申报指南》（广州）、《广州市黄埔区、广州开发区促进游戏电竞产业发展若干意见》
	2020 年 12 月	《广州市天河区电竞产业发展规划（2020—2030 年）》
江苏	2020 年 4 月	《南京市数字经济发展三年行动计划（2020—2022 年）》
	2020 年 6 月	《江宁开发区促进电子竞技产业加快发展的三年行动计划》《促进电子竞技产业加快发展的若干政策》
	2021 年 1 月	《关于促进苏州市电竞产业健康发展的实施意见》
海南	2020 年 9 月	《海南自由贸易港高层次人才分类标准》
西安	2020 年 3 月	《西安曲江新区关于支持电竞游戏产业发展的若干政策（修订版）》
成都	2020 年 5 月	《关于推进"电竞+"产业发展的实施意见》
昆明	2021 年 1 月	《盘龙区支持电子竞技产业发展相关措施》

资料来源：各省市政策颁发官方网站。

国家到地方多项政策性、规范性文件的出台，加之在 2018 年杭州亚运会上，电子竞技成为奥林匹克运动会的比赛项目之一，电子竞技不断在国内

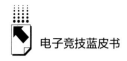

得到认可。电子竞技的形象从过去的"洪水猛兽"逐渐向"一项正规体育运动"的方向发展。电子竞技向产业化、正规化、国际化的方向发展，并能带动相关产业发展，促进经济增长。电子竞技相关产业体系的规范，对社会对电子竞技的正向认知起到巨大的推动作用。利好的政策有利于推动电子竞技产业上、中、下游不同环节的同步发展、获得更多国际头部游戏研发商的授权、进一步发展优化我国的电子竞技产业体系。

（二）中游环节

电子竞技赛事是电子竞技体系中游环节的核心要素。在以 2014 年为节点的"后 WCG"时代，电子竞技赛事的举办首先需要获得游戏研发商和运营商授权，之后再交由第三方公司进行赛事制作。在电子竞技体系的中游环节发展出的庞大赛事体系，大都完成了从高频次、低门槛的低级别赛事，到拥有高吸金力和吸引力的全球顶级赛事的转变。优秀的赛事体系能够反哺游戏内容，培养出具有庞大"粉丝"群的特定游戏文化体系。大多数游戏赛事采取了传统的体育联盟制度，即由游戏厂商主导，在全球范围内各分赛区建立地区性竞技联盟，首先在各赛区内进行一定时长的比赛，决出区域冠军，再推选其参加一年一度的全球总决赛。部分老牌游戏厂商则发展出独具特色的锦标赛制度，通过自身强大的内容与品牌优势保证少数顶级选手的高水平竞技能力。

本节将梳理《英雄联盟》《穿越火线》《反恐精英：全球攻势》三款 PC 端游和《王者荣耀》《和平精英》两款移动端手游的赛事体系内容及赛事产业模式。

1. 《英雄联盟》（League of Legends，LOL）

《英雄联盟》是一款多人在线战术竞技游戏（MOBA），由拳头游戏（Riot Games）开发并于 2009 年 10 月 27 日正式发行，一度成为世界范围内现象级游戏产品。2015 年 12 月 17 日，腾讯公司全数收购拳头游戏股份，拳头游戏成为腾讯公司旗下子公司。2020 年 10 月 27 日，拳头游戏开发出基于 Android、iOS 等移动设备的《英雄联盟》衍生游戏产品《英雄联盟：

激斗峡谷》。《英雄联盟》旗下所有赛事均由腾讯公司与拳头游戏授权举行。

《英雄联盟》因其自身带有的高竞技性、观赏性、平衡性和可玩性等特征而在全球范围内举办了大量赛事，从而带动了各个国家（地区）经济和文化产业的快速发展。其中《英雄联盟》全球总决赛（League of Legends World Championship Series，Worlds）为该游戏一年一度最盛大的全球性赛事，通过在全球12个赛区冠军之间进行淘汰赛选出最终冠军，其中2020年全球总决赛在中国上海举办。中国大陆赛区英雄联盟职业联赛（League of Legends Pro League，LPL）是晋升《英雄联盟》全球总决赛的唯一渠道。LPL作为我国最高规格《英雄联盟》电子竞技赛事由腾讯公司与拳头游戏成立的腾讯竞技体育运营管理，采用BO3（三局两胜）组内单循环赛制，队伍间进行比赛获得积分并根据积分排名，积分最高的前十支队伍进入季后赛。季后赛采用BO5（五局三胜）赛制，通过分组冒泡赛的形式角逐冠亚季军。LPL需要不断补充电子竞技人才，以在世界舞台上保持竞争力，而《英雄联盟》职业发展联赛（LOL Development League，LDL）则是为LPL输送新鲜血液的重要渠道。LDL在全国设置华北、华东、华西、华南四大赛区，每个赛区设立四个赛事城市，通过举办低门槛、高频次的赛事决出最终冠军。冠军在接受LPL联盟对其进行的俱乐部资质审核后将有机会晋级LPL赛事（《英雄联盟》赛事体系如图1所示）。

受惠于游戏研发商与运营商主导的电子竞技赛事体系，《英雄联盟》电子竞技赛事在我国已经形成完备的等级和晋升系统并拥有严格规范化的赛制规则。同时该赛事的晋升系统使电子竞技不再是一个小众运动项目，越来越多有天赋的普通人能够通过这个系统进入职业赛事甚至全球顶尖赛事中，带动了电子竞技全民化的浪潮。

2.《穿越火线》(Crossfire)

《穿越火线》是一款第一人称射击类游戏（FPS），由Smilegate开发，于2008年4月28日在中国大陆地区发行。《穿越火线》在亚洲尤其是中国与韩国深受玩家喜爱，已成为全球玩家数量最多的游戏之一。《穿越火线》在中国大陆地区由腾讯公司发行，并已在国内发展出完整的赛事内容体系，

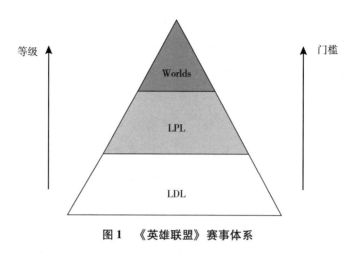

图1 《英雄联盟》赛事体系

既为国际赛事输送顶尖赛事人才，又能保证优秀民间选手拥有进入职业联赛的机会。

《穿越火线》在国内主要通过两种主要方式挖掘民间优秀电子竞技人才。一种是腾讯电竞运动会（TGA）百城联赛，该联赛是《穿越火线》赛事体系（见图2）金字塔的"根基"，通过设置高频次、低门槛的海选赛，在全国范围内选拔优秀选手代表其所在城市参赛。城市赛决出一定数量的队伍参加省赛，省赛分为东区、南区、西区、北区四大赛区，各赛区胜出者参加大区赛并最终决出总决赛获胜者。总决赛获胜者在经过穿越火线职业联盟电视联赛（CFPL）联盟资格审核后将有机会进入职业联赛。另一种方式是由CFPL直接面向玩家开放晋级通道，通过CFPL公开赛的形式从全国玩家中海选出8支队伍与上赛季CFPL淘汰的4支队伍以及TGA大奖赛四强队伍共同争夺晋级CFPL的名额。CFPL是我国最高规格的《穿越火线》比赛，该联赛由腾讯游戏主办、GTV游戏竞技频道承办。常规赛中采取BO3双循环积分赛制，根据常规积分成绩决定战队的常规赛排名，排名最后的两支队伍将被淘汰。季后赛采用小组赛的形式决出总冠军。总冠军能够参加穿越火线之星（CFS）国际联赛，这也是《穿越火线》赛事体系的国际顶尖联赛。2016年，中国广州举办CFS世界总决赛，中国战队汉宫龙珠夺得本届CFS冠军。

图2　《穿越火线》赛事体系

3.《反恐精英：全球攻势》(*Counter-Strike：Global Offensive，CS：GO*)

《反恐精英：全球攻势》作为一款有着悠久历史的游戏，初代版本诞生于2000年11月9日，CS：GO是"反恐精英"系列的最新版本，由Valve和Hidden Path Entertainment共同开发并于2012年8月21日发售，在中国大陆由完美世界代理发行。因其极具电子竞技比赛所需的对抗性、竞技性特征且自身游戏内容优秀，CS：GO迅速发展出世界上最庞大成熟的电子竞技赛事体系（见图3）。

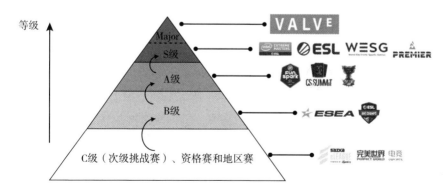

图3　《反恐精英：全球攻势》赛事体系

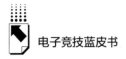

不同于其他电子竞技赛事制度，CS：GO采用独特的锦标赛制度来保证常态化、高水准的竞技比赛。CS：GO赛事级别由低至高分为C级、B级、A级和S级。C级赛事是职业赛事中级别较低的赛事；B级赛事主要由二、三线队伍参加，胜者有可能获得关注，进入更高级别的赛事；A级赛事主要为S级赛事做准备而举办，在A级赛事中获胜的队伍能够进入S级赛事，并角逐CS：GO最高等级Major赛事席位。作为最高级别赛事，Major采取冠名制度，由游戏研发商Valve从S级赛事中指定冠名，Major赛事只有国际顶级队伍参赛并且奖金丰厚。S级赛事主要由BLAST Premier（主要覆盖北美和欧洲）、IEM（Inter Extreme Masters，受英特尔赞助的系列国际锦标赛）、ESL Pro（由世界最大最古老的电子竞技公司ESL制作）等第三方赛事机构组成。其中IEM Extreme Master和ESL Pro科隆赛事作为热度最高的两场赛事不论是否被游戏开发商冠以Major的赛事头衔，其关注度在各个赛事中均独树一帜。在S级赛事中也存在唯一一个由中国赛事方举办的比赛——WESG，该项赛事由阿里体育承办。

S级赛事作为CS：GO赛事体系中的顶级赛事需要不断补充新鲜血液来维持较高的竞技和观赏水平，因此，S级赛事中大部分赛事设置了晋升渠道，通过第一级别的联赛选择优秀队伍晋升S级联赛。A级赛事体系更加丰富，设置有Funspark ULIT、CAC、DreamHack公开赛、BLAST公开赛、IEM地区赛、ESL里约之路等赛事，A级赛事中许多赛事均可作为S级赛事的区域排名赛和名额赛，这使得许多民间二、三线队伍能够通过A级赛事进入更高的竞技舞台。B级赛事则可被视作A级赛事的预选赛，由更丰富的赛事组成，其中包括完美世界亚洲联盟、ESL职业联赛：亚洲/大洋洲/南美等。C级赛事则是专业联赛中级别最低的赛事，也称次级挑战赛，一般由二、三线队伍参加，奖池奖励少、曝光度低。更为基础的则是资格赛和地区赛。资格赛不设置奖金，仅仅因为职业联盟会定期进行升降级考核而设置晋级资格。地区赛一般由非官方平台或个人赞助举办，专业性和关注度最低，一般被视为娱乐性质的比赛。

总体来说，赛事级别由参赛队伍质量、奖池奖金、赛事规模决定，CS：

GO 经过十余年的发展已经拥有了一套较为成熟和完备且独具特色的全球赛事体系，同时因顶级赛事采用在各个城市巡回举办的模式，凭借游戏庞大的"粉丝"基础和赛事品牌，电子竞技赛事的举办也为各个城市的经济发展带来了新的增长动力。

4. 《王者荣耀》(*Honor of Kings*)

《王者荣耀》是由腾讯旗下游戏工作室天美开发，并在 iOS、Android 移动端平台上运行的多人在线竞技游戏，该游戏于 2015 年 11 月 26 日正式发行。《王者荣耀》的游戏模式同《英雄联盟》类似，均为多人在线战术竞技游戏（MOBA），《王者荣耀》的游戏玩法简单较易上手，且由于游戏在移动设备上运行，进入游戏更为便捷，入门门槛低，自发行之日起便吸引了大量玩家，一度在 2017 年 5 月获得全球手游综合收入冠军。《王者荣耀》赛事晋升体系如图 4 所示。

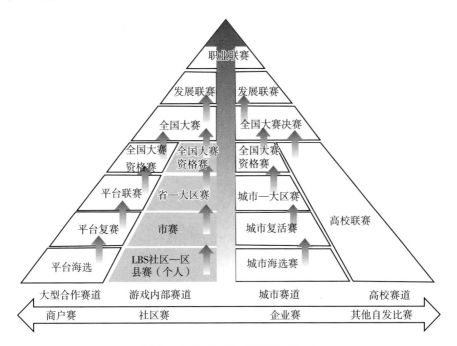

图 4　《王者荣耀》赛事晋升体系

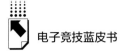

凭借优质的游戏内容和玩家基础，《王者荣耀》在 2016 年 9 月启动了王者荣耀职业联赛（KPL），这也是由腾讯官方设置的《王者荣耀》国内顶级赛事。KPL 赛事全年分为两个赛季，每个赛季分为常规赛和季后赛及总决赛三个部分。王者荣耀甲级职业联赛（KGL）作为 KPL 的次级联赛，保证了新鲜血液的输入，为顶级赛事选取培养了更多选手。KGL 由王者荣耀职业联赛国际巡回赛（KPLGT）和王者荣耀全国大赛组成。王者荣耀职业联赛国际巡回赛是腾讯设置的《王者荣耀》国际赛事，分为职业赛区和发展赛区，职业赛区由职业队伍组成，是 KGL 的组成部分。王者荣耀全国大赛则是大众性赛事，是衔接职业联赛的重要纽带，王者荣耀全国大赛的冠军将进入 KGL 赛事同职业队伍同场竞技。

在国际性赛事方面，腾讯设置了王者荣耀世界冠军杯（KCC）作为《王者荣耀》最高级别赛事，由各联赛顶尖队伍参加，代表了《王者荣耀》的最高竞技水平（见图 5）。

图 5　《王者荣耀》赛事体系

值得一提的是，《王者荣耀》还设置了单独的女子赛事体系，为女性在电子竞技领域的发展提供平台，展示了《王者荣耀》文化价值观和运动精神，通过真正的全民性参与，建立广泛的关系连接，沉淀集体记忆，实现人民群众对多元丰富文化的更高追求。优质的游戏内容和成熟的赛事晋升体系也使《王者荣耀》代表着业界领先的商业模式和专业能力，代表着中国崛起走向世界的电子竞技文化。

5.《和平精英》(*Game For Peace*)

《和平精英》是由腾讯旗下光子工作室制作的一款竞技射击游戏，该游戏改编自韩国 Bluehole 公司开发制作的游戏《绝地求生》（PUBG）。该游戏依托 Android、iOS 等移动平台运行。在游戏开发时，腾讯公司邀请了空军招飞局协助指导研发，以此对守卫祖国领空的空军将士表达敬意。该游戏前身名为《绝地求生：刺激战场》，于 2018 年 2 月 9 日正式发行，后于 2019 年 5 月 8 日正式停服并被《和平精英》取代。《和平精英》在基本继承前作和还原端游的前提下，针对游戏中的不当内容进行改良，为网络空间环境的改善做出了贡献。

作为一款新兴移动端游戏，《和平精英》凭借其优质的游戏质量受到广大玩家喜爱，并发展出属于自身的赛事体系（见图 6）。2019 年 6 月 20 日，第三届全球电子竞技运动领袖峰会暨腾讯电子竞技年度发布会在海南博鳌亚洲论坛国际会议中心举行。在会议上腾讯电子竞技公布了当年新兴游戏《和平精英》的电子竞技赛事体系。总体来讲，该赛事体系包括全球总决赛、职业联赛、城市公开赛、大众化赛事、全场景赛事，紧密结合"腾讯电子竞技城市计划"，以城市为单位建立竞赛生态。具体赛事包括 PEN、PEL、PEC 三级（见图 6）。

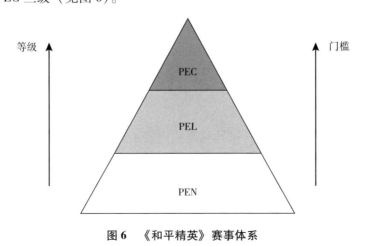

图 6　《和平精英》赛事体系

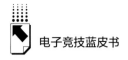

和平精英新势力联赛（PEN）作为和平精英职业联赛（PEL）的次级联赛，其冠军能够进入PEL，在国内顶级《和平精英》赛事中与顶尖选手一较高下。PEC全称为和平精英国际冠军杯，是《和平精英》的国际赛事，PEL赛事中排名前三的队伍将和海外的其余十二支队伍共同争夺《和平精英》国际赛事最高荣誉。PEN、PEL、PEC共同构成《和平精英》赛事PE联盟体系，保证了各俱乐部在体系内的良性竞争。

同时，作为腾讯旗下的高人气移动端电子竞技游戏，《和平精英》还依托TGA腾讯电子竞技赛事联合会推动全域电子竞技发展，聚焦地域化内容，通过省队赛事概念打造地域标签，烘托省队竞技氛围，提高用户黏性，让更多人有机会接触《和平精英》电子竞技赛事体系。

6. 总结与启示

随着2014年WCG暂时落下帷幕，以游戏研发商和发行商主导的电子竞技赛事项目逐渐成为主流。这也改变了世界范围内曾经以第三方赞助商为主导的电子竞技赛事模式。这意味着每个游戏厂商都有机会开发出拥有丰富内容的电子竞技赛事体系。通过梳理国内热门电子竞技游戏的赛事体系发现，除少数采用特殊锦标赛形式的电子竞技游戏赛事以外，我国的电子竞技赛事体系总体呈现类似"传统体育联盟"的特征，游戏厂商设置国际电子竞技赛事作为游戏的最高级别赛事，在各分片区、分赛区设置区域最高级别联赛，并将其作为顶级赛事的晋升渠道。区域/国家最高级别联赛会同时设置相应的第二、第三级别次级联赛，这些次级联赛是民间队伍进入职业联赛的重要渠道之一。我国的电子竞技赛事体系大体上为"金字塔"形，金字塔底端是大量高频次、低门槛的大众性赛事，顶端则是该游戏赛事的国际顶级联赛。

优秀的赛事体系不仅可以反哺游戏内容本身，还能带动相关产业的发展，为赛事举办地带来一定的文化影响力和可观的经济收益。例如上文提到的CS：GO赛事体系，其各项S级赛事采用城市巡回赛的模式进行，在欧洲各城市举办的顶级赛事，不仅为各城市带来了巨大的经济效益，还营造了开放、多元、包容、前沿的城市文化环境。而良好的城市文化环境又能为城市其他领域的发展提供新的契机，形成良性循环。在中国，上海最先把握住电子竞技赛事的潜力和契机。2020年，上海电子竞技赛事收入就已经占全国电子竞技赛事收入的50.2%，电子竞技俱乐部收入达到6.7亿元。[①] 上海瞄准"全球电竞之都"的目标前进，从政府到企业再到社会各领域都在积极推动电子竞技产业发展。电子竞技赛事的"上海模式"展示了上海在经济、文化方面的巨大潜力，使上海成为全国电子竞技产业发展的典范。

此外，经过多年发展，我国移动端游戏产业因契合了用户需求和技术特征而得到快速发展，是伴随中国数字化、网络化进程发挥后发优势，实现弯道超车的产业领域。在移动端赛事举办上，《王者荣耀》《和平精英》等项目在用户基础、赛事体系、赛事规模和商业体量上取得了巨大发展。上述事实给予人们的启示在于，成熟完善的产业链和产业体系为中国游戏出海奠定了基础，在此基础上，可以进一步呼吁国家和政府层面出台指导性、规范性政策文件，大力支持相关产业及基础设施建设，并将游戏作为文化载体，在商业经济和文化两个层面扩大中国游戏的国际影响力。

（三）下游环节

1. 传播平台

电子竞技下游环节指利用网络技术对电子竞技赛事进行实时转播的网络平台和媒体平台。普通电子竞技用户主要通过这些平台参与电子竞技赛事。目前我国电子竞技下游环节头部平台为各游戏运营商的垂类媒体平台，例如新浪电竞、企鹅电竞、腾讯电竞等。同时也包括新浪微博、今日头条、抖音、快手等非垂类媒体平台。

从内容形式上看，电子竞技下游环节的传播内容形式主要有图文媒体、网络视频直播、电视直播三种方式。图文内容的创作经常使用基于AI和5G技术的新闻写作机器人，大数据处理相关技术被用于SNS媒体平台。新闻

---

① 《伽马数据发布上海电竞产业报告：预计2020赛事收入占全国一半　人才需求巨大》，前瞻网，2020年7月30日，https：//xw.qianzhan.com/analyst/detail/329/200729-085b355f.html。

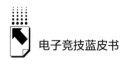
写作机器人制作的相关内容可以和网络直播同步发布，其优势在于不仅能够将图文内容传输给电子竞技用户，还能通过 SNS 媒体平台中的节点账号将内容渗透到对电子竞技关注度较低的用户中，从而拓宽电子竞技的整体市场范围。网络视频直播是电子竞技赛事传播的主要渠道。2014 年，直播平台正式入局电子竞技市场，随着技术的进步，多种信号叠加，直播平台在电子竞技市场上展现出巨大的潜力。根据艾瑞咨询发布的《中国游戏直播行业研究报告（2020）》，2019 年中国独立游戏直播平台市场规模达到 208 亿元，游戏直播创造的收入占据 2019 年中国电子竞技产业收入的 9.2%，直播成为电子竞技产业重要的组成部分。①

游戏直播产业的发展也孕育了一批以游戏内容为核心的直播头部平台，如虎牙、斗鱼、熊猫 TV 等。同时，各新兴互联网视频平台也在加速布局电子竞技直播市场，不断完善电子竞技相关产业板块。例如，斗鱼是一家弹幕式直播分享网站，为用户提供视频和赛事直播服务，其前身为 ACFUN 生放送直播，2014 年 1 月 1 日起正式更名为斗鱼。斗鱼以游戏直播为主，同时涵盖多项泛娱乐化直播内容。据统计，截至 2022 年 8 月在斗鱼上播出的单机和网络游戏类别共计 119 款，涉及家庭游戏主机、PC 端和手机端三个游戏终端平台。斗鱼还获得了《英雄联盟》LPL 联赛、《王者荣耀》KPL 联赛、《穿越火线》CFPL 联赛等热门电子竞技赛事直播权。

斗鱼在主播选择上签约了大量退役选手，这些前职业选手凭借其自身对游戏和比赛的丰富经验与独到见解，为观众带来清晰的解读。同时斗鱼还拥有大量头部主播，例如 PDD、大司马、Faker 等人。高人气主播能够为直播平台带来良好的用户黏性和经济收益，同时反哺游戏内容本身。

虎牙是国内知名的互动直播平台，旨在为用户提供多元丰富的视频直播服务。虎牙旗下拥有多个游戏平台，包括风靡东南亚和南美的游戏直播平台 NimoTV。有上百种不同类型、不同终端的线上线下游戏在虎牙直播平台上

---

① 《中国游戏直播行业研究报告（2020）》，艾瑞咨询，2020 年 7 月，https：//report. iresearch. cn/ report_ pdf. aspx？ id＝3625。

进行直播。虎牙拥有《英雄联盟：云顶之弈》全球赛、CS：GO IEM Dallas 封闭预选赛、《王者荣耀》LPL 联赛的赛事转播权，能够让玩家同步观看世界顶级赛事。同斗鱼类似，虎牙在主播选择方面也签约了各电子竞技赛事现役和退役选手，较为知名的有《英雄联盟》职业选手 Uzi（简自豪）、姿态（刘志豪）等。

2020 年 11 月 18 日，虎牙与中国传媒大学达成战略合作协议，成立中传虎牙电竞研究中心，通过校企联合的方式培养未来中国电子竞技人才，不断推进中国电子竞技产业生态改善，探索符合实际情况的行业标准，促进中国电子竞技产业蓬勃发展。

2. 选拔模式

2008 年，国家体育总局定义电子竞技为第 78 个体育项目，标志着电子竞技成为国家体育战略布局的一环。大量出台的规范性、政策性文件和利好政策使我国电子竞技产业呈现良好发展态势。2019 年，人力资源和社会保障部、国家市场监督管理总局、国家统计局正式将电子竞技运营师、电子竞技员列为新职业。2021 年 12 月，国家对电子竞技产业规范力度进一步加大，人力资源和社会保障部组织制定了 35 个国家职业技能标准。根据定义，电子竞技员指从事不同类型电子竞技比赛、陪练、体验及活动表演的人员。其主要工作为参加电子竞技比赛、进行专业的电子竞技游戏训练和陪练，研究电子竞技战队动态、电子竞技内容以提供专业的分析数据，参与电子竞技游戏内容设计策划、电子竞技活动表演等。2022 年 4 月，北京市人力资源和社会保障局印发《关于开展新职业技能等级认定工作的通知》，将电子竞技员技能标准具体细分为五个等级，刚踏入该职业的新人为第五级，这一新职业技能标准的设置进一步完善了我国正在繁荣发展的电子竞技产业，建立了电子竞技选手的职业规范，有助于我国电子竞技赛事和产业的高质量发展，对提高企业和国家经济效益、加强文化建设有积极意义。

随着我国电子竞技产业的快速发展，电子竞技行业的人才需求量也在不断加大。根据 2019 年人力资源和社会保障部发布的《新职业——电子竞技员就业景气现状分析报告》，现阶段市场对高质量的电子竞技选手、教练、

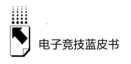

陪练教练、电子竞技数据分析师等相关职业的从业人员需求迫切。据不完全统计，目前只有不到 15% 的电子竞技相关岗位处于饱和状态，预测自 2019 年起的未来 5 年，电子竞技人才需求量将接近 200 万人。[①] 由此可见，尽管我国电子竞技产业发展迅速，但专业人才十分匮乏，目前的人才市场基本处于空白状态。这就要求加大对电子竞技员的培养和选拔力度。目前，我国有两种培训选拔模式，一是商业化人才培训选拔模式，二是高校培养模式。

（1）商业化人才培训选拔模式

我国电子竞技产业发展起步较晚，不像传统体育项目设置官方培训系统以便运动员能够实现由"业余"到"职业"的转变，电子竞技职业选手的选拔培训主要采取俱乐部自主培养的方式。同高校里的"教书育人"方式不同，商业俱乐部往往出于盈利的考量会有目的地选择本身就有很高天赋和竞技水平的职业选手，这些职业选手经过层层选拔逐级晋升至某项赛事的顶级联赛中。以《英雄联盟》赛事为例，非职业选手在入选成为青训队员且经过一定时间的训练后，参加 LDL，优秀成员在经过 LPL 联盟考核后成为正式职业选手。

青训选手的招募渠道除俱乐部公开招募、通过职业选手或从业者介绍等传统方式以外，俱乐部还会与第三方平台或机构合作挖掘有潜力的新人。以 IG 俱乐部为例，IG 在 2018 年与比心 App 合作，面向社会招募 IG 二队青训队员，报名人数多达 2500 人。IG 青训体系有着极为苛刻的条件，要求招募对象在《英雄联盟》韩服积分达到 400 点及以上。根据比心 App 提供的数据来看，2019 年 IG 俱乐部共举办了 25 场青训招募活动，项目涉及《英雄联盟》《王者荣耀》等主流电子竞技赛事，共有约 10 万人报名参赛，但只有 10 人正式入选俱乐部青训队，最终正式进入俱乐部二队上场参赛的只有 1 人，从报名到最终参赛的通过率仅十万分之一。这种极低的通过率也与《英雄联盟》的竞赛体系有关。《英雄联盟》是一款 5v5 竞技游戏，5 个队员

① 《新职业——电子竞技员就业景气现状分析报告》，中华人民共和国人力资源和社会保障部网站，2019 年 6 月 28 日，http：//www.mohrss.gov.cn/SYrlzyhshbzb/dongtaixinwen/buneiyao wen/201906/t20190628_ 321882.html。

在队内的职责角色是固定的，因此电子竞技选手的训练也是依据角色的职责进行的专门化训练，在同一职责角色上的竞争会非常激烈。IG 俱乐部中的打野选手 Leyan 就是典例，Leyan 作为曾经 IG 二队选手因表现出色而成为打野位置上的首发队员，并在一系列比赛中大放异彩。

值得注意的是，有越来越多的电子竞技选手因其职业需要和高强度的训练，被迫长时间保持坐姿，缺少运动，以致产生健康问题。2020 年 6 月知名电子竞技选手 Uzi 就因健康问题宣布退役。许多商业机构也意识到电子竞技人才的拥有不但要"开源"还要"节流"，不但要注重对新晋选手的考察提拔，而且要关注现役高水平运动员的竞技状态保持问题。基于此，许多头部商业化电子竞技战队会配备专门的医疗团队，并通过企业间合作的方式为选手解决健康方面的问题。例如 2020 年 8 月，腾讯竞技体育就联合耐克公司推出职业选手关怀计划——LPL Team Training，以此帮助职业选手保持较高水平的竞技状态并解决健康问题。

以青训为主的商业化培训模式同现代传统体育项目的训练存在相似性。除了有极为严格的选拔流程外，青训营也会配备专门的教练对选手进行培训，利用自身的经验和科学的设计为选手量身打造合适的训练计划，同时在训练中会配备专业的数据分析师，通过逐帧回放比赛视频的方式分析比赛数据和细节、分析选手弱点并进行针对性训练。商业化的培养模式力图做到严格选拔具有潜力的电子竞技选手，并注重培训效率和质量，推进训练体系标准化。

（2）高校培养模式

2015 年 10 月 26 日，教育部发布《普通高等学校高等职业教育（专科）专业设置管理办法》，2016 年 9 月，在相关高校和行业提交的专业建议基础上，教育部组织研究确定了 2016 年高等教育增补专业，共计 13 个。电子竞技运动与管理成为新设的专科专业，分属在教育与体育大类（代码 67）下的体育类（6704），专业代码为 670411。2021 年 3 月，教育部发布《职业教育专业目录（2021 年）》，电子竞技运动与管理专业得到保留。学信网资讯显示，目前设有电子竞技运动与管理专业的高校包括山东体育学院和河北

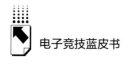

传媒学院。

南京传媒学院（原中国传媒大学南广学院）于 2017 年 9 月正式成立电子竞技学院，这也是国内首个设置电子竞技学院的高校。南京传媒学院是国内首个专业从事电子竞技品牌设计、用户分析、赛事运营、战队管理的本科高等教育院校，填补了国内相关专业领域的空白。学院还依托艺术与科技专业基础，设置了电子竞技设计与运营方向专业，旨在为国际电子竞技内容制作产业提供可用人才。南京传媒学院电子竞技学院下设两个专业，一个是播音与主持艺术专业，着重培养电子竞技解说人才，是播音主持的一个专业化细分方向，面向各级电视台、泛娱乐化内容网站、职业化电子竞技战队、互联网公司等企业单位，培养各类电子竞技节目的主持人，使他们能够进行线上、线下职业赛事解说，主干课程除播音与主持艺术专业基础课程外，还设置了电子竞技解说策略、电子竞技解说能力训练等专业化课程；另一个是艺术与科技专业，着重培养电子竞技策划与设计相关人才，旨在培养能够从事游戏美术设计与开发制作、游戏电子竞技周边产品设计等工作的人才，面向游戏开发公司、泛娱乐化网站等企业单位输出复合型人才。其主干课程包括游戏概念设计、交互美术设计、游戏策划技巧、三维模型设计、游戏引擎原理和应用等。南京传媒学院的课程除围绕游戏内容之外，还同时考虑到多方面因素。游戏本身作为融合美术、音乐、文学等多要素的文化产品，游戏与玩家的交互程度不断加深，虚拟与现实之间的界限被不断重新定义，玩家在参与游戏的过程中势必会产生完全不同的行为和心理状态。南京传媒学院敏锐地注意到这一点，并将其作为构建课程体系的重要参考，进而开设了用户行为分析、游戏心理学、虚拟与增强现实、科幻与魔幻文学等专业选修课和公共课。

中国传媒大学与虎牙达成战略合作，成立中传虎牙电竞研究中心。中国传媒大学通过校企联合的方式为我国未来电子竞技产业各领域培养相关人才。中国传媒大学也成为国内第一家开设电子竞技相关专业的"双一流"大学。此次校企深度合作开启了北京首届国际大学生电竞节，校企双方共同在内容、科研和制作方面展开合作，推动行业标准规范化。北京大学也成立了电子竞技高级人才研修班，推动电子竞技人才培养模式规范化发展。

同商业化出于对成本效益和回报率的考量而直接对电子竞技赛事的参赛选手进行针对性培养不同，高校培养模式采取的是"教育"而非"训练"，其目的是丰富整个电子竞技产业体系而非单独培养参赛选手，高校培养模式更加循序渐进。电子竞技产业经过数十年的发展已经形成规模庞大的产业体系，除电子竞技赛事的参赛选手之外，还有众多与电子竞技赛事相关的岗位需要相应的人才进行补充。《2021中国电竞运动行业发展报告》显示，有89%的电子竞技从业者认为行业现在存在巨大人才缺口，而一些一线和新一线城市对电子竞技相关人才的需求量更大。例如，随着电子竞技获得国际奥委会的认可入选杭州亚运会，电子竞技相关的赛事解说、赛事设计、赛事策划、数据分析师、裁判、教练、主播等岗位人才需求量快速增长。同时，当电子竞技逐渐获得合法化地位后，社会面相关产业也迅速发展，社会对电子竞技人才的需求极其旺盛，这一切意味着电子竞技选手固然重要，但电子竞技人才并非单纯指参赛选手，大量电子竞技相关配套产业需要多元化的相关人才，而高校在解决产业需求中扮演了重要角色。

总而言之，我国电子竞技人才培养模式的两条线路——商业化人才培训选拔模式和高校培养模式侧重点不同，但我国正逐步构建起一个合理、完备的电子竞技人才培养体系，以此不断推动电子竞技产业规范化发展，促进社会对电子竞技的正向认知。

（四）未来发展趋势

随着电子竞技产业在我国的繁荣发展，其产业体量不断增大，为社会经济和文化发展带来巨大动能，已经成为一个不可忽视的领域。我国电子竞技产业从最初萌芽到现在的快速发展，其发展的总体趋势基本可以概括为朝着标准化、专业化、商业化和全民化的方向发展。

1. 标准化和专业化发展

2014年是我国电子竞技产业高速发展的一年，随着世界电子竞技大赛

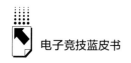

（WCG）的暂时停办和第一届 LPL 赛事的举办，我国电子竞技产业迎来了发展的转折点，第三方电子竞技赛事进入蓬勃发展阶段。根据国家新闻出版广电总局公布的数据，2015 年中国电子竞技市场规模达 270 亿元，中国超越美国成为全球最大的电子竞技市场。① 如此庞大且未来发展潜力不可限量的电子竞技市场，标准化和专业化是其必然的发展趋势。

从行业规范的视角来看，自 2008 年开始国家就陆续出台针对电子竞技行业的相关规范性和政策性文件。2008~2019 年，电子游戏成为官方认定的体育项目，且官方成立了电子竞技国家队，国家体育总局发布《电子竞技赛事管理暂行规定》将电子竞技运动员列为正式职业等多项措施昭示着电子竞技行业正逐步规范化和标准化。2020~2021 年，全国各地根据自身情况发布大量扶持电子竞技行业的政策文件，不断推动电子竞技行业的标准化，使其成为一个拥有正向社会价值和社会认知的专业化领域。

就赛事体系而言，随着 WCG 的停办电子竞技赛事迎来以游戏厂商为主导的赛事格局。2017 年《英雄联盟》S7 全球总决赛在北京国际体育场"鸟巢"举办。而《英雄联盟》系列赛事的成功举办同其开发商和各国的游戏运营商对电子竞技赛事体系的设置有关。《英雄联盟》有着完善专业的赛事体系，拥有从民间晋升渠道到顶尖赛事的完善赛事结构。这种赛事体系确保《英雄联盟》持续对各个层级玩家产生吸引力。由此可见，专业化的赛事体系能够确保一项赛事的繁荣发展，同时能够建立起电子竞技赛事专业化、体系化的正面认知形象。值得注意的是，就目前的电子竞技市场而言，出现了越来越多由我国自主研发的基于移动端的热门经济类手游，这些手游同时在进行赛事化的运作，这就意味着，在赛事领域内除了围绕 PC 端游戏而构建的赛事体系，我国的电子竞技赛事还需要考虑围绕新兴的移动手机游戏构建能够适应其特征的赛事体系，以此不断推动赛事乃至整个行业的专业化发展，塑造电子竞技的正面形象，这也是我国电子竞技未来的发展

---

① 《电子竞技：从"洪水猛兽"到"世界语言"》，中国政府网，2016 年 12 月 17 日，http://www.gov.cn/xinwen/2016-12/17/content_ 5149272.htm。

方向之一。

2. 赛事主导方转向后的商业化发展

2014 年世界电子竞技大赛宣布暂时停办，全球范围内的电子竞技赛事随之迎来由寡头游戏厂商主导的阶段。各游戏厂商市场化的运作模式，能够为社会带来巨大的经济利益和文化影响力。同样以《英雄联盟》为例，2017 年 S7 总决赛在北京"鸟巢"举办，该项赛事在国内和国际上获得空前力度的传播。根据《英雄联盟中国电竞白皮书（2019）》数据，S7 总决赛作为 2017 年度十大巅峰体育赛事中唯一一项电子竞技赛事排名第五，微博相关话题阅读量超过 80 亿次。[①] 2018 年，中央电视台、人民日报等多家媒体开始关注和报道电子竞技赛事。在赛事商业化层面上，S7 总决赛在赞助商和合作商的数量和质量方面都上升到新高度，梅赛德斯奔驰成为英雄联盟全球总决赛中国赛区首席合作伙伴，众多知名商业品牌参与赞助和投资活动，例如伊利、欧莱雅男士成为中国大陆地区总决赛特约合作伙伴；罗技和英特尔成为全球总决赛中国赛区官方合作伙伴。这意味着，《英雄联盟》电子竞技赛事已经突破了单一领域壁垒，其价值和品牌均得到市场和大众的认可。这不仅意味着赛事本身获得收入，为社会的经济增长做出巨大贡献，还促进了大量相关配套和衍生产业的快速应用与发展。例如在 S7 赛事中运用增强现实技术（VR），在开幕式上绘制震惊世界的远古巨龙图像。《英雄联盟》游戏和赛事在全球爆火后，不断有衍生文化产品被制作，而文创和 IP 产品将是客观的潜在收入，例如 2018 年 12 月，《英雄联盟》第一部衍生小说诞生，同年，名为《超越吧！英雄!》的电子竞技真人秀开播；2021 年 11 月 7 日，由拳头游戏制作的《英雄联盟》衍生动画剧集《双城之战》同样获得很高的人气和关注度，并在 Netflix、腾讯视频等各大头部网络流媒体上播出。

以上种种表明，商业化后的电子竞技赛事在文化、经济方面展现出巨

---

① 《体坛周报发布年度十大巅峰赛事　英雄联盟 S7 排名第五》，新浪电竞，2018 年 1 月 5 日，https：//dj.sina.com.cn/article/fyqkarr7422236.shtml。

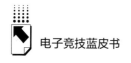

大潜力，这种潜力不仅体现在电子竞技产业本身，更体现在电子竞技和游戏内容所能带来的巨大价值，因而商业化发展将是我国电子竞技赛事未来发展的重点。

3. 赛事主导方转向后带动的全民化浪潮

游戏厂商出于对收益和回报率的考量，需要尽可能将游戏和电子竞技赛事下沉到用户的各个层面，由此带动了我国电子竞技的全民化浪潮。国际电子竞技联合会提出的"全域化电子竞技"就是电子竞技全民化发展的集中体现。目前，我国电子竞技全民化的主要表现是设置高校赛、区域赛、城市赛、省赛等。同时，各职业赛事体系也设置了专门的晋升渠道为民间选手提供机会。电子竞技全民化有利于拉近电子竞技与普通民众之间的距离，改善普通人从前"电子竞技就是打游戏"的观念，使其充分认识到电子竞技是一项国家认可的体系化、职业化的运动项目，从而转变民众对电子竞技的认知。

二　电子竞技网络直播模式与传播效果研究

电子竞技赛事的兴起带动许多配套产业的发展，动漫、电影、小说等都成为电子竞技游戏内容 IP 衍生产品的发展领域。随着互联网技术的发展、互联网个人终端的普及以及网络基础设施建设的不断完善，直播也成为当今的热门领域。在我国，直播产业经历了数年发展，已经形成清晰的产业格局和较高的市场热度。直播内容呈现百花齐放的态势，可以说，直播行业在未来的发展中将会更加精彩。网络电子竞技直播还因其独特的内容呈现形式而具有高互动性的特征，能够促进文化共同体的形成、强化国家认同，并促进社会对电子竞技的正向认知。

（一）电子竞技网络直播模式

网络直播是通过在现场设置独立的信号采集设备，将音频和视频导入专业导播设备或平台，再通过网络上传至服务器最终实现实时观看的过程。同传统的电视直播类似，网络直播也具有即时性，能够第一时间将特定事件呈现给观众，网络直播还利用互联网的交互特性发展出高互动性的特征和丰富多元的内容，因而具有比传统电视直播更高的吸引力。电子竞技直播则瞄准电子竞技这个独特领域发展出了不同于传统媒体的互动模式，除了主播能够进行部分游戏赛事内容的实时直播和解说，观众也能在评论区、弹幕区进行互动，发表留言。

1. 电子竞技直播产业概况

根据艾瑞咨询发布的《中国游戏直播行业报告（2021）》，中国游戏直播平台市场规模自 2017 年开始迅速扩大。2019 年，独立游戏直播平台市场规模超过 200 亿元。其中，2019 年虎牙直播总营收同比增长 79.6%，斗鱼直播总营收同比增长 99.3%。[①] 各平台的直播业务收入仍是中国游戏直播平台收入的主要来源。在电子竞技直播观看用户层面，我国的电子竞技直播用户实现连续增长，2020 年就已经达到 3 亿人。[②] 2020 年，受到新冠肺炎疫情影响，居家观看直播成为人们平日休闲放松的一大选择，这也持续推动了用户数量的增长。

电子竞技直播在我国经历了数年发展，2013 年，YY 语音等公司开始涉足游戏直播领域；2017 年游戏直播进入爆发期，斗鱼在纳斯达克敲钟上市，各公司和直播平台纷纷入局；2021 年，随着国家市场监督管理总局对游戏直播领域进行规范化管理，我国电子竞技直播平台市场格局也稳定下来，形成"两超多强"的格局，"两超"即虎牙、斗鱼两个占据主导地位的电子竞技直播平台，"多强"则指 bilibili、快手等多家新兴直播平台。

（1）虎牙产业概况

虎牙作为我国两大头部电子竞技直播平台之一创造了巨大的竞技和文化价值，对我国直播行业起着指导性和标杆性的作用。2022 年 3 月 22 日，虎牙公司公布 2021 年第四季度及全年财报。内容显示，2021 年虎牙总营收达

---

①《中国游戏直播行业报告（2021）》，艾瑞咨询，2022 年 7 月 1 日，https：//report. iresearch. cn/report_ pdf. aspx？id＝3625。

②《中国游戏直播行业报告（2021）》，艾瑞咨询，2022 年 7 月 1 日，https：//report. iresearch. cn/report_ pdf. aspx？id＝3625。

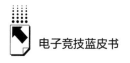

113.51亿元。在电子竞技赛事和不断创新的游戏内容驱动下，虎牙的用户规模呈现稳定增长态势。2021年第四季度，虎牙移动端月均活跃用户数达8540万人。[①]

在内容层面，虎牙作为行业龙头，其自身行为保持规范性对行业风气具有重要意义，虎牙在2021年持续重视赛事版权的归属问题，充分尊重内容制作者的投入，旗下拥有《英雄联盟：云顶之弈》全球赛、CS：GO IEM Dallas封闭预选赛、《王者荣耀》LPL联赛等国际大赛的转播权并持续针对违规内容进行整治。在主播生态层面，虎牙拥有约70万活跃主播，同3万多家工会进行合作，与90多个电子竞技合作组织签署合作协议。此外，虎牙在2018年和中国传媒大学达成战略合作协定，旨在通过产学研相结合的方式，探索合适的行业标准，提升电子竞技和直播的规范性。

（2）斗鱼产业概况

2019年7月18日，游戏直播平台斗鱼正式在美国纳斯达克交易所敲钟上市，斗鱼也成为继虎牙后第二家上市的中国游戏直播公司。根据2022年3月16日斗鱼发布的2021年第四季度及全年财报数据，2021年斗鱼总营收达91.65亿元，斗鱼移动端月均活跃用户数量高达6240万人，季度付费用户数量也上涨至730万人。[②]

斗鱼始终坚持以游戏为核心的多元化内容生态平台策略，注重平台内游戏的多元性并始终注重版权归属问题。在加大对精品化内容和优质自制内容投入方面，斗鱼也在持续加力，除《英雄联盟》全国总决赛S11赛季、2021KPL秋季赛等传统热门直播项目以外，仅2021年一年时间，斗鱼就自主制作了超过300场各类游戏赛事。2021年6月初，斗鱼官方举办"2021《英雄联盟》手游全国大赛平台合作赛·斗鱼大师赛"，该项赛事获得《英

① 《虎牙2021年Q4及全年财报：全年净利润5.83亿元，发力视频内容与海外业务布局》，新浪科技，2022年3月25日，https://finance.sina.com.cn/tech/2022-03-25/doc-imcwiwss8098080.shtml。

② 《2021年第四季度总营收23.28亿元 同比增长2.6%》，人民网，2022年3月16日，http://finance.people.com.cn/n1/2022/0316/c1004-32376609.html。

雄联盟》官方和各大俱乐部的高度认可。

（3）多家直播平台兴起

虽然我国的直播领域拥有虎牙和斗鱼两家龙头企业，但并没有形成行业垄断的局势。例如 bilibili 平台依托影视及大会员业务，在 2021 年增值业务收入达到 69.3 亿元；快手直播在 2021 年第四季度直播营收达 88.3 亿元[①]。此外，头部平台还积极与各类新兴内容平台进行商业合作，例如《王者荣耀》和《英雄联盟》手游的平台合作赛，通过在虎牙、斗鱼、TT 语音、bilibili 等多个平台间举办合作赛事，形成良性市场竞争格局，促进多平台共同发展。

2. 电子竞技直播内容生态

游戏及其赛事是电子竞技直播内容的支柱，各大直播平台也在积极和热门游戏厂商签订协议，获得直播版权，从而完善平台的内容生态，提高用户黏性。因此，赛事版权成为直播平台争夺的重要对象。国内平台纷纷斥巨资购买头部电子竞技赛事的直播版权。例如，在《英雄联盟》赛事方面，斗鱼拥有《英雄联盟》四大赛区的直播版权；bilibili 则拥有 2020～2022 年《英雄联盟》全球总决赛的独家直播版权；企鹅电竞则以 6000 万元的价格购买了 LPL 赛事 S 档版权。在《王者荣耀》赛事方面，虎牙、斗鱼、快手直播、企鹅电竞、bilibili 等平台均获得了 KPL、KPLGT 赛事的直播版权。根据艾瑞咨询发布的《中国游戏直播行业报告（2021）》，2020 年各游戏赛事版权的平台分布情况如表 2 所示。

表 2　2020 年各游戏赛事版权的平台分布情况

直播平台	游戏赛事						
	英雄联盟	王者荣耀	和平精英	穿越火线	守望先锋	CS:GO	*DOTA 2*
虎牙	LPL、LCK、LCS、LEC	KPL、KPLGT	PEL、PGL、PEGI	CFPL、CFML、CFEL	OWL	UCC、EPL	

① 《快手公布 2021 年第四季度财报，用户规模创历史新高》，腾讯网，2022 年 3 月 29 日，https://new.qq.com/rain/a/20220329A0BT4U00。

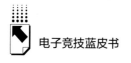

续表

直播平台	游戏赛事						
	英雄联盟	王者荣耀	和平精英	穿越火线	守望先锋	CS：GO	*DOTA 2*
斗鱼	LPL	KPL、KPLGT	PEL	CFPL、CFML			职业联赛
企鹅电竞	LPL	KPL、KPLGT	PEL	CFPL、CFML			
快手直播	LPL	KPL、KPLGT	PEL	CFPL、CFML			
bilibili	LPL、全球总决赛	KPL、KPLGT		CFPL、CFML	OWL、OC	EPL	ESL、DPL-CDA

从表 2 可知，各大直播平台在《英雄联盟》《王者荣耀》《穿越火线》《和平精英》等热门游戏赛事上均有完整布局，直播平台内容的个性化则体现在对不同游戏的布局上。例如，bilibili 和虎牙直播平台布局了《守望先锋》和 CS：GO 等在国内拥有特定玩家群体的游戏；而斗鱼则布局了 *DOTA 2* 的赛事。此外，bilibili 还获得了 2020～2022 年《英雄联盟》全球总决赛的独家直播权。因此，各大直播平台的游戏内容生态总体可概括为"热门游戏共同布局，特定游戏个性化发展"。此布局既能保证直播平台通过热门赛事获得足够经济收益，又能实现我国直播市场内容生态的多元化发展，一定程度上避免了行业在游戏内容层面上的同质化倾向。

电子竞技直播内容生态除了在赛事层面上表现出多元化的发展态势，各项赛事的衍生产品也使电子竞技直播内容变得更加丰富多彩。例如，斗鱼在赛事空档期，围绕电子竞技赛事推出大量周边衍生节目，如沉浸式互动密室游艺秀《光速大逃脱》、电子竞技真人秀《E 起来探班》等十余档综艺节目。bilibili 则根据《王者荣耀》KPL 赛事自制了电子竞技综艺节目《KPL 魔改学院》。虎牙则积极承担起企业的社会责任，在赛事间隙运用"直播+"的新型直播形式，在反诈、公益、助老等社会领域做出贡献，通过"警企联动"的方式积极科普反诈知识，揭示游戏刷单、虚拟装备交易等多种诈骗场景和手段，直播人气最高时达到了1400万人次。除此之外，直播带货、云游戏等直播方式也逐渐出现，改变了玩家的直播互动模式，丰富了我国电子竞技直播内容生态。

3. 电子竞技直播互动模式

如果说传统媒介将信息从发出者处通过中介传达到广泛的接收者处，呈现单向度的传播特征，那么基于互联网技术搭建起的网络直播平台除了具有传统媒介所拥有的特征外，还具备了极强的网状互动特征。本节将电子竞技直播的互动分为主播与观众间的互动、主播间的互动和观众间的互动三个部分进行分析。

（1）主播与观众间的互动

官方举办的电子竞技赛事直播通常会配备专门的赛事解说主播，这些主播大多是各大平台的签约热门主播或退役选手，其日常工作的主要内容就是与游戏赛事打交道，因此对游戏内容较为熟悉，对比赛有专业深刻的理解。在互动方面，最常见的做法是在赛前或赛后设置专门的互动环节，在社交网站上选取留言进行讨论，以此达到互动的目的。在比赛中，由于职业比赛强度高、节奏快，赛场局势随时在发生变化，职业赛事解说主播需要将全部的注意力投入到比赛内容中，对局势的变化做出清晰的解说，所以，职业赛事解说主播与观众的互动性较弱，甚至在比赛期间不会和观众进行互动。

除了职业赛事解说主播，还存在一类作为"数字劳动者"的电子竞技主播，电子竞技主播作为一种融合了"电子竞技"和"主播"两种职业的新兴职业，具有和传统网络主播不同的特征。网络主播通常会将自己的身体或某样产品作为展演对象，并通过"拟剧"行为吸引观众的注意力。而电子竞技主播的身体或产品展演通常处于次要位置，而以游戏角色身体和行为以及操纵游戏的技巧作为展演对象，获取观众的注意力。作为"数字劳动者"的电子竞技主播与观众间的互动方式丰富多样，最为常见的是直播留言或发弹幕的方式。日常电子竞技游戏的直播与电子竞技赛事直播相比节奏慢、强度低，主播能分散出注意力来观看观众发出的弹幕，并对部分弹幕进行回应，通过弹幕与观众进行互动，以此调整自己的直播内容和直播行为。

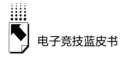

（2）主播间的互动

在比赛期间主播间的语言互动也呈现了与传统体育比赛解说和网络主播不同的特点。第一个特点是语速快，在 2022 年 5 月 14 日举办的《英雄联盟》MSI 小组赛中，当 RNG 战队对阵 PSG 战队时，主播解说的语速甚至达到每分钟 372 个字。第二个特点是简洁明了，不论是针对赛场局势的互动还是解说比赛，主播均会使用游戏内的"黑话"，即都属于某类游戏的特定术语来清晰简洁地解说比赛。例如，在 RNG 战队对阵 PSG 战队的比赛中，主播在解说一场"团战"时采用了如下语言："中路直接过来，就 A 防御塔，也没有着急交技能……自己再挂了一个恐惧，一个 Q 技能，一个穿刺，拿到人头……韦鲁斯直接进场，但是没放出来自己的生人勿近，人就已经阵亡了。"这段表述采用了大量的游戏术语，这种游戏"黑话"常被用于游戏玩家间的交流，以便及时准确地传达实时情况。而解说用语和游戏术语的嫁接使主播用一种观众熟知和共享的语言模式高效精准地传达瞬息万变的赛场局势信息。解说用语往往不采用复杂句式，多以简单句中的主谓结构来表达，例如使用"小虎血量有点低""阿卡丽躲在烟雾中"等介绍选手情况。这种句式结构能够有效捕捉和传达赛场信息，引领观众观看比赛，使观众获得良好的观赛体验。

（3）观众间的互动

电子竞技直播的一大特点是观众之间的互动。直播间作为一个虚拟公共空间具有开放性，网友可以通过创建的虚拟身份参与其中，并通过弹幕、留言等多种形式进行互动。弹幕是最常见的互动形式，也被称作"影片跑马灯"，通过弹幕，观众能够在观看内容的过程中选择特定时间和特定位置进行评论，以达到互动效果，电子竞技直播间的弹幕互动通常呈现如下特征。一是重复性，重复性有两种表现形式，一种是在一条弹幕内某个语言元素重复出现；另一种是多条弹幕出现相同或高度相似的内容。重复性弹幕的一个重要作用是为观众营造一种氛围。弹幕的交流形式隐藏了具体的交流对象，即没有一个明确的受众，因而以弹幕为载体的交流形式似乎是一种"对空言说"，而对象的隐匿性也使言说者的主体性得以凸显。弹幕本身由主体无对象的呐喊，演变成一种态度展示行为，重复性则使大量相同的态度和情绪被放大，营造了一种氛围。二是塑造性，塑造性指某种共同体想象的塑造。大量具有重复性的符号必然构建起一个瞩目的文本供所有观赛成员共享，而相同的身份使群体成员具有趋同的态度和情感经历，进而塑造出一种共同体的想象。例如，电子竞技比赛基本以商业俱乐部的形式呈现，但对商业俱乐部的想象不可避免地会附着其上，尤其是在世界大赛的舞台上，这种想象会被进一步放大，这有助于在观看群体中形成良性的精神品质，提高团结精神。

（二）电子竞技直播效果评估

1. 电子竞技直播效果量化分析

本节以《英雄联盟》S11赛季的直播视频为研究样本，通过分析视频的热度、观看量、弹幕等要素来研究电子竞技直播的观看效果。在S11赛季的全球总决赛中，角逐冠军的队伍分别是来自中国LPL赛区的俱乐部EDG和来自韩国LCK赛区的俱乐部DK，最终EDG以5:3的比分战胜DK获得S11赛季全球总冠军。凭借游戏本身的知名度，电子竞技直播在国内外产生了巨大的影响力。据Esports Charts统计，EDG与DK总决赛的海外平台峰值观赛人数高达401万人，成为LOL历史上海外观赛人数最多的一场比赛。[①]

在国内，《英雄联盟》玩家基数庞大，S11赛季的全球总决赛同样引起了广泛关注，甚至一度登上微博热搜榜，辐射到非玩家群体。bilibili直播平台数据显示，S11赛季总决赛直播峰值人气热度接近5亿次，赛事期间相关投稿量突破30万次。[②] 根据微博发布的《英雄联盟S11微博观赛报告》中的数据，与赛事有关的话题阅读总量达1077亿次，赛事讨论量高达8049万条，共计有53.7万条和赛事有关的短视频被发布，EDG夺冠当日超话阅读

---

① 《英雄联盟S11决赛观赛人数出炉，海外超400万人观看，历史第一！》，腾讯网，2021年11月8日，https://new.qq.com/rain/a/20211108A049ZO00。

② 《S11落幕，赛事期间B站直播间最高人气峰值达5亿》，腾讯网，2021年11月8日，https://new.qq.com/rain/a/20211108A08OHK00。

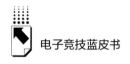

量突破 2 亿次。在微博上许多非电子竞技用户也坦言受到影响，足以见得，电子竞技赛事的影响已渗透社会的其他层面。①

除了"粉丝"线上观看赛事产生的巨大收视量和超高关注度，通过互联网平台实现流量向经济的变现以及由"粉丝"直接进行的如打榜、送礼物等数字经济行为，电子竞技赛事直播还带动了衍生经济的发展。在微博上，全职高手官微、大理寺日志官博君等近 20 家国漫官微发起"国漫为 LPL 打 call"活动，通过制作动画形象的方式对中国电子竞技俱乐部表达支持。在 S11 赛季举办中，动漫领域开展了电子竞技同人大赛，有上百名画师、CosPlay 爱好者报名参加比赛，掀起了全民参与创作的热潮。同时，我国拥有赛事版权的互联网平台还在积极推动线上、线下联动，拓展电子竞技影响力边界。例如，S11 全球总决赛在冰岛举办，微博举办的直播连麦活动不仅邀请电子竞技选手、主播、媒体人对赛事进行探讨，还积极与体育、旅行、数码、教育等不同领域工作者展开讨论，探讨的话题从游戏逐渐延伸到在冰岛的生活体验、观赛的注意事项，以及如何以专业和正确的眼光来认识电子竞技项目及其社会影响。

2. 电子竞技直播效果人文分析

电子竞技直播产生的最为显著的社会效果是形成了共同体认同。在所有观看者组成的共同体中，大部分人互不相识，但他们会将其他人视作与自身同属于一个共同体的成员。这种共同体的想象首先来源于对民族身份的认同。S11 赛季之所以受到前所未有的关注，其原因在于，首先《英雄联盟》历史上 LPL 赛区与 LCK 赛区首次会师总决赛；其次，中韩两国在电子竞技领域的对抗由来已久，韩国很早就将文化产业作为国家发展的支柱产业之一，其在电子竞技方面有着更加开放的社会环境和更高的竞技水平。从 DOTA、《星际争霸》开始，韩国就一直是电子竞技领域内高水平的存在，中国代表队则时常在比赛中落败，这也让广大"粉丝"玩家心有不甘，加

---

① 《英雄联盟 S11 微博观赛报告》，微博电竞，2021 年 11 月 16 日，https://weibo.com/6249241592/L1LzRFG0N。

之近段时间韩国体育代表队在电子竞技和传统体育项目中屡次有违竞技精神，侵害了中国代表队应有的权利，这也使中韩两国的体育竞技多了一层反抗的民族叙事。正是借助这种叙事在所有观看赛事的"粉丝"之间的分享，互不相识的"粉丝"被联系起来，他们拥有了一个关于民族的、国家的想象。

授权平台还在积极开展线下业务，在娱乐大众的同时为社会带来正向积极的影响。例如，腾讯旗下游戏《QQ飞车》时刻在提倡"let's go 即刻出发"这种积极向上的健康理念。腾讯旗下天美工作室积极开展面向社会的公益活动，例如上海 EDGM 联动上海公安宣传防诈骗知识。深圳 DYG 小义成为全民公益阅读大使。此外，拥有电子竞技赛事直播版权的网络平台也在积极地将线上的电子竞技与线下的实际生活结合起来，不仅向公众传播有关电子竞技的知识和信息，也在积极探讨如何将电子竞技与生活相结合。例如，在《英雄联盟》S11 全球总决赛举办期间，微博通过与线上、线下各领域人士的积极联动，采用对话的方式让人们了解《英雄联盟》赛事过去的辉煌，同时从游戏引申到生活，通过赛事来探讨赛事举办地的生活与文化，并引导观众以正确进步的眼光看待电子竞技在竞技和文化中产生的各种影响，促进社会对电子竞技的正向认知。

（三）构建"绿色电竞"健康发展路径

1. 推动"绿色电竞"社会教育

电子竞技产业在带来巨大经济效益的同时，其本身的娱乐性、社交性、交互性等特征容易导致未成年人沉迷电子竞技游戏，因此，要积极推动"绿色电竞"社会教育。由于早期相关监管体制机制的不健全，让一些游戏厂家钻了法律的漏洞，忽视了自身的社会价值和社会责任。游戏创作的内核是文化，文化是世界各民族精神的内核，也是能够促进打破边界、表达自我的介质。电子竞技是伴随数字化、智能化发展起来的新兴产业，当下面临西方霸权主义文化殖民入侵，在推进媒体融合的数字化转型过程中，主流媒体形成自上而下的同心圆，具有强大的引导力、传播力、影响力和公信力，主

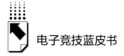

流媒体在引导人们树立正确的价值信念、道德理想上发挥着重要作用，同时主流媒体起到引导健康舆论环境的主心骨作用。全媒体时代下，中国电子竞技的发展面临来自内外部环境的双重挑战与压力，因此相关企业需要承担起社会责任，提升社会价值，向社会传递更多正能量。

一是可以在游戏 IP 内容的开发中融入传统文化元素，秉承文化自信，通过与游戏互动融合的形式，引导青年用户在游戏过程中理解、学习传统文化的精神内涵，树立正向的价值观。如网易经典手游《梦幻西游》的核心线索就是引导用户学习传统文化和历史知识。只有在游戏内容上进行正向引导和开发，才能潜移默化地推动青年对电子竞技游戏产生正向认知，防止其沉迷于不良游戏产品中。通过游戏营造的文化氛围，玩家能够自觉学习传统文化和知识。

二是加强对青年的健康心理教育。由政府有关部门发起针对青年群体的"绿色电竞"教育计划，早在 2003 年，电子竞技就经国家体育总局批准成为我国正式开展的第 99 个体育项目，并在 2008 年被重新定义为第 78 号体育运动项目。2016 年，教育部职业教育与成人教育司公布了 13 个增补专业，"电子竞技运动与管理"专业包含在内。[①] 通过为电子竞技游戏"正名"，从意识形态层面加强绿色电子竞技教育的引导，培养更多专业电子竞技人才和队伍，改变大众旧有的认知，从根本上将电子竞技视为健康、正向、积极的体育竞技项目，通过寓教于乐的形式加强青年对电子竞技的正向认知，加强电子竞技与新兴技术的智能化和数字化融合，从而实现新时代电子竞技项目的转型。

三是要明确平台的监管责任。政府层面应健全青少年游戏防沉迷制度，从用户注册根源限制未成年人在电子竞技领域的消费行为，并采取相关防御措施。同时设置时间管理、权限管理等绿色防护功能，建立和完善未成年人沉迷游戏的规则和监管机制，建立游戏品类分级制度，根据不同年龄段的玩

---

① 《教育部增设电子竞技专业　斗地主成为体育项目》，新华网，2016 年 9 月 7 日，http：//www. xinhuanet. com/politics/2016-09/07/c_ 129272975. htm。

家有针对性地推出适龄电子竞技游戏内容。

2. 完善"绿色电竞"行业规范

随着电子竞技行业的高速发展，电子竞技行业只有在法律的监管之下才能获得更广阔的发展空间，需要加强对整个电子竞技产业链的监管，完善相关"绿色电竞"规则。2021 年，人力资源和社会保障部出台《电子竞技员国家职业技能标准》，在这份标准中，电子竞技员的职业定义为从事不同类型电子竞技项目比赛、陪练、体验及活动表演的人员。该标准内容包括职业概况、基本要求、工作要求和权重表等，并对该职业的活动范围、工作内容、技能要求和知识水平做出了明确规定。标准的出台，为整个电子竞技行业树立了相对完善的市场规范，同时建立了相应的行业标准，可以为电子竞技从业者提供一定的依据和参考。

电子竞技行业的公平运行和发展需要完善的标准规范，只有合理的行业规范才能使大众对行业有更加明确清晰的认识，才能推动电子竞技行业的长期可持续发展。电子竞技行业开始完善相关产业规范和行业标准。如 2018 年，上海市电子竞技运动协会制定实施的《上海市电子竞技运动员注册管理办法（试行）》，此后上海市发布了《电竞场馆建设规范》《电竞场馆运营服务规范》《电子竞技直转播技术管理规范》《电子竞技直转播平台管理规范》等一系列标准规范。[①]《网络游戏适龄提示》中明确了中国游戏分级标准以及标识符的下载渠道、展示时长、尺寸比例和更新频率等。《网络游戏适龄提示》的标识符以三个不同的年龄段为标准，分别为绿色的"8+"、蓝色的"12+"、黄色的"16+"。另外，《网络游戏适龄提示》还明确了标识符的具体使用场景，适龄提示标识必须安放在游戏产品界面的显著位置，以突出标识在游戏产品中的能见度和可视性。[②] 2021 年出台的《游戏审查评

---

① 《推动电竞产业步入高质量发展新阶段》，中国音数协会游戏工委，2022 年 6 月 13 日，http：//www.cgigc.com.cn/details.html？id＝08d96df1-7379-433b-812e-f50143935c09&tp＝cooperation。

② 《网络游戏适龄提示》，中国音像与数字出版协会，2021 年 6 月 15 日，https：//image2.x7sy.com/mail_ images/bz.pdf。

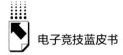

分细则》中规定了游戏送审试行的全新评分审查制度，从"观念导向""原创设计""制作品质""文化内涵""开发程度"五个方面对游戏作品进行评分。低分游戏将被打回，无法进入版号审批排队流程①，从游戏内容审查方面对游戏产品开发进行规范化管理。

3. 制定"绿色电竞"赛事标准

在传统体育赛事中，各国或地区选取代表和举办比赛都是按照相关规定或国际统一赛事标准来进行的。电子竞技属于体育竞技中的一种竞技项目，电子竞技赛事的举办主要由游戏厂商发起，以电子竞技俱乐部为单位构成赛事体系。全球各地的电子竞技产业发展速度不同，这也导致不同国家和地区间电子竞技赛事标准的差异化和多样化。在2020全球电子竞技大会上，中国游戏产业研究院正式挂牌成立，并发布《电竞赛事通用授权规范》阶段性成果，作为授权类团体标准，该规范旨在完善我国电子竞技赛事流程规范和相关标准。该标准主要内容包括电子竞技赛事版权通则、权利的授予和行使、商业合作授权、宣传与推广授权、电子竞技赛事实况直转播授权和赛事授权的监管等。其一，明确提出游戏厂商需分步骤、分阶段推动研发独立的电子竞技赛事产品版本，以明确游戏运营的赛事职能。其二，通过电子竞技赛事评级制度实现对电子竞技赛事的有效管理。②

绿色电子竞技赛事标准的制定需要多方努力，政府层面需要依据社会主义核心价值观，引领中国先进文化和优秀文化，从健康、正向、绿色的层面引导相关企业制定行业规范和赛事标准；企业层面要积极承担社会责任，并遵守行业规范和准则；个人层面需要加强对网络安全意识的学习，积极推进绿色电子竞技网络环境的建立。

---

① 《中宣部〈游戏审查评分细则〉，内容竟如此简单?》，"文化产业评论"搜狐号，2022年6月13日，https://www.sohu.com/a/463148986_152615。
② 张祯希：《中国游戏产业研究院在沪挂牌成立 全球移动电竞文化研究院落户上海》，《文汇报》2020年8月2日，第3版。

B.4
电子竞技用户研究报告

牛菀清　王筱卉　鲍威宇*

摘　要： 本报告聚焦电子竞技粉丝及其文化，通过总结学界与业界的既有经验，梳理电子竞技粉丝群体与粉丝文化的发展脉络，总结出电子竞技粉丝群体在意见表达、群体组织、社会文化内涵三个层面具备正向与积极的特征，并以《王者荣耀》粉丝群体作为具体案例，总结其在文化和经济层面的特征与价值。同时，通过对选定的玩家群体进行长期的观察和深度访谈，总结出电子竞技用户与传统体育用户体验的异同，为互联网时代下网络用户与粉丝治理、促进激发电子竞技赛事正向社会价值与经济价值提供参考依据。

关键词： 电子竞技粉丝　电子竞技文化　用户体验

一　电子竞技粉丝文化与粉丝经济发展研究

（一）粉丝文化

粉丝文化（Fandom），也被称作"迷文化"，音译"粉都"，是由一批拥有相同兴趣爱好的人聚集在一起形成的亚文化。在西方，"粉丝"是文

---

* 牛菀清，广西大学新闻与传播学院2020级本科生，研究方向为新媒体；王筱卉，中国传媒大学数字媒体与艺术学院副教授，哲学博士，中国传媒大学5G智能媒体传播与产业研究院院长，研究方向为戏剧影视、数字创意设计和电子竞技；鲍威宇，中国传媒大学传播研究院硕士研究生，研究方向为传播理论与历史。

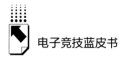

化研究，是媒介文化研究尤为重要的一个领域。虽然西方很多学者并没有直接点名"粉丝"，但其研究旨趣大多与现今意义上的"粉丝"及其"粉丝文化"有着密切的关联。亨利·詹金斯撰写的《文本盗猎者：电视粉丝与参与性文化》（*Textual Poachers：Television and Participatory Culrure*）通过民族志的方法描写了粉丝群体的文化实践以及粉丝群体与资本主义运作体系之间的复杂互动关系，并且认为，粉丝的支持在激烈的媒介产业竞争之中有着重要作用，因此媒体必须懂得调动粉丝的力量。约翰·费斯克（John Fiske）是大众文化研究领域的一位重要人物，不同于法兰克福学派所持的精英主义立场（该学派对大众文化进行贬低并将大众视作非理性的群氓），费斯克发现大众文化之下粉丝的多面性。他认为，粉丝文化就是文化工业社会中大众文化的强化，粉丝则是"过度的读者"（excessive reader）。大众被费斯克分成两类，一类是普通正常的大众，另一类则是疯狂的粉丝受众。粉丝受众能够创造性地利用媒介原始文本内容，使之转化为能在社群内传播的符号，并以此界定社群边界和社群内某种特定的文本生产形式。除了文化研究学者，传播学家丹尼斯·麦奎尔（Denis Mcquail）在其撰写的著作《受众分析》中同样提及了粉丝及其文化特征。他认为，粉丝是那些对明星、节目、文本有着极端投入行为的狂热者，其特点是总是关注他们的崇拜者，并且粉丝群体内部通常有着极为强烈的情感纽带连接。粉丝之间还常常表现出许多相似的行为特征，例如言谈、衣着、媒介消费习惯等。

"参与"是粉丝文化的关键词，"文本再造"则更进一步体现了粉丝的参与特征，粉丝总是希望"通过对原作加以拓展，或者对原作进行彻底改写来展现热爱"。① 而这一切被互联网技术赋予了更多的可能性，粉丝文化在互联网环境下不再是纵向等级式的形象，而成为平面网络的节点，在网络中不再有一个绝对的中心，媒体不再具有强制性，粉丝也因此获得更加强大的反叛力量。这股力量具体体现在以下三个方面。一是粉丝文化

---

① 蔡骐：《网络与粉丝文化的发展》，《国际新闻界》2009 年第 7 期。

表达趋势逐渐从后台走向前台，不同于信件、口头等较为私密的交流方式，互联网技术赋予他们前台表达的空间；二是表达载体符号从单一到多元，曾经文字是粉丝为数不多的表达方式之一，但在今天，漫画、CG、音视频、广播剧等内容创作赋予了粉丝更多的选择；三是渠道从单一媒介到融合媒介，公共讯息传播技术的发展使个人表达拥有了更多公开的渠道。[1] 还有学者关注粉丝文化中内在的反叛力量对文化产业中女性主义思潮的促进作用。克里斯蒂娜·布斯等人指出，关注粉丝文本创造中性别的革命潜能，粉丝社群创作者尤其是粉丝社群中的女性创作者往往会跳脱出男性常关注的商业媒体所提供的内容范围，突出现有的性别秩序。因此粉丝文化被赋予反对女性成为物恋对象的使命。在此，粉丝文化被描述为"敢于在任何层面颠覆主/客关系的空间"[2]，这也大大拓宽了粉丝文化定义的边界，不仅将粉丝文化视作内容文本的再现，还将之视作一股对抗既有的、稳固的认识论的强大力量。

　　总体来说，有关粉丝文化的研究被分为两种视角，一种视角是将粉丝视作"积极的反抗力量"，将其视作媒介民主化的重要表现形式，通过粉丝间的创造性互动和在投资方代表的资本力量之间周旋与对抗而成为互联网时代数字经济的重要参与者。另一种视角则是批判的视角，认为粉丝成为平台主导下网络活动的"数字劳工"，其网络痕迹被无条件地吸收成为平台获取剩余价值的基础，同时粉丝的主体性被资本市场征用，资本控制媒介生产流通过程，同时决定了如何吸纳受众劳动。不论积极还是消极，二者都有其合理性，但在今后处理粉丝文化的问题时或许应该跳出理想化/污名化二元对立的认识范式，重新认识粉丝、偶像和投资方/资本的三方关系，不将之视为零和博弈的关系。粉丝在互联网技术的赋权之下必定拥有了更多的自主性，但同时面临更多新问题，或许合适的方法是深入粉丝群体内部去倾听他们的声音，避免一种文本式的、居高临下的分析。

---

① 张建敏：《媒介技术驱动与粉丝文化表达变迁》，《现代传播》（中国传媒大学学报）2019年第4期。

② 克里斯蒂娜·布斯、潘源：《粉丝文化与女权主义——性别与"粉丝生产"政治》，《世界电影》2010年第6期。

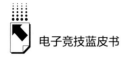

1. 电子竞技粉丝文化

2022 年 11 月 6 日，第十二届英雄联盟全球总决赛在美国旧金山落下帷幕，在互联网上获得巨大关注。随着电子竞技在中国的赛事化与商业化发展，一种独特的社会文化现象随之形成。电子竞技不仅吸引了众多玩家与非玩家粉丝群体，还摆脱了大众的"污名化"。电子竞技粉丝作为电子竞技赛事观看与讨论的主体，对电子竞技的社会与文化意涵同样起到建构作用。对电脑游戏文化的研究指出，电脑游戏作为一种特殊的媒介，其特点在于可玩性，即玩家只有不断与游戏进行互动，才可能产生社会和文化意义。① 不同于 20 世纪 80 年代将粉丝视作非理性病态人群的观点，如今视角转向后，将粉丝视作能动的反叛性力量，互联网的兴起不仅强化了这股反叛力量，也使粉丝群体具备了新的特征，粉丝变得更具组织性和目的性。② 他们结成了自己的社群，并通过情感纽带形成互动仪式链。

粉丝文化在国内的研究中常常被视作亚文化，群体成员之间凭借情感连接形成想象的共同体并产生情感共鸣。学者蔡骐认为，粉丝不仅是一个群体，还作为一种文化表征而存在，具体表现为鲜明的"参与式文化"特征，即"人们能参与媒介内容的存档、评论、挪用、转换和再传播，消费者成为生产者"。通过粉丝间频繁、琐碎的"闲聊"展现粉丝间的情感交流和对媒介文本的再理解和再阐释。电子竞技粉丝文化在当今技术语境之下呈现新特征。

第一，当今电子竞技赛事往往呈现高度商业化趋势，这也使电子竞技粉丝文化表现出对商业逻辑与商业文化的认同，具体表现在电子竞技粉丝对商业化赛事、商业化俱乐部与电子竞技赛事玩家三个层面的认同。③ 这种认同被进一步转化为具有经济和文化价值的消费行动。就其经济价值而言，电子

---

① 张文杰：《数字时代的电子竞技与粉丝文化》，《青年研究》2022 年第 3 期。
② 胡岑岑：《网络社区、狂热消费与免费劳动——近期粉丝文化研究的趋势》，《中国青年研究》2018 年第 6 期。
③ 张文杰：《数字时代的电子竞技与粉丝文化》，《青年研究》2022 年第 3 期。

竞技赛事与电子竞技游戏的周边产业将在粉丝情感认同的作用下得到发展，实现经济价值变现。就其文化价值而言，电子竞技粉丝在网络社群中通过去中心化的互动构建起电子竞技粉丝身份认同，形成以游戏和赛事为核心的网络趣缘文化群体。电子竞技粉丝群体的身份认同使粉丝能够以有组织的方式为俱乐部和赛事创造商业价值。例如通过在网络平台上建立"超话"①，为俱乐部争取粉丝、浏览量和关注度等，以此实现电子竞技粉丝文化价值变现。

第二，电子竞技粉丝对电子竞技体育话语的认同。不同于一般网络游戏和游戏行为，商业化电子竞技赛事十分强调自身具备的严肃性与竞技性。在官方层面上，2003 年 11 月 8 日，国家体育总局批准将电子竞技列为正式体育竞技项目，这是主流价值观对曾经的亚文化的一次收编。这种收编也获得了电子竞技粉丝们的普遍认可。其首先体现在电子竞技的竞技要素上，粉丝们普遍认为，电子竞技游戏中的竞技要素可以被视作传统体育竞技中竞技要素的网络化和虚拟化，同时粉丝们认为，电子竞技体育话语的正当性还体现在电子竞技选手的"体育精神"上。② 与传统体育运动员相同，职业电子竞技运动员也在日复一日不断磨炼自己的技巧，以不放弃、努力拼搏的态度面对职业生涯中的挑战，并不断追求竞技的开放透明、公平公正。

第三，电子竞技粉丝文化群体内部特征具有多样性，具体体现在以下几个方面。其一，围绕不同游戏与赛事形成的"圈子"之间边界分明。电子竞技粉丝并非一个同质性群体，不同网络游戏在玩法、规则、游戏设定上具有明显差异，加之玩家在玩游戏的过程中形成的"网络游戏鄙视链"，使不同文化群体之间难以进行沟通。其二，是否掌握相关游戏知识往往可被视作是否融入电子竞技社区的标准和对非玩家群体的排斥性策略③，通过是否掌

① 超话，全称为超级话题，最早由新浪微博推出，指拥有共同兴趣的人集合在一起形成的圈子，粉丝可以借助超话与明星进行沟通。
② 张文杰：《数字时代的电子竞技与粉丝文化》，《青年研究》2022 年第 3 期。
③ 汪明磊：《互动仪式链视角下电竞用户文化研究——以英雄联盟粉丝为例》，《当代青年研究》2021 年第 4 期。

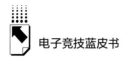

握大量专业性游戏知识来界定"核心玩家"与不亲自参与游戏的"云玩家"。此外,部分游戏设计了区分玩家游戏水平的"排位制度",在讨论游戏内容时,往往是那些排位更靠前的玩家具备更多话语权,即使电子竞技玩家社群成员基本是非职业玩家。其三,电子竞技粉丝文化群体以自身"电竞圈"的身份标签来抵制"饭圈"的身份标签。"电竞圈"认为电子竞技是一项正规体育运动,焦点应放在赛事本身和竞技要素上,而非像"饭圈",将关注点放在某个人身上。

2. 研究启示

一旦人们不再将粉丝视作非理性的迷狂者,那么粉丝群体的内在价值就会被凸显出来。上文提到粉丝能够创造性地利用媒介原始文本内容,使之转化为能在社群内传播的符号。投资方等资本力量如何对待这种文本再创造行为就成为重要议题。这就直接引出了粉丝与资本之间的关系问题,即二者之间是否应当是零和博弈的关系。在我国影视行业内,2021年4月9日,中国电视艺术交流协会、中国电影评论学会、爱奇艺、优酷、腾讯视频、咪咕视频等多家业界机构发布《关于保护影视版权的联合声明》(以下简称《联合声明》),提出对网络上未经授权的"二创行为"发起必要的法律维权行动,同时呼吁业界提高版权意识,呼吁社会各界积极举报违规内容,共同维护影视行业合法权益。这份声明的提出直接将网络上由创作者针对既有媒介内容进行的第二次创作行为视作不具备合理性与合法性的行为。《联合声明》发布后引发了大量的不满情绪,人们普遍认为版权方对自身权益的合理考虑能够被理解,但解决措施的覆盖范围不应被无限扩大,因为许多影视文艺作品的社会面宣传正是通过网络上二次创作者的作品。二次创作可被视作粉丝将媒介原始文本转化为特定符号的行为,这个行为本身就是一种对文本的再创作和再展示,这种行为能够为原始文本带来更多拓展的可能性,甚至激发新的活力,让更多人接触作品。这就提示人们,粉丝与资本之间并不一定是你输我赢的零和博弈局面,从某种程度上来看,投资方做出让步是能够吸纳粉丝具有的强大扩散力和创新力的,进而将其转化为对自身有利的正面因素。所以,与其采用"禁止"的态度来激发粉丝群体的反叛心理,出现更多的对抗性行为，最终造成公信力的下降，不如秉持更为包容的态度，扭转双方之间一度出现的零和博弈的局面，实现互利共赢。

在互联网时代下，粉丝的组织形式已经发生了众多变化，粉丝群体已经摆脱了过去消极的、病态无力的负面形象，成为能够利用技术积极表达想法与感受的受众，同时粉丝也展现出更具组织性和规模性的新特征。粉丝不仅出现在传统的影视文艺领域，电子竞技领域也时常出现现象级事件，2017 英雄联盟全球总决赛在中国举办，2018 年雅加达亚运会电子体育表演项目中中国队在《英雄联盟》赛事中斩获金牌等事件，都成为当时在社交媒体上刷屏的事件，不仅影响了广大电子竞技用户，还影响了许多非电子竞技用户。庞大的规模和组织性有时也会带来许多负面影响，例如 2020 年 2 月，某网络写手在同人文网站 AO3 上发布文章《下坠》，其中将某明星描述为有性别认知障碍的人物形象，引发某明星粉丝的不满情绪，粉丝开始在社交媒体平台发布捍卫偶像形象的言论，此举进一步扩大了事件的影响力，粉丝开始进行有组织的举报行动，最终导致文章作者被封号，作品被下架。再加之，AO3 网站被关闭进一步激化了双方的矛盾。同年 3 月 13 日，最高人民法院在其官方微博账号连续刊载 5 篇文章讨论某明星粉丝引起的社会性事件，最终某明星发表声明坦言自己作为偶像"失声"的失误。此事件表明，被互联网技术赋权的粉丝群体拥有强大的力量和凭借对共同事物的情感纽带而连接起的组织性，这种强大的力量既能够对社会产生积极的正面影响，同时也可以作为一股破坏性力量扰乱正常的网络生态秩序。综上所述，作为中心的偶像和投资方应当主动担负起社会责任，引导粉丝群体进行合规、正常的文化娱乐活动，促进社会正向价值传播。

（二）案例分析

1.《王者荣耀》电子竞技粉丝群体文化特征

《王者荣耀》作为一款手机端多人在线战术竞技游戏，自推出以来就受到广大游戏玩家的喜爱，玩家们也依靠互联网结成成员间素未谋面的强关系社群并发展出独特的文化特征。

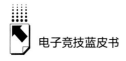
（1）交互性

《王者荣耀》粉丝群体的交互性首先体现在游戏的好友系统上。除了设置游戏内独立好友系统外，《王者荣耀》还将游戏链接到QQ和微信两大国内主流社交平台，玩家在登录游戏后可以直接查看有哪些好友在玩同款游戏，他们的对局状态如何，并可以邀请好友参加游戏。《王者荣耀》作为一款竞技类游戏，其对局能够流畅地进行下去的重要条件就是信息的流畅传递。为此，《王者荣耀》在游戏内设置了语音对话系统以便队友能实时交流互动，传递信息。同时，游戏设计师也考虑到了那些较为内向的玩家，他们通常不愿意打开语音系统进行直接的交流，为此游戏内也设置了文字聊天窗口，以及一套符号通信系统，这套系统允许玩家利用游戏内预置的语言符号来进行基本的信息交流。对局之外，游戏大厅内也设置了文字聊天窗口，这个窗口为玩家提供了更为广泛的交流机会，通过这个界面，玩家能够同服务器内所有在线的玩家进行文字交流，以此建立更为广泛的弱关系连接。基于此，《王者荣耀》不再仅是一个游戏平台，它还是一个拥有极强交互性的社交平台，同时它超越了社交平台单一的人际沟通功能，拥有很高的娱乐性和可玩性。粉丝们在游戏和社交中享受着双重快乐。

在游戏之外，《王者荣耀》游戏粉丝们还自发组织了各类线上交流社群。例如豆瓣App中名为"王者荣耀"的豆瓣小组拥有多达15万余名成员，与《王者荣耀》相关的群组共有76个。成员之间在小组内或是分享自己的游戏经历，或是寻求游戏好友组队游玩。微博"王者荣耀超话"则拥有460.3万名粉丝，发表相关帖子358.9万篇，总阅读量达到1060亿次。用户在超话下发表自己的感言，讨论游戏设计和游戏玩法，邀请好友参加游戏。在线下，《王者荣耀》官方还会定期举办高频次、低门槛的大众化赛事，这些赛事包括程式赛、合作赛、高校赛。线下比赛的举办意味着玩家不仅在虚拟世界聚集，还能在现实世界中相遇，这也进一步将虚拟世界中的社交关系拓展到现实空间中。

（2）竞技性

竞技性是《王者荣耀》粉丝社群的另一大特征，《王者荣耀》作为一款网络竞技游戏,其游戏目的就是击败对手获得胜利,由此,粉丝社群也表现出一定的上进性文化特征。粉丝社群中的上进性文化特征并不作为一个外显的文化特征,它往往隐藏在玩家的日常交流互动中,体现出玩家想要通过努力达到更高的竞技水平。游戏中的"段位"常常成为粉丝个体表达自己身份的一个标识,《王者荣耀》中共有8个段位,从低级的青铜到最高等级的荣耀王者,代表了游戏的入门玩家到游戏技巧炉火纯青的玩家。在对豆瓣、微博中粉丝社群玩家的互动形式和内容的观察中发现,玩家个体在交流中时常会利用段位来表明自己的竞技水平,例如常常能发现以段位作为开头的表达。还有玩家在社群内寻求高水平玩家的帮助以提高自己的段位,凡此种种表现出粉丝社群内粉丝个体对游戏的上进性心态。促使这种心态出现的原因可以总结为以下几点:一是对游戏的热爱,玩家想要追求更高的竞技水平;二是出于一种"争强好胜"的心态,这种心态促使部分玩家群体不断地提升自己的竞技水平,获得更高的段位,以此来获得其他玩家对自己的认可;三是出于对段位提高后奖励的渴望,在更高段位升级后往往有更为丰厚的奖励,这也成为部分玩家不断提高自己段位的动力;四是为摆脱不专业的游戏环境,在对网络粉丝社群成员的互动内容进行分析时发现,在较低段位内进行的对局往往玩家竞技水平不够熟练,导致对局无法流畅进行,而在更高段位的对局内,玩家往往乐于沟通、游戏水平熟练、配合默契,队友之间也较少出现不和谐的情况。因此,许多玩家为了能够拥有更好的游戏体验而不断努力提升段位,为自己争取良好的游戏环境。

此外,粉丝社群的竞技性也由游戏性质本身塑造。《王者荣耀》作为一款多人在线竞技类游戏,竞技自然是其内在主要属性。同时《王者荣耀》还拥有结构完备、赛制严谨的专业电子竞技赛事,其国内KPL赛事每年会吸引大量粉丝观看。而赛事的组织形式也具备典型的"竞技元素",从赛事宣传语、赛场的空间布置等要素,到各队伍之间精彩纷呈的对抗直至最终捧起奖杯,无不营造出一种良性竞技的氛围,这种氛围也催生了《王者荣耀》粉丝社群内的竞技性文化特征。

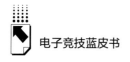
（3）符号性

在当今互联网时代，媒体文化成为不可或缺的重要力量，它以图像、符号的方式代替传统的学校、家庭、书籍文字成为趣味与价值的决断者，因此，在今天的文化与经济领域，交换流通的除了作为一般等价物的货币外，还有意义、符号与身份。《王者荣耀》本身除了可以被视作社交平台外，它自身也是一个丰富庞大的符号体系。玩家在观看和操纵符号影像时，符号能够渲染出紧张刺激的氛围和华丽的画面，令无数玩家着迷。《王者荣耀》中的符号角色并非是完全独立的，而是和现实生活与历史紧密相关的，并与所有玩家的共同经验产生着联系。例如，游戏有以李白、赵云、诸葛亮等历史人物为原型塑造的游戏角色，也有以孙悟空、女娲、杨戬等神话传说人物为基础塑造的游戏角色，这些符号与玩家共有的集体记忆产生联系，塑造了神话英雄的符号，带给玩家持之以恒的力量。

在游戏之外的虚拟社群中，玩家也围绕游戏符号产生着互动。例如，在豆瓣"王者荣耀小组"中，有大量有关游戏内容、角色形象的帖子，玩家们会围绕游戏角色的设计展开交流，人们会聚集在一个特定的虚拟空间内，讨论自己使用某个特定角色的心得，并与其他游戏玩家交流玩法经验，同时玩家们纷纷对角色形象发表自己的看法，针对游戏符号产生的情感连接还会促使玩家对角色形象进行付费，实现由情感向收益的转变。除了针对游戏内容的讨论，粉丝还会积极发挥自己的创造力，突破既有文本边界，创造性地拆分和重组符号元素并拓展出全新的内容。例如，互联网上已经有粉丝创作了大量《王者荣耀》周边漫画，撰写以游戏内容为背景的小说。以上粉丝的种种行为都离不开对游戏内容符号的操作，也正是这些游戏符号使粉丝社群内部有了可以无障碍流动并且为所有群体成员共享的经验，并以此为基础构筑起《王者荣耀》粉丝社群的边界。

2.《王者荣耀》电子竞技粉丝群体经济特征

根据《2021游戏直播行业洞察报告》，《王者荣耀》是全年最受主播青睐的游戏，位于2021十大年度游戏排行榜之首。这足以表明《王者荣耀》在我国拥有数量庞大的粉丝，群体成员间围绕游戏开展了一系列经济活动，总体表现为符号化、平台化和网络化三大特征。

（1）符号化：粉丝群体对符号的消费

国际著名机构 Sensor Tower 收集的数据显示，2022 年 2 月《王者荣耀》的全球收入（包括 App Store 和 Google Play）多达 2.25 亿美元，位居全球手游收入排行榜榜首。[①]《王者荣耀》之所以在游戏发行数年后还能保持强劲的营收势头，正是因为"皮肤"[②] 这种能够通过专业画师不断创作的视觉符号的存在。天美工作室在设计制作一款角色时会综合考虑角色玩法、美术设计和背景故事三个要素，具体制作流程包含策划、文案设计、美术设计等多个环节。每一个游戏角色都是经过细致打磨、精心准备的，它们往往拥有华丽的外观、热血的背景故事、令人印象深刻的台词。这意味着，每个游戏角色并不是孤立地被呈现，其背后有一整套丰富的能指系统。例如神话符号，神话可以被视作超脱人类现有生产状况的象征性叙事，在《王者荣耀》中有众多以神话人物为原型创造的游戏角色，游戏正是借用这些神话符号，同时利用专业的游戏制作技术，以绚丽的影像化语言刺激玩家的神经感官，使玩家得以和这些历史、神话符号产生共鸣，理解其中的象征含义，并不断创造新的消费观念和电子竞技文化。《王者荣耀》粉丝社群成员对特定符号的偏好，促使他们将感情转变为消费行为，这就使得整个社群呈现符号化消费的倾向。

（2）平台化：互联网技术驱动下的数字经济

平台的逻辑是通过扩展在 20 世纪 90 年代被确认的互联网远程网络容量来解决市场交换中的协调问题的，特别是互联网的出现创造了新的机遇来解决双边或多边市场问题。平台也成为粉丝、崇拜对象和资本之间的一个重要中介空间。

①直播

直播在某种层面上和互联网平台的兴起起到同构作用。进行直播活动必

---

① 《2 月全球热门移动游戏收入 TOP10：〈王者荣耀〉重返榜首》，游戏大观，2022 年 3 月 23 日，http://www.gamelook.com.cn/2022/03/477028。

② "皮肤"是《王者荣耀》中一种英雄饰品，一般需要使用人民币充值游戏点券进行符号化。

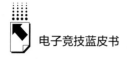
然依赖服务器、光纤等互联网基础设施，而在今天个人几乎不可能独立掌握这些基础资源，个人也就势必转向拥有集中资源的平台公司。而平台也利用了直播交互性的特征吸引用户。艾瑞咨询发布的《2021年中国游戏直播行业研究报告》显示，2020年中国游戏直播市场规模达到343亿元，在国内两家头部直播平台公司虎牙、斗鱼的带动下，全行业实现稳步增长。[①] 在直播间里，平台设置多种互动方式使用户与主播之间进行互动。而平台设置的各种运营活动也是实现营收的重要方式。以斗鱼为例，斗鱼手机端 App 设计的交互界面仅显示三个可隐藏活动：游戏推荐、观看人物、主播任务。斗鱼直播间的特色功能和核心玩法被称作"鱼塘"，是一个基于用户活跃度的奖励系统，其目的是在保证用户活跃度的前提下，增加付费用户的转化率。粉丝在直播间观看时也会基于自己对游戏的热爱和对主播游戏技术的赞赏而主动采用"打赏"的方式，在经济上对主播进行支持，并鼓励其继续进行内容创作。

②第三方服务平台

玩家的需求是多元化的，但一些合理需求官方并没有提供，而第三方平台的功能主要在于提供官方平台未能提供给玩家的合理服务，例如陪玩、组队等。以比心 App 为例，比心是一个提供陪玩、陪练的在线服务平台，玩家可以在平台中寻找契合的伙伴共同进行游戏，拥有极高的交互性特征。根据《比心2020年终盘点报告》，比心在海内外1600余座城市拥有超过5000万人的注册用户，其中2020年新增用户达到2000万人，增长率高达66.67%。在比心平台中进行注册的职业玩家超600万人。比心已经为超过150万人提供创收渠道，兼职陪练平均月收入为2951元，全职陪练平均月收入为7905元。[②] 由此可以看出第三方服务平台围绕游戏所能产出的巨大经济价值和社会价值。

---

① 《2021年中国游戏直播行业研究报告》，艾瑞咨询，2021年8月13日，https://report. iresearch.cn/report/202108/3829.shtml。

② 《构建开放生态，创造共享价值，比心成上海新经济典范企业》，澎湃新闻，2021年1月5日，https://www.thepaper.cn/newsDetail_forward_10663752。

（3）网络化：微观视角下粉丝群体内部的去中心化倾向

如上文所述，粉丝并不是被动的非理性客体，相反，他们是拥有极强创造力的能动主体，能够创造性地运用原始文本，将其转化为能够为自己服务的要素。这里所说的网络化，指的是一种网络状的关系结构，在这个结构中没有一个绝对的中心，在网络中的个体都被视作一个节点并同时与其他节点相连。本报告认为，这种视角特别能反映微观视角下粉丝群体内部的关系，在由粉丝个体组成的网络中不存在一个绝对的中心，如此一来，粉丝群体内部就形成了解构某种权威的力量。进而粉丝间的交往形式和内容都获得了极大的解放。例如，粉丝社群内的成员能够在互联网上发帖，绕过第三方平台的限制以个体的名义寻求陪练、陪玩、代练等服务，通过这种方式减少第三方平台的抽成，获得更大的经济收益，虽然伴随而来的是缺少监管的风险，却能满足玩家的个性化需求。同时，具有网络化特征的粉丝社群还能发展出丰富多彩的衍生文本，通过拆解重组原始文本符号创造新的内容，网络小说、漫画、手办皆是被去中心化后所解放出的创造力书写出的文本形式。

二　电子竞技与传统体育用户体验对比研究

2003 年 11 月 18 日，时任中华全国体育总会副主席、国家体育总局新闻发言人何慧娴宣布国家体育总局正式批准将电子竞技运动列为第 99 个体育项目，这标志着电子竞技运动在我国经过数年的发展后被官方正式认可成为体育项目的一种。但电子竞技运动自身具备的虚拟性和网络化特征，使其与传统体育项目存在显著差异，因而在观看体验上与传统体育项目同样存在不同。本节通过目的性抽样的方式选取了 10 名既观看传统体育项目也观看电子竞技比赛直播的对象，通过半结构式深度访谈的方法收集资料并分析二者观看体验的差异。

（一）在现实与虚拟之间

电子竞技是依托互联网技术进行的数字化竞赛，运动员通过操纵终端设备进行比赛，呈现在观众面前的是虚拟角色的符号行动。传统体育则是发生

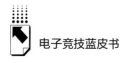

在现实之中的，在某时某地真实发生的身体上的对抗。由此，人们在观看两类运动时会产生现实与虚拟的不同体验。

通过访谈发现大部分人对两种形式比赛有关虚拟和现实的感知均偏向真实。笔者向访谈对象 F 提出"你认为电子竞技比赛有一种虚拟感，但传统体育比赛更具有真实感吗?"，F 回答:

> "我觉得差不多，尤其是现在转播比赛的时候形式要素都差不多。比如说，在电脑上看足球比赛时转播画面里会有现场球迷的欢呼声、比赛内容、解说的声音，电子竞技比赛也一样，电子竞技比赛不会单纯地只把游戏画面呈现出来，它也会转播现场观众的反应，也会有比赛主体内容，我不觉得二者看起来有什么不一样。"

如果媒介是一种观察技术，那么脱离了在场的观看行为，经过技术处理，将会得到拥有极高形式同质化的观看内容。当人们通过手机或电脑观看比赛时就会发现，二者的内容组成要素是一致的，例如都拥有一个开幕式和颁奖典礼、都会将镜头对准现场观众、都会利用观众的热情营造氛围等，以此消解二者之间的差异，电子竞技与传统体育用户的体验也就变得相似。受访者 D 在这个问题上则说:

> "我更偏向二者都是真实的，从人的情感上来讲，当运动员获得最终胜利脸上洋溢的喜悦和激动不可能是假的，他们知道为了这场比赛的胜利自己付出了多少努力，他们知道这些努力都不是虚拟的。"

情感始终是粉丝文化中的一个重要因素，它连接不同的粉丝个体。情感是由个体的主体性发出的，具有不可撼动的真实性，也就使得电子竞技比赛更具有真实感。

当笔者问及访谈对象 C 时，C 发表了不同的看法:

"游戏中的对抗，打打杀杀都是虚拟的，但是足球、篮球比赛一旦产生冲突，这是实实在在会发生的，足球赛的冲突会给我更强烈的情感冲击，但是电子竞技不会，电子竞技比赛的对抗都是虚拟的，是游戏里发生的，游戏里打斗再激烈也不会有看现实中的冲突更有冲击力。"

当继续追问访谈对象C这种冲击力产生的源泉时，对象C补充说：

"我曾经听过这样一种说法，像足球、篮球这种运动是古代人们狩猎时的变体，所以当我看见一群人在争抢球的时候会有一种本能的冲动。当运动员们产生冲突时，这种来自本能的冲动就会被激发出来。"

这是典型的从身体层面出发对"竞技"元素所做的解释。竞技势必意味着对抗与冲突，电子竞技中的对抗元素是由运动员的符号化肉身来代替完成的，替代肉身产生的暴力行为无法造成任何真实的伤害，并且电子竞技不具备一种真实社会的历史深度，它是扁平化的体验，是影像之间的竞技。而传统体育竞赛是一种实在层面上的身体对抗，具有真实性，当运动员之间产生暴力行为时，所造成的伤害会被认为是实质性的。同时，这种真实感也来自传统体育项目自身的社会历史维度。

（二）有关国家的想象

在传统体育运动中，运动员及其所属的队伍时常会被赋予国家的想象。有关国家、体育竞技和身体之间的关系已经得到广泛的讨论。运动员的身体成为一种隐喻，体育竞技、运动员之间的较量成为国家之间间接的象征性的对抗。在传统体育项目中，例如在"三大球"的国际赛场上，运动员队伍常常被称作"国家代表队"，而一些联赛制传统体育项目虽然具有很强的商业性，但同样有着强烈的地方标识，粉丝之间也带有强烈的地方认同感，比如英超联赛中所有球队都是依据英国城市来组建的，城市名称也常常会体现在球队名称中，中超联赛也是如此，尤其是中超联赛在

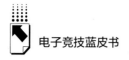

经历了一系列去商业化改造后，足球队的地方性更加凸显，球迷间的连接也因地方性得到了加强。通过访谈发现，虽然现在的电子竞技比赛大都由游戏厂商和游戏运营商主办，赛事本身的商业性占据主导地位，但粉丝依然会赋予商业性电子竞技俱乐部以国家想象，这种想象和传统体育竞技中的想象一脉相承。对于运动员（队伍）的国家想象，访谈者 B 针对《英雄联盟》系列赛事说：

> "EDG 可是中国的队伍！不仅仅是中国的俱乐部，他们所有的队员都是中国人，当然希望他们能夺冠！虽然这些俱乐部都具有商业性质，但是出钱的都是中国人！"

不仅如此，在电子竞技中国家话语还被赋予了反抗压迫的叙事，访谈对象 H 说：

> "虽然电子竞技俱乐部是商业性质的，但是一定有国家情怀在其中，比如说前段时间 EDG 战队在韩国遭遇的延迟不公问题，在 EDG 对阵韩国俱乐部的时候就是中国和韩国的对抗，我们都戏称为'抗韩'，而且中国和韩国在足球比赛里也是如此，我们球迷都称之为'恐韩症'，就是说和韩国队比赛经常输已经'输怕'了，所以在看比赛的时候想我们赢的那种渴望就更强烈。"

由此能够发现，电子竞技虽然是一个新兴体育比赛项目，并且有着极为浓厚的商业色彩，但是粉丝依然将一种宏大的国家想象赋予了一个具体的商业化团队，并且这种想象和团队中的队员国籍无关，在访谈中有 6 位访谈对象表示电子竞技俱乐部里即使全部是外国籍运动员也改变不了俱乐部以中国的名义参赛这个事实。也就是说在国家情感的体验上，电子竞技运动继承了传统体育项目的国家想象，但这之中仍然有细微的差别。在电子竞技中，国家想象被赋予在商业化的俱乐部中，国家队目前尚未得到重视，这当然也和电子竞技赛事组织模式密切相关。而在传统体育项目中，国家想象往往和国际比赛中国家队直接相连，而商业化的俱乐部则更多与城市、地方性相关。

（三）仪式化行动

仪式是对具有宗教或传统象征意义活动的统称，美国传播学者詹姆斯·凯瑞认为仪式本身就能传达特定的信息。通过访谈，笔者发现，受访者会采用许许多多的行为来增强他们观看比赛的仪式感，尤其是在观看传统体育赛事的时候。例如访谈对象 C 说：

> "在看我喜欢的球队比赛或者特别重大的比赛时我会穿上球衣，而且我绝对不会躺在床上拿着手机看，如果条件允许，我一定会去酒吧或者俱乐部看比赛，特别有气氛。即使只有我一个人，我也会打开电脑或者电视，穿着球衣，再买点零食看比赛，这是对比赛最起码的尊重。"

访谈对象 D 则表示：

> "虽然我不会主动去找陌生人看球，但在有重大比赛或焦点战的时候我一定会和平常看比赛不同，比如说不用手机躺着看，而是用电脑看，有时候还会为一场比赛付费看有版权的转播频道。"

仪式性活动不仅传达出粉丝对一项运动的喜爱，还能增强粉丝观看时的情感体验。电子竞技作为新兴运动项目，也表现出类似的倾向。对此《英雄联盟》狂热粉丝 A 表示：

> "虽然《英雄联盟》不像足球那样是世界运动，但是观看比赛时我一定会叫上好朋友，在寝室里围坐在一起，用能用的最大的屏幕一起看，并且在夺冠时我们还会有特殊的庆祝行为，就是'喊楼'，虽然可能招致反感，但也是一种乐趣，别人的反感会显得我们很特别。"

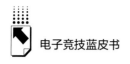

在观看电子竞技比赛和传统体育比赛项目时，粉丝们都会采取某些特别的行为，一些行为在某种程度上甚至可以被视作轻度的"越轨"行为，比如上文提到的因为喜欢的团队在电子竞技赛事获得冠军而进行的"喊楼"行为，这种行为在非粉丝群体眼中是一种会对他人造成打扰的不当行为。而粉丝群体在进行轻度"越轨"后逃避惩罚的同时会产生精神上的快感，这种快感同样也包含了粉丝对胜利的喜悦，从而进一步增强情感体验。

总而言之，不论行为是否得体，电子竞技用户与传统用户都会将某些特定的仪式化行动增加到观看比赛的行为之中，这种仪式化的行为不仅使粉丝的情感得到宣泄，也能为他们带来更强烈的情感冲击。

（四）公共性与情感连接

通过访谈得知，不论是电子竞技体育还是传统体育，都存在一种公共性，大量受访者表示他们会倾向与他人一起观看比赛，在传统体育粉丝中体现得尤为明显，他们更乐意去酒吧、俱乐部等公共场所同大家一起观赛。但二者同样存在细节上的差异。此处的公共性指不论身份、经济、政治背景，人与人之间平等的相遇，文化的生产者和消费者都处于同一个时间和空间，它与私人利益无关，并且拥有一种认同性。例如，哈贝马斯构想的在"公共领域"中行动的人们至少拥有对民主政治的共同认可。传统体育项目中的公共性首先体现在对粉丝之间共同身份的认同。例如大家都是足球爱好者、篮球爱好者或对同一领域/地认可。而不同的运动身份或地域身份之间甚至可能产生冲突与对抗。正如访谈对象 D 针对足球球迷具身性的问题说道：

> "足球球迷之间有时候会有冲突，比如广州恒大队和北京国安队之间比赛，有时候球迷之间会'对骂'，所以足球球迷里的公共性很单一，基本上是一个主队内的球迷能聊得到一块，然后排斥其他队。"

而电子竞技比赛项目粉丝具有的特征较为复杂，他们在观赛行为上体现出的公共性较弱，甚至在一定程度上体现出私人性。许多受访者表示，更喜欢和熟悉的好友一起观看电子竞技比赛，并且不会像传统体育项目粉丝会主动外出到公共场所观赛，当他们一个人的时候，他们更乐意在手机上观看。值得注意的是，大部分受访者观看电子竞技比赛的时候主要采用的媒介是手机或电脑等个人终端设备，这些媒介的技术形式本身就具有极强的私人性质，在访谈中有受访者提到"在寝室里和大家看比赛时会选择最大的屏幕"这也从侧面表现出粉丝观赛行为公共性较弱的特征。但同时还应该注意到，电子竞技粉丝的"横向"公共性，这种公共性是通过互联网平台来体现的。互联网公司掌握的信息基础设施能够在平台打造出一个虚拟空间，容纳来自五湖四海的粉丝。电子竞技游戏本身的商业化运作带有去政治化和去地域化的特征，粉丝与电子竞技比赛以及粉丝之间的关系缺乏上述特征，粉丝之间以游戏爱好者的身份围绕游戏本身和赛事情况展开讨论，由此形成电子竞技粉丝用户扁平化的、横向的公共性，粉丝们通过共同观看与互动获得独特的观赛体验。

专 题 篇
Special Topics

B.5
电子竞技专业人才培养
发展报告（2023）

卢思冰 段 鹏 张玉林*

摘 要： 电子竞技专业人才的培养机制包括电子竞技职业储备选手的选拔及培训。目前，电子竞技职业储备选手的选拔主要通过电子竞技大众赛事晋级、电子竞技新秀选拔赛公开选拔与电子竞技俱乐部青训营选拔三种渠道进行；电子竞技职业储备选手的培养主要包括高校电子竞技专业培养、电子竞技俱乐部青训体系培养与第三方培养机构培养三种模式。研究发现电子竞技专业人才的选拔与培养存在选拔方式单一，选拔流程缺乏科学评估，电子竞技职业储备选手的通识学习、专业训练、素质培养不完善等缺陷。因

---

* 卢思冰，中国传媒大学助理研究员，研究方向为国际传播、教育管理；段鹏，中国传媒大学党委常委、副校长，中国传媒大学媒体融合与传播国家重点实验室常务副主任，国家舆情实验室常务副主任，科技部"111引智计划"智能融媒体基地主任，国家语言文字推广基地主任，教授、博士生导师，享受国务院政府特殊津贴，研究方向为智能媒体传播、媒介理论与历史、国际传播；张玉林，中国传媒大学新闻学院硕士研究生，研究方向为全媒体新闻实务。

此，完善电子竞技职业储备选手的选拔及培养体系，重视电子竞技团队成员的性格磨合与心理培训等团队培养机制，从而提升团队群体智慧等问题亟须被关注。

关键词： 电子竞技人才　电子竞技赛事　团队培养机制

一　电子竞技职业储备选手选拔及培训研究

（一）电子竞技职业储备选手选拔

成为职业电子竞技选手的概率大约只有百万分之一，因此，电子竞技职业储备选手的选拔标准十分严苛。根据南都大数据研究院数据，俱乐部根据选手的职业天赋测试结果、段位、分数等数据为选手提供试训机会或推荐其直接进入青训营，入选率约为20%；而从青训营不断训练和比赛直至成为替补队员的概率仅为0.001%；从替补队员变成正式队员的要求更加严格，选手只有在17岁前进入才可能有发展空间。目前，常见的电子竞技职业储备选手选拔方式有以下几种：一是选手通过参加校园电子竞技赛事、专业电子竞技赛事等大众赛事进入公众视野获得试训资格或签约资格；二是电子竞技俱乐部主动举办新秀选拔赛等公开赛事，直接选拔新鲜血液进入战队，选手和战队之间进行双向匹配；三是电子竞技俱乐部通过青训营公开招募和主动邀约等方式选拔青训选手，将其作为职业电子竞技选手的储备力量。

1.电子竞技选手的选拔体系

（1）电子竞技大众赛事晋级

目前，电子竞技大众赛事种类繁多，对于多数普通选手来说，相对于职业电子竞技赛事，大众赛事的门槛较低，关注度较高，许多选手希望通过在大众赛事中脱颖而出被俱乐部签下成为电子竞技职业选手，而电子竞技大众赛事由于覆盖范围广、参与人数多等特点，也成为许多电子竞技俱乐部选拔

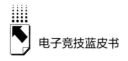

职业储备选手的常见渠道之一。

校园电子竞技赛事是针对大学生群体举办的赛事，诸如大家熟知的中国大学生电子竞技联赛（UCG），由中国大学生体育协会官方授权，覆盖全国高校，是针对高校大学生举办的规模较大、参与人数较多的校园电子竞技比赛。赛事流程一般包括高校报名、校园预选赛、校园区域复赛、校园区域决赛和全国总决赛等，比赛项目包括《英雄联盟》、*DOTA* 2、《炉石传说》、《守望先锋》、《王者荣耀》等多款国内流行游戏。2016 年，UCG 的覆盖城市达到 23 个，参赛高校 130 所，参赛队伍达 15000 支；[①] 2017 年，UCG 更名为世界大学生电子竞技联赛（WUCG）。在 WUCG 中获胜的队伍或选手可以获得成为职业电子竞技俱乐部青训选手的机会，一定程度上 WUCG 给普通大学生玩家提供了登上世界电子竞技舞台甚至参与职业电子竞技比赛的机会。2021 年，由腾讯体育主办的 WUCL 高校电子竞技联盟挑战赛与 EDG《英雄联盟》分部、上海 EDG《王者荣耀》分部以及 AG《和平精英》分部达成合作，为 2021 冠军队伍提供试训机会。[②] 此前 TES、RW 等俱乐部向 WUCL 全国高校电子竞技联盟挑战赛的选手开通试训直通车，获得冠军的队伍或选手可以得到在这些职业战队试训的机会，也是这些职业战队扩充队伍、储备职业电子竞技选手的新渠道。2020 年三江学院 SJ 战队的四名成员作为《王者荣耀》电子竞技项目冠军，曾在 RW 电子竞技俱乐部进行三天的试训，在青训教练、数据分析师等专业人士的指导下，战队与职业青训队伍开展真实训练赛，体验职业选手生活。

对于高校电子竞技战队成员来说，这种大众电子竞技赛事是他们被俱乐部看到并签下的宝贵机会，而对于电子竞技职业战队来说，相比于传统职业赛事，这是发现电子竞技人才、扩充电子竞技储备队伍的新渠道。Letme 作

---

① 《WUCG 总决赛燃情回归，多元化高校电竞赛事绽放商业魅力》，体育产业生态圈，2022 年 4 月 25 日，https：//game.sohu.com/a/540928610_ 415197。

② 《2021WUCL 总决赛落下帷幕　校园电竞赛事的价值为何日益重要》，"体育产业评论员张宾"百家号，2021 年 12 月 11 日，https：//baijiahao.baidu.com/s？id = 1718857257349471989&wfr=spider&for=pc。

为《英雄联盟》海口经济学院战队成员，在高校职业赛事中因出色表现被俱乐部签下，先后在 GT、RYL、RNG 等职业电子竞技团队中发光发热，2018 年，在雅加达亚运会电子竞技表演项目《英雄联盟》中，由他参加的中国队获得亚运会历史上首个《英雄联盟》项目金牌。

除去校园电子竞技联赛，专业的大众电子竞技联赛也是电子竞技职业选手储备的重要渠道。星途电子竞技联赛是专业的大众电子竞技赛事品牌，主要项目包括《王者荣耀》、《英雄联盟》、CS：GO 等，拥有较广泛的粉丝群体，面向所有电子竞技爱好者，为大众选手提供专业比赛，并为其提供成为职业选手的机会。以新增加的 CS：GO 电子竞技项目为例，2020 年获得大众赛事冠军的队伍可以直接获得 2021 年 CS：GO 职业赛事的参赛资格。[1] 近年来，电子竞技大众赛事越发火热，具有参赛门槛低、覆盖范围广等特点，经过层层选拔与竞技，优秀的大众电子竞技选手脱颖而出。作为大众选手与职业电子竞技团队之间的桥梁，电子竞技大众赛事为电子竞技职业储备选手的选拔提供了新的渠道，也为电子竞技行业注入源源不断的新鲜血液。

（2）电子竞技新秀选拔赛公开选拔

相较于大众电子竞技赛事，新秀选拔赛目的性更强，战队会直接根据比赛结果挑选新成员，并将其纳入职业战队。以 KPL 新秀选拔赛为例，2018 年参与新秀选拔赛的选手有 140 人，面向在 TGA 月赛、KOC 大区赛决赛、QGC 邀请组或公开组半决赛以及 WCG 月赛中晋级半决赛的选手，比赛流程为新秀预选赛、职业培训、新秀训练营、俱乐部试训和 KPL 选秀大会[2]，经过层层比赛与淘汰，获胜的 50 名选手将获得俱乐部试训资格，而最终能留在俱乐部的选手数量极少，尤其是 2018 年首届新秀选拔赛，新秀与老将竞争激烈，例如 QGhappy 训练营出身的 Fish 和新秀 TWT 训练营的晨光、FmLy

---

① 《大众电竞赛事的价值在哪里？》，"人民电竞"百家号，2020 年 12 月 10 日，https：//baijiahao. baidu. com/s？id=1685685170649144523&wfr=spider&for=pc。
② 《2018 年 KPL 选秀大会选手招募公告》，王者荣耀官网，2018 年 6 月 1 日，https：//pvp. qq. com/webplat/info/news_ version3/15592/22661/22664/25563/25661/m14538/201806/725149. shtml。

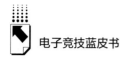

训练营的雨轩等人获得试训资格后，在训练营中接受专业教练的指导，不断展开冲刺与角逐。2018～2021 年，每年的 KPL 新秀选拔赛都备受关注，职业战队希望获得实力强劲的新鲜血液，选手希望被实力战队挖掘，新秀选拔赛成为许多选手进入职业比赛的重要平台和 KPL 职业团队挖掘人才的重要渠道。2021 年，重庆狼队与虎牙直播合作，举办"重庆狼队王者新秀选拔赛"选拔新人；2018 年，OMG、MDY、WeiBo 三家电子竞技俱乐部通过"堡垒之夜"新秀选拔赛挑选实力强劲的新鲜血液进入战队，电子竞技新秀选拔赛已成为电子竞技职业储备选手选拔的重要渠道。

（3）青训营

电子竞技俱乐部青训营是选拔电子竞技职业储备选手的重要渠道，进入青训营往往是电子竞技选手开启职业生涯的第一步，对于玩家来说，从大众比赛到职业比赛，青训营是极为重要的存在。青训营选拔职业储备选手一般有两种方式，一是通过 Rank 榜物色前几名玩家，主动邀请他们进入青训营试训；二是青训营开设公开报名渠道，选手可报名参与选拔，通过之后可进入青训营训练。新浪图数室数据显示，获得试训机会或进入青训营训练的概率约为 20%；而从进入青训营直至成为替补选手，入选率只有 0.001%。[①]

以《英雄联盟》为例，Rank 榜排名是衡量职业选手技术水平的重要依据之一。Rank 在游戏中指排位赛，处于 Rank 榜金字塔顶端的选手成为补充电子竞技职业选手队伍的重要储备力量。一般电子竞技俱乐部经理人会关注国服 Rank 榜和韩服 Rank 榜，并会主动向 Rank 榜的前几名选手发出试训邀请，通过试训的选手即可留在青训营。相较于国服，韩服是职业选手比较多的一个服务器，职业选手在韩服中也拥有不止一个账号，所以 Rank 榜单上的前 1000 名中，可能某一个选手的账号会占据 20 个。

青训营公开筛选是职业俱乐部招收职业储备选手的重要渠道，各大俱乐部青训营常年开放对外招募渠道，通过俱乐部官网、微博官方账号等发布招募信

---

① 《职业电竞，比你想象的要残酷》，新浪图数室，2021 年 11 月 22 日，https：//m. thepaper. cn/baijiahao_ 15493104。

息，符合要求的玩家都可以提交简历报名。与职场规则相似，俱乐部通过简历筛选留下一批优秀玩家进行试训，玩家通过试训之后才可以留在青训营，成为正式的俱乐部青训选手。对于青训选手的招募标准，各俱乐部不相同，但大体上都对玩家的技术、年龄等有较高要求，如在 2021 年 12 月 24 日 RNG 俱乐部发布的青训选手招募通知中，要求选手必须在韩服获得 200 分以上，段位在峡谷之巅王者以上，其他服务器要排名前十，除此之外，选手要在 2003 年以后出生，简历要求选手要展示出自己擅长的位置、账号最高段位等信息。①

2. 电子竞技选手选拔体系的完善方向

目前来看，我国电子竞技职业储备选手的选拔体系存在一些问题，比如选拔方式单一、选拔流程缺乏科学评估等，在我国，选手只有通过自身努力不断参与业余比赛才有可能获得俱乐部青睐被签约，踏入职业比赛的大门，人才选拔存在严重的滞后性。具体来说，目前大众赛事的举办主要以电子竞技推广为目的，能通过大众赛事被俱乐部签约的玩家寥寥无几；而新秀选拔赛的选拔范围较小，面向人群有限，后台可操作性较大；青训营的公开报名筛选是俱乐部公开招募电子竞技储备人才的重要渠道，但是对选手的选拔标准严格，选拔流程不够科学化和规范化，造成储备人才流失。职业电子竞技储备选手的选拔体系主要有以下两个完善方向，一是由电子竞技项目官方主导，与各知名俱乐部合作举办职业电子竞技选手专业选拔赛，规范选拔流程和选拔标准，拓宽选拔范围，为电子竞技俱乐部注入源源不断的新鲜血液；二是对职业电子竞技储备选手实行考核评级制度，进行科学化招募与管理，形成正规的人才储备梯队，为电子竞技职业队伍留下充沛的储备力量。

（1）职业电子竞技选手专业选拔赛

目前，我国的电子竞技职业选手选拔比赛大多以娱乐和盈利为主要目的，举办方也以电子竞技俱乐部为主，在选拔范围、选拔流程、选拔规则上

---

① 《RNG. A 英雄联盟青训招募》，RNG 电子竞技俱乐部官方微博，2021 年 12 月 24 日，https：//weibo.com/u/5498972025。

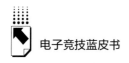

存在重大缺陷，不利于我国职业电子竞技人才的选拔与成长。而专业选拔赛的举办是更科学的人才选拔方式。2003年，国家体育总局将电子竞技项目纳入体育项目范畴，在国家体育总局的统筹下，电子竞技赛事项目官方组织可作为主办单位邀请各大知名电子竞技俱乐部入驻，公开招募职业电子竞技玩家，无论是战队报名还是个人报名，通过层层比赛与淘汰最终留下的成绩优异的电子竞技玩家可以被电子竞技项目官方组织或电子竞技俱乐部签约，成为储备人才。这种选拔制度面向所有电子竞技玩家，避免内部推荐等后台操作，是公平、公正、公开的专业选拔比赛，具有范围更广、选拔目的性更强、专业度更高、比赛更权威、人才成长更有保障等特点，将为电子竞技俱乐部与电子竞技赛事项目储备电子竞技职业选手。

（2）职业电子竞技储备选手考核评级制度

我国的职业电子竞技储备选手选拔标准严格，许多电子竞技玩家被"一锤定生死"，对于电子竞技玩家来说，只有普通玩家与职业储备选手两种极端身份，在普通玩家与职业储备选手之间存在多级人才空缺，造成电子竞技人才流失的现象，同时给电子竞技储备选手选拔增加了相当多的工作量。国家体育总局或电子竞技赛事项目官方组织建立电子竞技职业储备选手技术梯队是可以考虑的完善方向，对所有电子竞技俱乐部人才选拔体系进行一体化管理，以电子竞技玩家的技术进行专业评级，划分为A、B、C、D四个等级，玩家可以通过参与技术考核评级和参与电子竞技专业比赛进行积分和升级，升级至A等级的电子竞技玩家可以获得青训营试训资格，在训练中表现优异的电子竞技玩家可以成为正式的青训队员。相比于现存的电子竞技人才选拔制度，梯队人才选拔制度在储备人才选拔、储备人才晋升、储备人才管理等方面都具备科学、高效、公平、严谨等优势，对我国电子竞技人才的选拔与成长具有积极意义。

（二）电子竞技职业储备选手培养

1. 电子竞技职业储备选手的培养模式

电子竞技职业储备选手的培养模式主要有三种，一是由高校开展，针对电子竞技员方向的专业学生进行的培训及培养；二是以电子竞技俱乐部青训营为依托，对青训营成员进行的专业训练，以此储备电子竞技职业选手后备队伍；三是第三方培训机构以盈利为目的开展的各种电子竞技训练营，相对于高校与电子竞技俱乐部青训营，门槛更低，通过向学员收取费用获取利润。但目前这三种培养模式有待完善，在电子竞技职业储备选手的通识学习、专业训练、素质培养等方面存在缺陷，因此，要提升电子竞技职业储备选手综合素质，要科学管理电子竞技职业储备选手，减少人才流失，形成电子竞技职业选手储备人才培养的良性循环机制。

（1）高校电子竞技专业培养模式

2016 年 9 月，"电子竞技运动与管理"被教育部批准录入《普通高等学校高等职业教育（专科）专业目录》，电子竞技成为高校正式招生的专业之一。自 2019 年开始，KPL 联盟与高校开展合作，先后与广州体育大学、华东师范大学、上海开放大学展开合作。与想象中"学电子竞技专业就是打游戏"不同，电子竞技专业的学生主要学习电子竞技数据分析、战队战术策略信息、电子竞技赛事运营、电子竞技赛事解说、电子竞技赛事管理、电子竞技综合实训等课程内容，学生以课业为主，培养的电子竞技人才大部分从事电子竞技相关领域的工作，选择电子竞技员作为职业的学生人数较少。其中有一部分原因是年龄，许多学生早已过了成为电子竞技选手的最佳时期。

但对于一些天赋型电子竞技专业学生来说，职业电子竞技选手仍然是他们的就业方向，正规的电子竞技专业学校会开设电子竞技实训室，电子竞技员也是专业的培养方向之一。在培养目标中，电子竞技运动能力是最重要的能力素养，要求通过培养使学生具备职业技术能力，能按照国家体育总局的要求参加电子竞技类比赛；除去能力训练，系统的知识学习也是重要的培养内容，电子竞技相关知识与通识性知识都包含在学习内容之内，比如上课学生们会看比赛视频、研究比赛战术和策略等，同时要求学生学习自然科学、人文科学和法律等方面的知识，提升学生的知识素养。2020 年，在第六届王者荣耀全国高校联赛总决赛中，来自武汉光谷职业学院的 GZ 战队获得冠

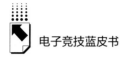
军，该战队此前在 WUCG、UCL 比赛中均摘得桂冠。[1] GZ 战队的成员大部分是电子竞技专业的学生，电子竞技比赛对他们而言不只是爱好，更是知识实践和知识学习的过程，电子竞技比赛对电子竞技专业的学生来说是难得的学习和实践机会，系统的学习和训练为电子竞技职业储备选手的培养提供了一种新的可能性。以电子竞技专业出身的选手蒋金浩为例，作为武汉光谷职业学院 2018 级电子竞技专业的学生，他先后代表《和平精英》DYG 俱乐部、DKG 俱乐部、TES 俱乐部参加职业比赛，所在团队 TES 曾获得 2019 年 PMCO 全球总决赛冠军。

（2）电子竞技俱乐部青训体系培养模式

电子竞技俱乐部的青训营训练是目前最主要的电子竞技储备选手培养模式，对选手的天赋与后期训练要求极高。要成为职业电子竞技选手，必须具备高超的反应能力、动态视力、手眼脑的协调反应能力等，在青训营的训练中也会针对这些能力进行训练与提升。以 LGD 俱乐部公布的电子竞技天赋测评项目为例，在职业电子竞技选手的反应能力测试中，要求选手观察屏幕颜色，从红色变成绿色的一瞬间以最快速度按下鼠标，通常职业电子竞技选手只需 0.15~0.17 秒，比普通人快 0.1 秒左右；在手眼脑的协调反应测试中，职业电子竞技选手看到有绿色的灯亮起后灭掉，完成这个动作的时间在 400 毫秒以内，而普通人在 600 毫秒左右，比职业电子竞技选手慢 200 毫秒。[2]

以天美俱乐部为例，KPL 联盟从成立至今持续加大对选手综合素质的提升和培养，针对职业选手的外在行为表现、内在文化知识，以及职业能力提升不断展开摸索和迭代，结合选手的职业发展和成长周期特点，在制定电子竞技职业选手职业能力标准的基础上，完善选手长期培训和主题培训的课程体系。更加系统和全面地培养电子竞技选手，使其具备良好的职业意识和职

---

① 《"打游戏只是课余爱好"！武汉一高雄电竞专业学子斩获全国"大满贯"》，"极目新闻"百家号，2020 年 6 月 20 日，https：//baijiahao.baidu.com/s? id＝1670934679177047607&wfr＝spider&for＝pc。

② 《成为电竞职业选手有多难》，新浪体育，2021 年 3 月 5 日，https：//super.sina.cn/shequn/post/detail_ 5087304131338 24001.html。

业技能，向社会和公众传递正向的电子竞技形象。KPL电子竞技职业选手培训分为长期培训与主题培训两部分，并依据赛事经验对成员进行分班，分为基础班、进阶班和高手班三个阶段。以2022年天美俱乐部对KPL选手的培训课程为例，培训内容主要包括长期外在表现训练、岗位能力模型课程和知识拓展三方面，除对选手的协作、应对等能力进行训练外，也会对选手的镜头表现与语言表达能力开展培训，并向选手开设通识课程。其中，长期外在表现训练包括镜头表现类课程、语言表达类课程、直播类课程和舆情管理类课程；岗位能力模型课程包括计划能力、协作能力、应对能力、学习能力、自驱能力和运营能力训练；知识拓展课程主要包括政治、国情、历史、地理、人文和体育精神等通识类课程。此外，俱乐部还会组织选手前往上海交大钱学森博物馆、上海体育博物馆等地参观学习，培养选手的爱国精神、竞技精神等。

事实上青训营的训练极为严格，以游戏技能的提升和增强团队配合为主，每天训练时间在10小时以上，一般青训选手在半年到一年内考核合格方可成为正式的电子竞技职业选手，但是淘汰率极高。青训营每天会针对选手开展十几场训练赛，训练赛之后教练针对选手的赛场表现做出复盘与指导。此外，队员必须自发练习新版本英雄、熟悉装备的数值变动，记忆每个英雄技能的CD时长等。[1] 青训营对选手的培养，主要从生理反应、意识训练、团队合作、技能训练多方面开展。此外，俱乐部为选手提供身体康复和心理评估咨询相关的内容（课程），目的是帮助选手在长期久坐的赛训和比赛中改善身体机能；赛前赛后为选手提供有关心理建设和心态调整的心理沟通和咨询服务。以SV青训营为例，日常训练从上午11点开始，简单的体能运动之后，下午2点到6点、晚上7点到9点就是一场接一场的小组训练赛和比赛复盘，晚上9点到11点队员仍要进行自主训练。[2] 对于青训营的队员来说，职业电子竞技选手的日常就是永远打不完的比赛，每天超过10

---

[1] 《探访广州电竞青训营：容得下梦想，也逃不开现实》，"南方新闻网"百家号，2021年3月18日，https：//baijiahao.baidu.com/s？id=1694565886221570782&wfr=spider&for=pc。

[2] 《SV|青训：电竞＝打游戏？来看青训选手真实的一天》，搜狐网，2020年5月7日，https：//www.sohu.com/a/393475202_120099891。

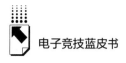

小时的训练是常态。2020 年，《英雄联盟》青训营的训练分为三个阶段，第一阶段主要以心理素质提升和技能训练为主，晚上的训练赛和段位赛到 12 点才能结束；第二阶段，心理素质训练会变成体能训练，包括体测和户外运动等；第三阶段，经过两轮淘汰后青训队伍基本定型，教练训练会更加注重团队的磨合，增加营内联赛环节，提升团队默契。电子竞技职业储备选手的训练培养体系主要包括技能训练、团队配合训练、心理素质训练、体能训练等，对选手的培养与训练主要通过不间断的训练赛实现。

（3）第三方培训机构培养模式

目前，我国针对电子竞技职业储备选手培养的第三方培训机构有很多，大多数是与电子竞技俱乐部青训营相似的电子竞技训练营。这些第三方培训机构通常以盈利为主要目的，它们针对想成为电子竞技职业选手的玩家进行培训，门槛较低，收费标准较高。

以超竞教育开设的电子竞技训练营为例，训练营项目涵盖《王者荣耀》《英雄联盟》《和平精英》等多个主流项目，除体能锻炼、排位赛、技术复盘等与俱乐部青训营相似的实战训练外，还开设电子竞技理论课程，比如"电子竞技产业概论""电子竞技职业生涯规划"等，训练营的学员还会进行电子竞技相关专业的理论学习。其中《王者荣耀》训练营面向想成为职业选手的14~18 岁青少年招生，训练分为基础阶段、进阶阶段、高阶教学阶段，培训内容包括分队训练与顶级联赛比赛解析、战术设计与战队模拟、内部训练营、外部训练营、赛事参与、职业战队青训体验、公共课等。训练营针对初学者，课程内容丰富而完善，相比于职业电子竞技俱乐部的青训营培养体系，商业电子竞技训练营的培训课程有大量基础内容，比如英雄理解、兵线处理、游戏设置、英雄出装等，还增加了电子竞技相关的理论基础课程，实训内容相对较少，教练水平高低不一，培养出的电子竞技玩家水平参差不齐，但在宣传电子竞技知识、传播电子竞技精神与文化等方面发挥了重要作用。

与之相似的还有俱乐部开设的特训营或训练营，与青训营相比，暑期特训营的宣传意味更强，2021 年 LGD 电子竞技俱乐部的暑期特训营围绕《王者荣耀》《和平精英》《英雄联盟》三款游戏对选手展开特训，训练课程包括体能拓展、电子竞技通识、战术、团队训练、现场观赛等。部分俱乐部的电子竞技体验营则通过模拟真实职业电子竞技选手的训练日常，培训电子竞技职业储备选手，这成为培养职业储备选手的另一条渠道。2021年，皇族电子竞技俱乐部（RNG）的电子竞技体验营招收100位综合实力较强、热爱电子竞技事业的玩家进行为期7天的职业电子竞技体验活动，俱乐部按照职业选手的标准，采用积分赛制不断淘汰选手，其中一位电子竞技玩家曾在LOL青训选拔赛中落选，在RNG体验营中止步八强，但因其突出的比赛表现获得青睐，在训练营中快速成长，获得RNG试训资格后成为RNG青训队员。俱乐部电子竞技体验营相较于俱乐部青训营，招收标准更低，培养模式严格，成员的学习速度与成长速度较快，为职业电子竞技储备选手的培养提供了另一条道路。

这类第三方培训机构培养的电子竞技职业储备选手水平与青训营队员或职业选手相比，大多数处于弱势状态，选手水平参差不齐，许多电子竞技训练营甚至成为"劝退"训练营，学员因训练营经历转而从事电子竞技相关行业，如赛事运营、赛事直播等。但是从职业储备选手的培养模式来看，第三方培训机构的培养体系更加丰富和完善，不再局限于对选手的技能训练和不间断的训练赛，增加理论课程和通识课程等举措对选手综合素质的提升具有重要意义。

2.电子竞技职业储备选手培养体系的完善方向

目前，电子竞技职业储备选手培养体系比较单薄，高校电子竞技专业电子竞技员方向的学生培养在实战技能提升方面存在不足，而俱乐部青训营针对电子竞技职业储备选手的培养目的性过强，缺乏综合素质与知识素养提升培养，第三方培训机构开设的商业性电子竞技训练营与俱乐部青训营培养模式相似，虽然增加了基础理论与通识课程，但知识培训体系不完善，在专业技能培训上也落后于职业技能训练。电子竞技职业储备选手培养体系的完善方向包括以下几个方面。

（1）增设并加强高校电子竞技职业选手专业实战训练

针对高校电子竞技专业电子竞技员方向的学生的培养，主要以理论知识

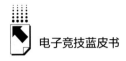

为主，学生的实训技能以及实战培训不足，导致学生的电子竞技运动能力难以与职业选手匹敌。因此，高校在课程设置上应针对电子竞技员方向的学生增加技能训练，严格要求学生的作息时间，除通识课程和电子竞技理论课程之外，还应注重体能训练与心理素质锻炼，同时可与知名电子竞技俱乐部合作，邀请专业俱乐部教练或职业教练按照职业选手的训练模式对学生进行能力培训，比如增加训练赛时长，每场训练赛结束后对学生赛场表现进行复盘与指导等。此外，学校可与其他学校或电子竞技俱乐部合作，举办电子竞技合作赛、电子竞技友谊赛等赛事，这有利于提升学生的团队配合能力，增进学生对当下职业选手的能力水平与训练模式的了解，以全面提升学生的电子竞技运动能力。

（2）提升电子竞技俱乐部职业储备选手综合素养

电子竞技俱乐部对职业储备选手的培养模式以技能训练为主，通过每天长达10小时以上的训练赛与个人技能练习提升选手的运动能力和对电子竞技项目的熟悉程度与掌握程度，但是选手缺乏对理论课程与通识课程的学习，许多选手的综合素质不高，容易引起社会对电子竞技职业选手的负面舆论，长远来看不利于选手的个人成长。因此，电子竞技俱乐部应在课程设置上增加通识课程学习，比如自然科学、社会科学与法律知识课程等，同时增加电子竞技理论课程，以增进选手对电子竞技行业的理解，提升选手的综合素养。2022年，《英雄联盟》手游针对100名职业选手开设集训营，集训增加了俱乐部缺乏的电子竞技理论课程与体能训练，覆盖选手们的身心健康与职业发展。如增设"电竞行业法律法规""公众人物礼仪规范""竞赛心理与情绪管理"等相关课程，职业选手可以了解更多与电子竞技相关的知识，有利于形成健康的电子竞技心理，塑造健康的电子竞技形象，对职业选手的全方位成长起到重要作用。

（3）科学管理电子竞技职业储备选手，减少人才流失

无论是电子竞技俱乐部、电子竞技训练营还是高校电子竞技员专业，培训过程中都有许多电子竞技职业储备选手中途退出，从事其他行业，电子竞技职业人才储备队伍更新速度极快，人才流失严重，难以形成电子竞技职业储备人才培养的良性循环，不利于电子竞技行业的发展。因此，可以尝试以国家体育

总局为总指导，建立科学的电子竞技职业储备选手管理体系，增加考评制度和晋升制度，形成积极的人才发展体系与薪资管理体系，关注职业选手的生活保障与生活水平，减少人才流失，提升职业选手对电子竞技行业的依赖性。

二 电子竞技团队培养与群体智慧模式研究

（一）群体智慧模式

群体智慧是什么？群体智慧是否存在？影响群体智慧的因素有哪些？从被质疑到被承认，关于群体智慧的研究经历了很长的历程，国外在群体智慧的相关研究中提出群体思维、社会智能和团体智慧等概念；国内对群体智慧的研究起步较晚，从社会思维开始，社会思维—群体智慧—社会智能是比较被认可的研究路线。

关于群体智慧的概念和理论研究主要集中在以下三个方面。一是群体智慧究竟是否存在；二是群体智慧是什么以及如何定义；三是群体智慧具备什么特点，影响群体智慧的因素有哪些。

（1）群体智慧的概念

学者对群体智慧的研究最早起源于对动物行为的观察。1995年 ThomsSeel 最早提出蜜蜂群体中的群体智慧。2009年，Couzin 研究指出，成群的鲱鱼能够瞬间自动转向，大雁在天空列队飞翔，这些都是群体智慧的体现。[1] 群体智慧的概念最早由 Wechsler 于1964年提出，他认为群体智慧是指一群个体有目的地行动、合理地思考，高效地处理他们周围环境的稳定或全局性的能力。[2] James Surowiecki 提出"群体的智慧"（The Wisdom of Crowds）的概念，他指出"多数人的群体智慧超过少数人的个体智慧"，并提出"群体智慧"超过"个体智慧"的四个条件，即多样化的观点（Diversity of Opinion）、独立

---

[1] Couzin ID, "Collective Cognition in Animal Groups," *Trends in Cognitive Sciences* 13 (2009).

[2] Wechsler D, *Diemessungder Intelligenz Erwachsener* (Bern-Stuttgart: Huber, 1964).

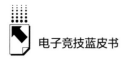
性（*Independence*）、分散与分权化（*Decentralization*）、集中化（*Aggregation*）。①
Surowiecki 将人类社会的群体智慧总结为群体认知、群体协作和群体合作，并对三个概念进行具体阐述，他认为群体认知是个体对问题进行的分析和判断，群体内再对个体认知进行综合提炼，得出最佳答案；群体内的个体通过合作形成完成目标的合力；群体合作范围更广泛，鼓励个体的创意与想法。

（2）群体智慧的特点与影响因素

学者对于群体智慧的研究从概念深入，讨论影响群体智慧的因素以及如何在群体中推动群体智慧的形成。刘洪以一个穷人和一个富人点菜为例，分析群体决策中影响群体智慧形成的因素，他认为群体决策容易受决策群体的人员构成及相互关系、群体成员之间的利益关系、决策的紧迫程度、参与决策者的知识背景等因素影响，并对"羊群效应"和"马太效应"、单一对策关系和重复对策关系、集权式决策和民主式决策等多对概念进行阐述，提出群体决策中制造冲突更容易推动群体智慧的形成。② 蔡萌生和陈绍军认为群体智慧存在，影响群体智慧的因素有群体规模、群体成员的异质性、退出机制、群体凝聚力、信息技术等。较大的群体规模有利于群体智慧的形成，比如百度、维基百科等；群体成员的同质性不利于群体智慧形成，群体的新成员会促进群体智慧的发展；退出机制、沉默的螺旋以及群体凝聚力等也不利于群体智慧形成，并肯定了信息技术和冲突在推动群体智慧形成中发挥的作用。③

（二）电子竞技团队的培养和发展

1. 基于群体智慧理论的电子竞技团队协作过程

群体智慧的发展单位是一个群体，或者说是一个团队或系统，系统的群

---

① Surowiecki J., "The Wisdom of Crowds: Why the Many are Smarter than the Few and How Collective Wisdom Shapes Business, Economies, Societies and Nations," *New York: Random House* (2004).

② 刘洪：《菜单中的群体决策》，《商界（评论）》2011 年第 4 期。

③ 蔡萌生、陈绍军：《反思社会学视域下群体智慧影响因素研究》，《学术界》2012 年第 4 期。

体智慧具有整体性、智慧性两个重要属性。团队的整体性主要表现为成员共性和差异性，一个小组的成员因为共同的兴趣或目的聚集在一起成为团队，同时成员之间在性格、能力、智力水平、办事风格等方面存在较大差异，在团队协作的过程中，成员之间相互沟通、鼓励，形成团队的信念感，促进个人能力的发展和团队精神的形成，使团队整体力量大于个体之和。

团队智慧性的形成是从个体智能到群体智慧的连续过程，是一个由个体、小组/团队、组织、社区到社会，由低级到高级，由弱小到强大的发展过程，也是一个动态螺旋向上的发展过程。① 集体智慧包括多元智能、合作智能、集体智能和集体智慧四个阶段，多元智能指团队中个体具备的语言、沟通、肢体、自我认识等能力，合作智能指团队成员之间相互协作达到目标，集体智能是团队成员进行学习、计划、解决问题的能力，是团队之间密切协作沟通使团队变成高效运作的有机体的过程。Nunaneker 等将个体之间的协作划分为聚集、协调和协作三个层次，由此构建了群体智慧涌现的协作过程模型。② 甘永成和祝智庭提出集体智慧的四个阶段，即发散、收敛、凝聚和创新，并提出整体中个体智能之间的相互作用的四种状态，即自我组织、相互连接、智慧结晶、共同创造。他们称之为群体智慧的发展的螺旋上升阶段。③

在电子竞技团队中，团队意识与团队协作尤为重要。在一场电子竞技比赛中，团队选手需要对局势做出准确的判断并做出正确的协调指挥，对集火谁、解封谁、谁保护谁等战略，团队内部需要迅速形成相同的反应并执行，因此在游戏中会有"固定队"这一概念，因为团队之间的默契需要长时间的训练来形成。以《英雄联盟》为例，该项目是五人团队竞技的游戏，上单、中单、辅助、射手和打野五个人要形成一股合力才能发挥优势，每个成

---

① 甘永成、祝智庭：《虚拟学习社区知识建构和集体智慧发展的学习框架》，《中国电化教育》2006 年第 5 期。

② Nunaneker Jr JF, Romano Jr NC, Briggs RO, "Proceedings of the 34th Annual Hawaii International Conference on System Sciences," *IEEE* (2001).

③ 甘永成、祝智庭：《虚拟学习社区知识建构和集体智慧发展的学习框架》，《中国电化教育》2006 年第 5 期。

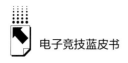

员在各自的位置上保证最大化完成自己任务的情况下，对队友进行支援与保护，比如射手与辅助之间的联动、打野对各路的支援与配合等，都需要长期训练形成团队默契，将群体智慧最大化。

以甘永成和祝智庭的群体智慧四阶段理论为基础，本报告认为电子竞技团队中成员之间的协作过程也是一个螺旋上升式的群体智慧形成的过程。第一阶段团队中的群体智慧还未开始形成，电子竞技团队成员各自处于自我组织状态，每一个成员都是一个独立的个体，拥有自己的比赛习惯、比赛风格、比赛心态、比赛策略等，在团队中以展示自己为主，个人风格明显，受其他成员或外界的干预较少，成员之间缺少沟通与默契，团队缺少集体信念感，凝聚力较弱，在一场比赛中很容易出现团队中成员各打各的局面，难以及时支援队友，对于队友的操作不能迅速消化并做出反应，难以形成队伍优势。第二阶段是相互连接阶段，成员的个体性质逐渐收敛，成员之间开始相互沟通配合，团队内部形成统一目标，针对同一目标团队成员相互讨论确定执行策略并进行协作。在这一过程中，指导者发挥重要作用，在电子竞技团队中教练成为指导者，负责提出训练建议与方案、营造团队氛围、增强团队集体信念感和凝聚力等。在一个电子竞技团队中，教练既是团队的指导人员，也是成员之间的连接纽带，教练会组织团队成员进行日常的默契训练，并增进成员之间的相互了解，成员互相知晓队友在电子竞技项目中的优势与劣势，使团队形成一股合力。第三阶段是团队成员凝聚的过程，通过不断的团队默契训练，成员之间的配合度提升，在比赛中可以互相了解队友的意识和操作，比如攻防、支援等，形成一套流畅熟练的竞技策略，使成员在完成各自位置上任务的同时能及时支援和保护队友，各个位置的成员形成有效互动，这个过程中团队成员找准自己在团队中的定位与角色，按照分工各司其职、扬长避短，将团队的竞技优势最大化，组建起一个相对成熟的电子竞技团队。以 FPX 战队为例，中单 Doinb 作为个人实力较强的输出型选手，在一些比赛中也会遵循团队策略，选择一些团队能力较强的英雄，支撑团队在比赛中的发育与成长，与打野 Tian 的中野联动也被称为"梦幻联动"，打野与中单互相支撑，当打野难以带动队伍节奏时，中单会主动分担减轻打野压力，增强团队优势。第四阶段是创造和创新的阶段，团队成员在保持现有竞技水平的基础上，寻找创新与突破，根据团队成员各自的优势与劣势，不断研究新的打法与策略，并对新的竞技策略进行测试与更正，直至形成一个完整的可实施的团队策略，成员再根据新的策略进行训练，培养新的默契。

2. 基于群体智慧理论的电子竞技团队培养体系

电子竞技类项目中团队的群体智慧是影响团队发展的重要因素，在电子竞技团队中日常的培养与训练涉及多个方面，比如战略意识培养、团队意识培养、沟通能力培养、成员默契程度培养、反应速度训练、操作熟练程度训练、记忆能力训练、心理抗压训练等。以 CCD 素质模型为基础，$f(p) = (C, C, D)$，公式中 p 为优秀胜任人员，C、C、D 分别为人员性格特点、人员意识态度和人员操作能力。在电子竞技类项目中，一个成员能否成为优秀的电子竞技职业选手，也要对选手的性格、意识、操作进行衡量与考核。因此，电子竞技团队的培养体系主要围绕成员的性格磨合与心理培训、成员的意识培养、成员的操作训练三项内容展开。

（1）电子竞技团队成员的性格磨合与心理培训

能成为一名电子竞技团队的选手意味着选手的个人实力较强，在电子竞技项目中有极为亮眼的表现且具有较大发展潜力。在一个电子竞技团队中，每位成员都有各自的性格和处事风格，有不同的背景和习惯，在团队初期成员之间的了解度和熟悉度几乎为零，对一件事情的反应和态度也截然不同。电子竞技项目作为团体类竞技项目，在赛事中某位成员的任何一个活动都可能引起其他成员的反应，如果成员的言论或举动得到其他成员的肯定反应，团队会形成高兴、赞许的积极效应，即成员之间的心理相容性较强；相反，如果成员的活动引起其他成员的否定反应，成员之间出现反对和敌视则会给团队带来负面影响，即成员之间的心理不相容。在电子竞技团队中，成员心理相容、关系融洽，大家才能朝着一致的目标努力和练习，在训练和比赛中积极融洽的配合有利于团队的发展，而成员如果心理不相容，在训练中容易出现彼此看不顺眼、矛盾频发的现象，在比赛中难以形成团队优势，分散与矛盾的精神状态和比赛状态可能会使团队走向崩溃。因此，电子竞技团队中成员的性格磨

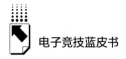

合尤为重要，需要通过提升沟通能力和默契度增强团队成员的心理相容性。

每家俱乐部都有自己的训练基地，团队成员每天吃住在一起，在一个封闭的环境中进行极限训练。以 AgFox 电子竞技俱乐部为例，俱乐部设在武汉某一处别墅，15 名选手每天同吃同住，从上午 11 时起床开始，成员开始一天的训练，除去个人训练时间，所有的训练内容围绕团队训练开展，包括自由活动的时间，给成员留下充分的时间与空间了解彼此，成员也会了解队友的生活状态和生活习惯，了解其他成员的价值观与态度，在生活上和训练上加强成员间的沟通，提高团队默契度。

此外，成员之间的关系调节和成员的情绪调节能力与心理抗压能力也是电子竞技团队培训的重要内容，电子竞技选手的职业生涯跌宕起伏，许多成熟的电子竞技选手在赛前也会因过度紧张产生心理问题继而影响比赛，比如一些选手在比赛前会因为心理压力过大产生晕眩、呕吐等生理反应，或者因某一场比赛失误影响整场比赛的状态等。2019 年，韩国电竞职业选手 Faker 在 G2 比赛前被拍到手抖，在后来的心理治疗中他也坦言自己"被困住了"，当选手成为顶级选手站在高处时，要面临极大的心理压力，情绪起伏较大，较易受舆论干扰。因此，电子竞技俱乐部一般会与心理咨询师进行短期合作。一些俱乐部配备专业的心理咨询师，心理咨询师负责管理团队成员的心理健康，提升成员的自信心，帮助成员在竞技场中做好注意控制、思维控制和情绪控制，提升成员的竞技心理能力，比如心理坚韧性、支持队友和队友良性互动的能力等，[①] 使成员能冷静面对赛场中的压力与逆境，在赛场中与队友充分协作，发挥个人竞技潜力和团队优势，从而提高竞技成绩。此外，心理咨询师还负责处理成员之间的关系问题、竞技状态起伏波动问题、选手因长期训练产生的心理疲劳问题等，帮助选手养成良好的赛前习惯，包括给成员开展培训和进行团队辅导，以此提升成员之间的默契度，增强成员的团队意识，增进成员对竞技心理规律的了解。俱乐部为选手提

---

① 《职业选手"心态崩了"的问题是怎样被心理咨询师解决的》，"人民电竞"百家号，2022 年 5 月 1 日，https：//baijiahao.baidu.com/s？id=1731790931287724634&wfr=spider&for=pc。

供的身体康复和心理评估咨询相关的课程，由健身教练和理疗师负责，他们为选手提供在长期久坐的赛训和比赛中提升身体机能的健身课程、按摩理疗服务等；并通过教练组或经理为选手提供赛前赛后心理建设和心态调整的相关心理沟通和咨询服务。2021年，天美工作室针对KPL选手大会开设三个班级，采取集体授课的方式，为成员开设多项课程，包括"情绪管理"课程，该课程主要教授成员如何克服紧张情绪，还开设了"团队协作""沟通技巧"等课程，以增进团队成员之间的了解，综合提升团队成员的心理抗压能力与团队合作能力。

（2）电子竞技团队成员的意识培养

在一场电子竞技赛事中，团队采取什么样的战略，攻防如何设置，队友之间如何配合等都需要赛前在团队内达成一致意见，并且团队中的核心成员需要在比赛过程中随时根据比赛状况和对方阵营的战术对战略进行灵活调整，其他成员能迅速同意并执行核心人员制定的新战略，这就需要团队的沟通与默契。在一个团队中，团队成员的沟通方式有三种，即显性沟通、隐性沟通与技术性沟通。显性沟通通常是成员之间明面上的沟通，通过语言直接表达自己的需求与想法；隐性沟通则是团队内部成员形成的默契，是一种存在于情境之中的成员互动行为，比如在一场电子竞技比赛中，成员的一个眼神或动作，其他成员就能迅速理解与回应；技术性沟通则需要一定的技术门槛，在电子竞技赛事中，成员的某个操作可能就是一个战术交流信号，事实上大多数信息交流主要通过技术性沟通进行，并且直接作用于团队成绩。因此，电子竞技团队前期在训练中需要加强意识训练，主要包括成员的战略意识培养和团队意识培养。

以国内电子竞技俱乐部为例，俱乐部的训练模式包括段位训练、训练赛、比赛复盘三个板块，其中训练赛与比赛复盘是进行团队意识培训的主要渠道。训练赛主要由俱乐部教练或领队牵头，与其他俱乐部或战队达成一致进行线上比赛式的训练，这种训练模式比较自由，只要双方领队同意，两个团队可以完全模拟真实电子竞技比赛，根据事先设定好的战略进行友谊赛，双方通过模拟赛事提升团队合作能力与团队实战能力，还可以用来测试新的

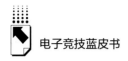

战术与阵容搭配在比赛中的效果，增强团队的战略创新能力。同时这种模式的自由性还体现在只要双方达成一致，可以只简单交流操作技术，有针对性地训练团队某方面的能力，只进行几分钟或只进行某一阶段的比赛，比如双方同意只进行到某一队的第一座防御塔被破坏，双方就退出游戏，以此来训练双方战队的前期输出与防御能力和团队的前期战略意识。

比赛复盘也是团队意识的有效训练模式，主要是在一场训练赛或者比赛结束后，团队成员一起观看训练赛或比赛的录像，以领队和教练为核心，对比赛过程中每位成员的表现和团队配合能力进行综合评价，对比赛中的一些关键时刻、关键策略、关键输出等进行讨论研究，比如某位选手的临场处理和操作影响了比赛结果，团队会对这个操作进行复盘，增强成员对游戏战略的理解。同时在复盘的过程中成员会重复观看队友的赛场操作，熟悉队友在训练赛或比赛中的操作意图、技能操作方式、临时反应与下意识反应，以便团队成员互相了解成员的优势与劣势，在赛场中能对队友的某个操作与临场指挥做出迅速回应，形成高度配合与默契，提升团队的协作能力。

（3）电子竞技团队成员的操作训练

一个团队在赛场上的表现出色与否，很大程度上取决于团队成员的个人竞技能力，比如成员的反应速度、操作熟练程度、记忆能力等，这部分是国内俱乐部和海外俱乐部的主要训练内容。以韩国 SKT 电子竞技战队为例，选手每天的训练从早上 8 点持续到晚上 12 点，除 8~10 点的心理训练与10~12 点的体能训练外，俱乐部会在 14~17 时和 19~24 时对团队成员进行长达 8 小时的操作训练。① 国内俱乐部的训练模式也与此相似，大部分俱乐部是从中午训练到深夜，对团队成员的操作训练提出极高的要求。

在具体的操作训练中，俱乐部一般会对成员的反应能力、记忆能力、操作熟练度等多项技能进行训练。一个电子竞技项目中，选手必须拥有过人的记忆力，对角色信息、场景特点、地图路线和道具装备等信息进行深刻的记

---

① 《我跟十年前的电竞职业选手聊了聊》，搜狐网，2018 年 11 月 15 日，https：//www.sohu.com/a/275762547_ 205727。

忆。以《王者荣耀》为例，首先，选手需要知道每个英雄的优劣势、英雄之间的克制关系、英雄技能的作用、冷却时间、野区的刷新时间、地图路线等，而且对电子竞技项目中新出的英雄或新设定的规则，选手必须主动学习和记忆，迅速掌握项目信息。其次，选手的反应能力在电子竞技赛事中也极为重要，比如在电子竞技天赋测试中，被测试者需要看到屏幕从红色变为绿色后用最短时间按下鼠标，职业选手的水平是 0.15~0.17 秒，而且要求被测试者在 5 次测试中波动不超过 30 毫秒；在 6 个颜色的测试灯中当被测试者看到绿色的灯亮时迅速按下鼠标，职业选手完成操作的时间在 400 毫秒以内。在日常反应能力训练中，一是选手要不断进行个人训练形成身体记忆，二是选手通过一些手速控制类或躲避类小游戏提高手速。

国内俱乐部的排行训练模式就是典型的操作训练模式，选手在游戏内需要不断打排位赛获取游戏积分，在排行榜上取得更好的名次，排名积分与选手的个人能力相匹配，许多俱乐部会对选手的排名积分提出要求。在选手的个人训练中，选手的操作技能和竞赛意识都会得到训练，而且对电子竞技选手来说，个人操作训练是不能间断的，一旦选手中途退出或长时间不进行个人训练，选手对游戏的熟悉程度和自我敏感程度会大大下降，因此，对于选手而言操作训练是基础训练，也是重要的技能训练之一。

B.6
中国电子竞技全球化发展策略研究

王诗霖　宋芹　和纳*

摘　要： 随着大众对电子竞技游戏刻板印象的不断改变，受众认知与产业之间的隔阂正不断消解，并不断推动中国电子竞技产业的蓬勃发展。本报告从电子竞技产业国际竞争格局的视角入手，对以欧美、日韩和中国为代表的电子竞技产业发展格局进行横向对比和梳理，旨在为全球电子竞技产业发展溯源，同时提供历史参考价值，也为中国电子竞技的发展路径和文化出海提供更多创新的思路与方向。

关键词： 电子竞技　文化出海　国际竞争格局

电子竞技的发展离不开电子游戏和信息技术的发展，电子游戏和相关设备的发展带动电子竞技的发展。从 1958 年诞生第一款电子游戏至今，电子竞技的发展经历了萌芽探索期、起步成长期、高速扩张期和成熟期四个阶段，电子竞技也从原始的单机游戏发展为多媒介平台游戏，并随着媒介技术的发展与人们的日常生活交织交融。电子竞技可以说是体育和游戏在现代科技发展下的全新产物，作为与游戏一脉同源的电子竞技是智力经济和精神娱乐的结合。我国电子竞技正处在蓬勃发展阶段，但与欧美等发达国家和地区相比仍有较大差距。"电子竞技+出海""电子竞技+文化"等概念方兴未

---

* 王诗霖，中国传媒大学艺术与科技专业 2019 级本科生，研究方向为数字娱乐、电子竞技；宋芹，中国传媒大学媒体融合与传播国家重点实验室助理研究员，研究方向为国际传播、智能化影像传播、媒体与数字文化、智能融媒体传播；和纳，中国传媒大学媒体融合与传播国家重点实验室科研助理，研究方向为新媒体、数字人文等。

艾，不断拉近大众与电子竞技之间的距离。在此背景下，本报告将聚焦我国和全球电子竞技市场竞争格局，描绘电子竞技如何延伸文化产业价值链，展现与之相关的"文化二次元"生态，赋能电子竞技内容创意产业，探究中国电子竞技文化出海新策略。

一 文化资本与电子竞技文化出海策略研究

（一）文化资本角逐的电子竞技市场

在数字化时代，信息技术领域的变革推动媒介技术的发展，以数字媒介形态为传播载体，基于融合性、互动性的传播媒介平台，以全媒体信息技术为核心的数字媒体产业在我国快速崛起，并形成强大的数字媒体产业价值链。我国正处于数字媒体经济的高速发展期，随着近年来大数据、人工智能、云计算等信息技术与传媒领域相关产业融合趋势的加速，数字媒体产业囊括的如动画、电子游戏、未来影像、数字出版、虚拟现实等产业已蓄势待发，并渗透至国民经济的方方面面，在潜移默化中改变人们的信息传播方式和生活消费模式，形成全方位、多元一体的数字化媒体新业态。以电子竞技为代表的数字媒体产业正在全球范围内得到广泛传播，并深受广大游戏玩家的喜爱和追捧，也围绕其延伸了多元化的产业价值链和文化创意生态圈，并成为元宇宙布局和发展的重要领域。

《2021年中国游戏产业发展报告》显示，截至2021年，中国游戏用户规模保持稳定增长，用户规模达6.66亿人，同比增长0.22%。中国电子竞技游戏用户规模达4.89亿人，中国电子竞技游戏市场实际销售收入1401.81亿元。[①] 从数据上能看出电子竞技产业已经在游戏产业中崭露头角，并呈现强大的发展潜力和广阔的发展空间。我国的电子竞技产业经历了一段

---

① 《官方发布：2021中国游戏产业报告（全文下载）》，"生态体育"搜狐号，2021年12月24日，https://www.sohu.com/a/511077504_505583。

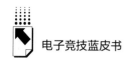
时间的发展，现已迈入成熟发展阶段，电子竞技游戏不仅有强大的产业价值链，还有充满活力和创造力的社会文化空间。

文化资本（cultural capital）作为广为接受的社会学概念，首先由皮耶·布迪厄提出，他认为"资本在一个交易系统中扮演一种社会关系，而且这一词延伸至指所有不论是物质性的或是象征性的商品，那些商品是稀有的且在特定的社会组成之下是值得去追寻的。而文化资本指包含可以赋予权力和地位的累积文化知识的一种社会关系"。① 在电子竞技场域中，电子竞技文化形成独有的资本模式和发展态势，并区别于其他产业，成为支撑电子竞技产业的核心资本和价值。

1. 电子竞技经济延伸文化产业价值链

电子游戏（Video Game）也被称为电动游戏，是指基于多媒体平台运行的具有高度互动性、社交属性的游戏。20世纪90年代末的《魔兽争霸》《星际争霸》等游戏通过在线对战的模式，推动电子竞技产业发展。在全球电子游戏发展的50年中，电子竞技作为以电子游戏为基础发展起来的数字游戏产业，成为我国数字经济领域的重要组成部分，也是文化产业未来发展的新兴方向。

从全球市场看，Newzoo《2021全球电竞市场报告》显示，预计到2021年底全球电子竞技行业收入将接近11亿美元，同比增速为14.5%；全球电子竞技观众总数预计将达到4.74亿人次，同比增长8.7%，包括2.34亿核心电子竞技爱好者与2.40亿非核心观众。2024年，全球电子竞技市场总收入有望超过16亿美元，年均复合增长率达11.1%（见图1）；全球电子竞技观众将突破5.77亿人次，年均复合增长率为7.7%。其中，中国在2021年将凭借3.6亿美元的总收入成为全球收入最高的电子竞技市场，比2020年增长14%。② 基于

---

① Pierre Bourdieu, "Cultural Reproduction and Social Reproduction Bourdieu and Passeron," *Routledge*（1973）.

② 《产业发展正当时，电竞夺冠承势起——电竞行业深度报告》，中国银河证券研究院，2021年11月11日，https://pdf.dfcfw.com/pdf/H3_AP202111121528560918_1.pdf? 164761 5409000.pdf.

电子竞技行业的营收和用户数，可以看出电子竞技经济呈现迅速发展的态势，成为"Z世代"年轻人独特的文化发展力量，并推动影视、动漫、科技、文旅、教育等行业的发展。数字游戏电子竞技化是高速发展的人工智能和物联网技术的集中体现，现如今电子竞技已经成为拥有巨大商业价值和文化发展空间的新兴产业，也是加速赋能数字经济发展的核心产业。2022年，中国电子竞技市场仍保持高速增长态势，增长主要得益于移动电子竞技游戏市场和电子竞技生态市场的快速扩张。现阶段，人们对数字化的需求激增，跨区域以及跨洲的流动促进产业链向网络化和平台化方向发展。

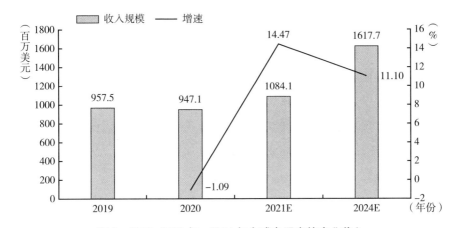

图1 2019~2021年、2024年全球电子竞技产业收入

说明：2021年和2024年为预测数据。

资料来源：《产业发展正当时，电竞夺冠承势起——电竞行业深度报告》，中国银河证券研究院，2021年11月11日，https://pdf.dfcfw.com/pdf/H3_AP202111121528560918_1.pdf? 1647615409000.pdf。

在Web3.0时代，电子竞技文化在新兴网络环境中被不断赋予新的意义，特别是在元宇宙视域下，媒介呈现未来化、赛博化特征，现实与虚拟的融合加深，算法驱动连接起网络空间的规则、人机互动和技术，丰富了网络的传播形式，也加强了网络传播效果。电子竞技作为当下最新的数字体育业态和形式，正在全球范围内掀起发展热潮，并迈入蓬勃发展阶段。电子竞技行业涉及不同代理商，这些代理商为其提供所需的产品和服务。代理商主要

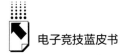

包括出版商（如在线多人游戏开发商）、基础设施平台供应商（如 PC、控制台、互联网或服务器）、团队/玩家、比赛组织者、广播公司和赞助商。电子竞技产业的国际化、智能化、体育化、交互化趋势，将推动全球范围内电子竞技产业的进一步发展，也将推动文化产业价值链的延伸。

　　文化和旅游部在《"十四五"文化产业发展规划》中提出"推动娱乐业转型升级、创新发展，实施阳光娱乐行动，开发健康向上、技术先进的新型娱乐方式，创新娱乐业态和产品。推动娱乐场所标准化建设和连锁化、品牌化发展。促进电子竞技与游戏游艺行业融合发展。鼓励开发沉浸式娱乐体验产品"。① 电子竞技兼具体育赛事的竞技性和数字化技术的双重魅力，在国家政策红利下，电子竞技的崛起也将助推我国文化产业向更高水平发展。同时，电子竞技项目也承担传播和弘扬中国优秀文化的责任和使命，有利于提升我国文化自信，推动跨文化交流与传播，构建更加丰富多彩的文化环境，也能够展现城市特色和电子竞技文化，发展数字文旅产业。电子竞技产业的发展也逐渐呈现与文化产业深度融合的态势，随着电子竞技赛事和游戏的发展以及影响力的提升，在其商业化进程中将加速赋能文化产业价值链，并成为城市文化与数字经济融合的新兴产业代表。

　　首先，文化产业价值链的上游主要是内容提供者和授权商，包括电子竞技游戏开发商、游戏运营商等。电子竞技游戏开发商一般指负责整个游戏从内容制作到架构、开发、运营、发售的企业，开发也涉及游戏的美工、特效、测试、设计、画面、视听语言等工作。游戏运营商则负责将游戏产品分发到市场，向下游产业链输出游戏产品。目前，我国的电子竞技游戏研发市场主要以腾讯和网易为主，近年来，随着数字化和智能化的发展，游戏开发商也更加注重打造电子竞技赛事品牌和自主化特色电子竞技 IP。如腾讯发起的英雄联盟职业赛、王者荣耀职业赛等，推动了移动端和 PC 端电子竞技游戏的发展，同时电子竞技游戏开发内容与中国传统文化符号等的结合，推

---

① 《文化和旅游部发布〈"十四五"文化产业发展规划〉》，中华人民共和国文化和旅游部网站，2021 年 6 月 7 日，http：//zwgk.mct.gov.cn/zfxxgkml/zcfg/zcjd/202106/t20210607_925031.html。

动了文娱产业和新文创的发展。

其次，电子竞技产业中游主要包括俱乐部运营和赛事承办，涉及电子竞技俱乐部、广告赞助商、赛事运营、电子竞技赛事内容制作与输出等。电子竞技赛事举办是整个电子竞技产业的核心，也是俱乐部运营、商业价值开发的重点。随着游戏的发展和资本的入驻，电子竞技赛事逐渐转变为由游戏厂商主导举办，直接降低了渠道成本与获客成本，能够从策划、招商、推广层面带动整个文娱产业链的发展，赛事运营更加商业化和多元化。目前，全球范围内出现的电子竞技赛事模式主要有以下三种。

一是构建以全球范围内联赛为主、杯赛为辅的足球式联赛体系。主要包括以《英雄联盟》为代表的职业联赛，具体包括中国的 LPL、北美的 LCS、东南亚的 GPL 以及韩国的 OGN/LCK 和港澳台的 LMS 等职业联赛，同时还有每年两次的锦标赛、世界总决赛和全明星赛。这些赛事使《英雄联盟》能够在全球范围内形成强大的影响力。职业联赛可以连接起不同城市之间的文化并构造全新的消费场景，通过电子竞技比赛吸引年轻消费者，从而把消费场景和新兴文化业态融入产业链中，并通过品牌和资源的凝聚力，创造新的城市文化符号和文化资本价值，以实现电子竞技产业的战略性开拓。

二是构建仿照网球联赛体系的全年电子竞技锦标赛体系。Valve（*DOTA 2* 研发商）从 2015 年开始重新布局职业赛事体系，加入四个季度的锦标赛，同时在国内，国家体育总局也与完美世界联合于 2016 年成立新的 *DOTA 2* 职业联赛（DPL），填补全年剩余月份的赛事空白。*DOTA 2* 职业联赛的举办进一步带动了全球范围内电子竞技相关文化产业的发展，促进了城市间资本和人员的流动，使消费聚焦于电子竞技相关衍生产业和文化产品。

三是构建 NBA 式的职业联赛体系。以我国腾讯天美工作室推出的《王者荣耀》KPL 职业联赛为主，KPL 职业联赛以全新的专业视角和高清直播分析满足用户的需求和互动体验，并打造《王者荣耀》的电子竞技生态环境，根植于中国传统文化的宏观架构世界，维系紧密的游戏社交关系链，触及各个年龄层的用户，将电子竞技内容以娱乐化形式进行推广和包装，同时发展粉丝经济，建立基于用户社群的赛事平台。《王者荣耀》联赛承托东方

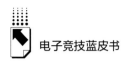

美学的文化价值符号,演绎中国风故事,弘扬了优秀传统文化。

快速发展的社会注定需要信息兼具内容的丰富性及传播的实效性两大特征。媒介作为注意力资源的主要拥有者,相比于其他诸多媒体产业具有其特殊性,即通过凝聚受众注意力实现相应的价值资源交换。电子竞技产业正是通过聚焦游戏用户群体,并依托时代红利和文化资本,基于注意力资源构筑电子竞技文化生态圈。

最后,文化产业链的下游主要包括围绕赛事的衍生文化产业链。电子竞技游戏和赛事影响力的持续扩大,推动着文化产业的下游包括在线直播平台、媒体、电子竞技教育、影视、虚拟偶像等服务和业态发展,并丰富了电子竞技 IP 内容生态。以人工智能、算法、大数据等为核心驱动力的新兴技术带动电子竞技衍生文化内容创新,虚拟主播、虚拟数字人等在电子竞技赛事中的运用进一步推动了电子竞技文化产业的数字化发展。同时,电子竞技产业凭借其年轻化的用户和高度的社交性吸引了文化品牌的入驻,并不断开发出新的营销合作对象和模式,从纵深层面拓展了电子竞技的营销渠道,通过融合电子竞技素材和电子竞技文化开发新品牌和新文化业态。

2. 电子竞技产业构筑文化二次元生态

"二次元"最初主要是运用于几何学领域用作空间与平面的表达,后来被应用于指代基于动漫、游戏等形成的虚拟文化空间,区隔于现实的世界被动漫爱好者称为"二次元世界"。二次元文化中"二次元"(にじ ゖ゙ん;nijigen)一词来源于日本,因为动画、漫画、游戏三个领域互相联系、互相影响,中国的粉丝将其称为 ACG 文化,ACG 即 Animation、Comic、Game 的英文首字母缩写(在不同语境下,ACG 文化可以泛指各个国家的动漫、游戏文化)。二次元文化已经从最初的 ACG 发展到 ACGN("N"为 Novel 的首字母缩写,在日本文化中指轻小说,在这里泛指小说),再到 ACGNM+("M+"指短视频、直播、社交互动等),二次元文化逐渐包含越来越多的形式内容。[①] 随着二次元产业的发展,我国二次元用户规模逐

---

① 张曦今:《破壁与融合:二次元 IP 本土化的文化解码》,《动漫研究》2022 年第 0 期。

年扩大，为电子竞技二次元生态圈的发展奠定了坚实的用户基础。二次元世界拥有广阔的数字化想象空间，覆盖动漫、游戏、动画、小说等，产品也包括衍生的 COSPLAY 以及手办等。二次元用户还兼具高消费能力、高用户黏度以及高互动性的特点，"Z 世代"群体逐渐成为二次元文化产业的消费主力军，进一步推动着二次元消费市场的发展。

传统的电子竞技市场的用户群体以专业型玩家为主，随着电子竞技的蓬勃发展，电子竞技市场中涌入更多的业余大众型用户，推动电子竞技产业相关文化产品和服务向多元化、多层次、丰富性方向发展。随着各细分电子竞技游戏市场竞争日趋白热化，马太效应显露，根植于精品化游戏内容和二次元产品开发的电子竞技产业业态逐渐成熟。根据艾瑞咨询和东北证券的测算数据，2020 年我国泛二次元用户规模已达 4.1 亿人，同比增长 5.1%。随着我国二次元作品质量的不断提高，泛二次元用户不断向核心二次元用户转化，这些用户成为我国文娱产业的主要消费群体。[①] 电子竞技市场的核心是用户，电子竞技用户与二次元用户趋于重合，一是电子竞技游戏内容的"二次元化"，如《王者荣耀》和《英雄联盟》中基于游戏角色的 COSPLAY 在各大动漫展随处可见。二是电子竞技游戏内容衍生的动漫番剧等，备受影视市场的青睐和关注。如《英雄联盟》衍生动画——《双城之战》播出后，其收视率登顶 52 个国家的网飞平台，让更多人通过《英雄联盟》这一大 IP 关注到了电子竞技行业及其文化价值。三是"电子竞技+二次元"的内容融合，以电子竞技为核心，融入二次元相关产品元素，如电子竞技联赛中的嘉年华举办、游戏主题电音、网剧、绘画、电子竞技虚拟偶像等二次元内容创作，成为未来电子竞技产业发展的几大方向。电子竞技游戏与二次元文化 IP 相结合开发出多元化的产品形态，与消费者形成高度联动。

3. 赋能"电子竞技+"内容创意产业

在全球信息化、数字化浪潮下，科技的发展与创新在不断打破和模糊

---

① 《2021 年中国动漫产业用户画像：中度用户为主、付费习惯正在养成》，前瞻产业研究院，2021 年 11 月 10 日，https：//www. qianzhan. com/analyst/detail/220/211110−a5588053. html。

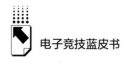
传媒产业的边界，传媒行业站在推动新时代国家经济发展的风口浪尖。创意驱动、文化为魂是智能媒体时代"新文创"的主要特征，使电子竞技从"竞赛+内容"转向"科技+文化"。电子竞技产业是以信息通信产业和文化创意产业为基础发展起来的。电子竞技通过探寻科技与文化之间的关系，创造富有文化创意的内容产业，并通过多元的形式呈现，赋予文化产品崇高的审美价值，能进一步促进电子竞技产业和文化创意的结合与创新。席勒认为人们在"感性冲动"和"形式冲动"的结合下形成了游戏冲动，并赋予其崇高的审美价值。① 游戏与审美艺术和文化创意息息相关，并相互促进。

随着元宇宙概念的出现，国内外互联网巨头纷纷加大在元宇宙领域的布局和投入，电子竞技也成为元宇宙的重要应用场景。区块链、云计算、人工智能、物联网、VR、AR、MR 等技术为电子竞技产业、电子竞技游戏的衍生文化内容创意和创新提供了更广阔的空间和发展可能，Web3.0 也为电子竞技赋能文化产业带来了广阔的想象空间和商业模式的探索。一方面，电子竞技产业围绕的 IP 属性能够创造大量的虚拟产业，同时推动虚拟文创的发展，如虚拟演出、广告代言和文创周边等；另一方面，电子竞技衍生的相关音视频内容、动漫周边以及 NFT 等电子竞技数字藏品的发展也成为新的商业内容创意。随着元宇宙的深度布局和 VR、AR 技术的发展，未来在元宇宙空间实现虚拟赛事、虚拟偶像、数字内容版权创新、多视听赛场和数字孪生的布局将成为可能。

注意力经济的内涵延伸了电子竞技赛事和电子竞技产业的精神内核，拓展了其产业渠道和内容，用以满足年轻用户多元化的消费需求，如《王者荣耀》通过在影视圈、综艺、轻小说、网文等领域的拓展，得以不断丰富衍生领域和文化内涵，提高了其产业 IP 的外延价值。

（二）中国电子竞技文化的出海策略

2021 年 5 月 31 日，习近平总书记在主持十九届中央政治局第三十次集体

---

① 〔德〕席勒：《审美教育书简》，张玉能译，南京译林出版社，2012。

学习时强调，讲好中国故事，传播好中国声音，展示真实、立体、全面的中国，是加强我国国际传播能力建设的重要任务。要深刻认识新形势下加强和改进国际传播工作的重要性和必要性，下大气力加强国际传播能力建设，形成同我国综合国力和国际地位相匹配的国际话语权，为我国改革发展稳定营造有利外部舆论环境，为推动构建人类命运共同体做出积极贡献。① 现阶段，人们对数字文化的需求激增，在 Web3.0 时代，数字文化在新兴网络环境中被不断赋予新的意义，特别是在元宇宙视域下，媒介呈现未来化、赛博化特征，现实与虚拟的融合加深，算法驱动连接起网络空间的规则、人机互动和技术，丰富了网络的传播形式，也增强了网络传播的效果。传统文化有更大的发展空间，以电子竞技为代表的数字文化产业，依托网络数字平台推动数字文化出海和跨文化传播，并成为搭载中国文化对外传播的新兴载体和表现方式。通过人工智能、大数据、云计算等先进技术的发展和布局，具有原创性和中国传统文化特色的作品以及 IP 不断向海外输出，提升我国文化在海外的影响力，塑造我国国际形象，提升中国文化在海外市场的话语权。

近年来，电子竞技赛事已成为最受年轻人喜爱和欢迎的竞技赛事，并逐渐走向国际化、标准化和成熟化。随着文化产业的数字化，数字中国建设不断深入，"电子竞技+文化"的新业态与新模式也在探索中发展。"数字化快车"上的电子竞技文化正朝着智能化、家庭化的方向发展，同时不断与科技进行深度融合，只有加快推进电子竞技文化产业在数字化领域的发展，才能进一步提升我国文化品牌的创意感和体验感，促进文化出海与创新。

1. "模式输出"加持电子竞技文化出海

在数字时代，跨文化传播以及文化"IP"化成为文化出海的特色。具有"新文创"内涵、自带流量的文化符号连接不同地域之间的文化。近年来，我国在海外拓展的影视、游戏、动漫等多元文化产业和文化内容，不断放大我国文化符号的影响力和传播力。电子竞技作为最受"Z世代"年轻人

① 《习近平：讲好中国故事，传播好中国声音》，求是网，2021 年 6 月 2 日，http：//www.qstheory.cn/zhuanqu/2021-06/02/c_1127522386.htm。

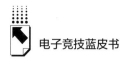

欢迎的体育文化项目，成为文化交流和传播最受关注的平台之一。国际性的电子竞技比赛和活动吸引着来自不同国家和地区玩家的关注，也成为文化出海和传播交流的重要窗口。随着数字技术的发展，文化出海的载体被不断赋予新的形式，电子竞技成为不可或缺的一部分。电子竞技作为全新的文化出海载体和形式，承载传播中华优秀传统文化的责任。

一方面，全球性电子竞技赛事的举办将中国元素和文化带到世界电子竞技舞台，如2021年英雄联盟全球总决赛的LPL赛区，汉服、古筝、中国舞蹈等元素与电子竞技的融合，使本身具有较高关注度的电子竞技赛事被赋予文化传承的意义，通过视频、音乐等传播方式在社交媒体平台广泛传播，无形中扩大了我国电子竞技文化出海的影响力和传播力。中华优秀传统文化是中华民族的精神根基，也是涵养社会主义核心价值观的源泉与动力，是其在世界文化之林站稳脚跟的基础。随着电子竞技产业的布局和出海，电子竞技将世界各地的玩家连接到一起，汇聚了世界各地的文化，能够降低"文化折扣"，破除文化藩篱。

另一方面，赋予游戏IP以文化意义并注重"本土化"。游戏IP是电子竞技产业的重要资产，占据整个产业链头部，也是扩展游戏文化输出渠道的重要手段。国产游戏的成功"出海"不仅需要依靠具有吸引力的IP和具有高度竞争力的游戏模式，更重要的是要做好"本土化"准备，即在保留中国文化特色、传播中国优秀传统文化的同时也要尊重多元文化。这就需要中国电子竞技文化具备高度的创新能力与创新精神，带给世界具有宏大叙事背景的游戏IP和领先的游戏资源、多元化的传播策略和求同存异的国际视野以及海纳百川的文化格局。不同地域、不同肤色、不同文化背景的玩家齐聚中国电子竞技IP之下，便是中国电子竞技文化出海的成功写照。

2. "本土化+差异化"品类竞争策略

近年来，随着电子竞技赛事、电子竞技游戏在年轻群体中广受欢迎和好评，行业的规范化发展趋势也逐渐加强，社会对电子竞技品类的发展有了新的标准和要求。在新冠肺炎疫情的影响下，电子竞技全球性赛事的线下举办受限，但是在线同步直播以及短视频等的发展助力了电子竞技行业的发展，也为电子竞技行业开拓了新的发展方向与渠道。

电子竞技战队的本土化建设和培养，有利于增强电子竞技的竞技性，同时方便挖掘本土赛道的商业价值和发展潜力，扩展商业发展空间。在席卷全球的数字化浪潮中，电子竞技品类的本土化成为电子竞技文化出海的一大核心优势。如近年来布局东南亚的电子竞技游戏 MLBB，其成功布局东南亚电子竞技玩家市场的背后是本土化的游戏策略。一方面，该游戏针对不同国家的文化和语言习惯设置字体；另一方面，游戏中的英雄角色大多依据东南亚传统文化背景进行设计，根源于各地神话传说和传统文化故事，如菲律宾对抗外敌的民族英雄拉普拉普、印度尼西亚的金刚神、马来西亚的勇士巴当等。其游戏人物和画面设计融入本土元素，引发了当地游戏玩家的文化共鸣和认同。同时，MLBB 还与当地网络游戏主播合作进行宣传，提升了其在当地电子竞技市场的网络话语权。相比于欧美等发达国家和地区较为成熟的电子竞技市场，以庞大年轻受众为主的东南亚地区正在成为我国电子竞技出海的"新蓝海"。这些地区相对匮乏的娱乐竞技项目和文化产业资源，为我国电子竞技产业的海外布局和发展提供了广阔的空间。

电子竞技游戏蕴含巨大的发展潜力和商业空间，是一个在短期内快速成长和膨胀的行业，同样也是一个用户规模急剧增长的行业。中国具有强大的互联网用户基础，随着近年来网络游戏市场的发展，电子竞技游戏用户数量也在急剧增长，电子竞技游戏市场吸引了国内外游戏风投和资本的青睐。面对竞争日益激烈的市场环境，近年来电子竞技产业也开始运用差异化竞争策略，力求电子竞技游戏能够在资本市场和受众市场上脱颖而出，获得成功。首先是电子竞技细分市场的差异化。电子竞技产业的核心和最终价值都会回归到顾客和产业，这也是整个电子竞技产业链的盈利核心。从这个意义上说，创造用户即创造价值，只有对市场进行细分，锁定目标受众，才能从根本上拥有市场。目前，我国电子竞技目标用户主要集中在中青年群体，其中22~40 岁的用户占比为 81.7%，并主要分布在一线、新一线及二线城市，以企业从业人员为主（见图 2）。

其次是产品内容的差异化。产品内容的差异化表现在游戏提供的内容和

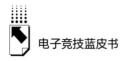

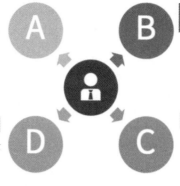

本科学历占比较高

调研数据显示，约54.9%的电子竞技用户为大学本科学历

用户主要集中在一线、新一线及二线城市

电子竞技用户主要集中在一线、新一线及二线城市，其中新一线城市用户占比最高（25.2%），二线城市用户占比为24.8%

用户群体以企业从业人员为主

电子竞技用户主要职业为企业从业人员（48.4%），包括普通职员与企业管理者

用户以中青年为主

电子竞技用户多为中青年，22~40岁玩家占比为81.7%

图 2　2022 年中国电子竞技用户画像

资料来源：艾媒数据中心。

资源上，生产者通过差异化方法扩大产品之间的差别，以产品的独特性吸引消费者，并在市场竞争中保持核心地位。我国电子竞技产品可以划分为五个类型，分别是 FPS（第一人称射击游戏）、MOBA（多人在线战术竞技游戏）、TPS（第三人称射击游戏）、RPG（角色扮演游戏）以及 RTS（即时战略游戏）（见图3）。通过用户偏好的类型制定差异化游戏品类，有助于提高市场占有率、增加用户数量。电子竞技产业的差异化同时也体现在游戏内容和叙事背景的设计与文化的融合上，游戏画面、声音以及游戏过程给用户带来超强体验。如腾讯在手游端对电子竞技游戏的布局，借助其平台的用户活跃度和体量，推出腾讯游戏精英赛系列，在扩大用户基数的同时，通过高人气的头部游戏，联结微信社区玩家，不仅包含 MOBA 的《王者荣耀》、竞技类的《绝地求生：刺激战场》，还加入《QQ 飞车》等综合性游戏，在提高赛事规模的同时，扩大平台电子竞技领域的品牌影响力。

最后是运营模式的差异化。我国政府为推动电子竞技产业链的发展制定和完善了相关的法律法规，在国家层面，2008 年，国家体育总局重新将电子竞技定义为国家的第 78 个体育项目，官方态度回暖；自 2016 年以来，电子竞技逐步被主流社会接受和认可，我国电子竞技行业利好政策频出，教育部增补"电子竞技运动与管理"专业，人社部发布电子竞技运营师和电子

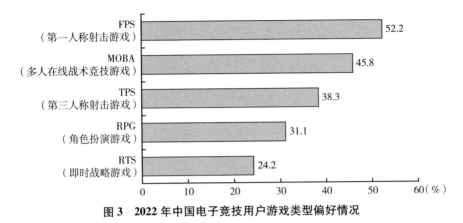

图3　2022年中国电子竞技用户游戏类型偏好情况

资料来源：《电子竞技行业数据分析：2022年52.2%中国电竞用户偏好游戏类型为FPS》，艾媒网，2022年9月6日，https://www.iimedia.cn/c1061/88057.html。

竞技员两个新职业，国家体育总局正式将电子竞技归为职业体育竞赛项目，中国电子竞技产业迎来黄金时代。[1] 政策支持与法律规范都有利于电子竞技产业链的进步与发展，从而推动电子竞技衍生价值链的开发和应用，并通过差异化的运营模式提高电子竞技产业的附加值，从而获得更广阔的发展空间。如腾讯游戏和网易游戏的开发以客户为主导，着力打造健康绿色的游戏形象和环境，同时注重与媒体的合作，通过与自媒体网络直播合作，依托主流媒体正向报道与宣传，形成差异化运营模式和方式，实现双赢。

3. 提升电子竞技产品研发的全球竞争力

目前，我国电子竞技的市场化集中程度较高，头部厂商为腾讯、网易、完美世界、巨人及盛大五家，并且腾讯和网易占据较大份额，我国电子竞技产品与欧美等发达国家和地区电子竞技产品相比缺乏竞争力，并且缺乏创新，生命周期较短，主要依赖代理国外游戏产品，并且游戏主要集中在手游端，不具备PC端和主机端的国际竞争力。这不利于中国电子竞技产业的出海和电子竞技文化的国际传播。

---

[1] 《产业发展正当时，电竞夺冠承势起——电竞行业深度报告》，中国银河证券研究院，2021年11月11日，https://pdf.dfcfw.com/pdf/H3_AP202111121528560918_1.pdf? 16476 15 409000.pdf。

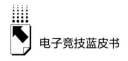

我国电子竞技产业要注重提升自主研发能力，特别是头部企业需要提升竞争力，培养研发团队，提高核心研发能力和创新力。如近年来腾讯注重网游的布局，结合自身游戏产品特色，成立研发工作室，推出了一系列精心创作的电子竞技游戏。我国电子竞技游戏研发应从政策、人才、资金、内容等方面持续发力，打造核心游戏 IP 和产业链，只有这样我国的电子竞技产业才能拥有核心竞争力。

4. 走向文化"大 IP"自主创新之路

目前，中国已经成为全球最大的电子竞技市场，也是全球收入最高的电子竞技市场。随着电子竞技行业的成熟与布局，如何提升中国电子竞技产业核心 IP 在世界范围内的竞争力和影响力成为人们关注的焦点。作为新兴数字文化产业的重要组成部分，电子竞技的产业价值开始受到广泛关注，与电子竞技的产业价值相对的是电子竞技的文化内涵与文化属性。在数字化空间，聚集了以电子竞技 IP 为核心的用户群体和爱好者，推动了电子竞技文化价值的延伸和 IP 内核的创新。电子竞技首先是一种"竞技"活动，是人与人之间无功利的技能对抗与比较，生产力的发展促使人们在生存竞争之外开创出另一种无功利的竞争——"游戏"，竞技美学、竞技文化也随之出现。[①] 电子竞技与传统的体育竞技最大的区别在于其"电子"属性，该属性决定了电子竞技游戏的开发与科技紧密结合，也与当下元宇宙的世界空间紧密相连。电子竞技文化 IP 的打造离不开游戏衍生品的开发和多元渠道的跨界合作，将虚拟技术与电子竞技文化产品结合，同时基于不同文化的特点打造具有内涵的文创产品和 IP 内容，继而形成全新的电子竞技 IP 产业生态。

首先是"电子竞技+音乐"，电子竞技与音乐的结合使电子竞技在年轻社群中顺利出圈并占据娱乐消费的主要领域，在旺盛的市场需求下，电子竞技产业与音乐的结合也在不断探索和深入。随着技术驱动下数字媒介渠道的开拓，音乐行业也在积极寻求与电子竞技 IP 的结合，这将为音乐行业带来更大的发展空间和潜力。如《王者荣耀国际版 4.0》开发的英雄主题曲融入

---

① 刘子晗：《解读电竞文化：赛博空间的趣缘群体狂欢》，《东南传播》2021 年第 11 期。

了中国特色音乐元素，获得好莱坞音乐传媒奖，在流媒体音乐平台得到广泛传播。电子竞技与音乐的结合，能够使优秀作品在短时间内得到广泛传播，从而展现中国新时代先进文化和优秀传统文化的精神与态度。

其次是"电子竞技+文化"，在智能媒体传播时代，电子竞技产业不局限于竞技项目的运营，还围绕电子竞技 IP 的跨界开发与文化价值的挖掘进行布局。在电子竞技 IP 的文化布局中，如网络轻文学、影视资源、体育竞技等领域的文化在不断融合与相互借鉴，并形成以赋予独特中国元素的电子竞技 IP 为核心的青年文化生态圈。相比于之前，电子竞技市场更加注重品牌传播与文化的融合，赛事举办方、游戏厂家以及电子竞技俱乐部都在电子竞技游戏 IP 的打造上投入了大量资源。如网剧《穿越火线》的制作，通过融合线上剧情与线下电子竞技赛事，实现了品牌 IP 影响力的提升。

不论是线上的平台交流还是线下的赛事举办，电子竞技都在慢慢融入年轻人的生活和文化交流，并创造出具有创新力和仪式感的文化内容，出现电子竞技文化衍生内容，凸显文化破圈的强大影响力。如电子竞技春晚背后是具有中国元素和特色的文化符号，还有网络文学作品《全职高手》与电子竞技产业的相互渗透，都体现出电子竞技产业背后广阔的消费市场和文化空间。电子竞技 IP 价值的深度挖掘，使企业得以通过文化产品和其周边吸引更多的非玩家粉丝，通过网生代消费者对电子竞技文化的二次创作与消费，扩充电子竞技 IP 的文化数据库，体现电子竞技强大的发展力和破圈力。

最后是"电子竞技+虚拟形象"，电子竞技文化是商业文化和民间文化的混合产物，但其更多构成物源自民间共同体的文化创造，成为一代年轻人抵抗主流偏见、自我赋能、交流爱好的"青年亚文化"，"赛博空间"作为文化发育的空间为电子竞技的发展提供了重要的结构性条件。近年来，伴随电子竞技产业价值与荣誉价值的提升，电子竞技文化呈现"走出狭小房间、走入现实空间、与主流文化对视"的趋势，在此过程中，电子竞技文化获得了更广阔的发展空间。[①] 相较于有时空界限的现实世界，具有广阔想象力的

---

① 刘子晗：《解读电竞文化：赛博空间的趣缘群体狂欢》，《东南传播》2021 年第 11 期。

虚拟空间为电子竞技产业的布局和发展带来了新的发展方向和发展机会。随着元宇宙成为当下互联网发展的新兴生态,对元宇宙领域的投资也在近两年开始爆发,相关的 VR、AR、NFT 等技术也与电子竞技 IP 相结合,虚拟偶像、虚拟数字人、虚拟主播等智能化媒介形象带动电子竞技衍生文化内容的开发和应用,并为电子竞技 IP 的创新与数字化发展奠定了坚实基础(见图4)。

图 4　虚拟数字人在电子竞技中的应用

资料来源:由腾讯提供。

二　电子竞技产业国际竞争格局及战略拓展研究

(一)国际电子竞技产业竞争格局

电子竞技的起源可以追溯到 20 世纪中期。1958 年,美国人 William Higinbotham 在布鲁克海文国家实验室开发了"双人网球"游戏(后来被称为 Pong),它被认为是世界上第一款多人竞技类视频游戏。游戏的目标是将一个虚拟的球打过网球网，两个小金属盒作为控制器，其中一个按钮用于击球，一个操纵杆用于调整角度。通过这项发明，Higinbotham 创造了世界上第一场基于计算机的比赛，该比赛被认为是今天电子竞技游戏的雏形。①

世界上第一款计算机游戏是美国计算机科学家 Steve Russell 研发的《太空大战》。该款游戏的目标是引导一艘装有导弹的宇宙飞船对抗引力场，摧毁敌人的宇宙飞船。虽然在 20 世纪 70 年代初计算机和视频游戏主要面向大学生群体，但在接下来的几十年里，随着新的、更便宜的家用计算机的出现和普及以及各种新游戏的涌现，这种情况有所改变，进一步推动了电子竞技行业的发展。

电子竞技历史上的另一大进步是在 20 世纪 70 年代实现的设置排行榜。自此以后，游戏中的排行榜系统使比较世界各地玩家的游戏成就成为可能，掀起了一场在全球范围内争夺电子竞技排行榜领先位置的热潮。这一时期最有名的团队是"美国国家电竞游戏队"，它由游戏排行榜上处于领先地位的玩家组成，并于 1983 年在美国进行全国巡回比赛，甚至在美国电视台播放了电子竞技赛况。② 在接下来的几年里，随着电子竞技游戏赛事的网络化发展，任天堂和其他电子游戏开发商也一同举办了"任天堂世界锦标赛"等世界性电子竞技赛事。

随着家用游戏机、家用电脑的日益普及和互联网的引入，电子游戏的飞速演进开始于 20 世纪 90 年代。20 世纪 90 年代初，由于互联网技术尚未成熟，游戏玩家们只能利用局域网尝试 PC 端上的本机游戏，由于在同一空间游戏具备低时延、反应迅速的特点，所以共享一个局域网并分享诸如《毁灭》《雷神》这样的游戏在当时的欧美国家和地区风靡一时，而基于局域网的游戏比赛已经初具现代电子竞技赛事的雏形：基于团队游戏或一对一的决斗，吸引不同软硬件公司的赞助等。然而这一时期局域网游戏也有其发展的局限性，即在私人环境中只有少数参与者，难以形成世界范围的大型赛事规模。

20 世纪 90 年代中期，迎来了数字传播的重大变革，万维网的开发推动

---

① Ahl, D. H. Editorial, Creative Computing Video & Arcade Games, 1983.

② Anon, "Players Guide to Electronic Science Fiction Games," *Electronic Games* 3 (1982).

网络传播从传统的线性向多维度转变，同时也催生了各种新媒介，如网页、博客、社交网站等，促进了在线游戏社区的形成。在此期间，Active Worlds等网站开始研发图像更丰富的界面，大型多人在线角色扮演游戏在21世纪初井喷式发展，如《魔兽世界》《英雄联盟》等。这些游戏活动越来越受大众关注，并开始由专业电子竞技团队组织。1999年12月，德国的"游戏玩家聚会"吸引了来自欧洲各地的1600余名参与者。5年后，在瑞典延雪平举行的"DreamHack Winter 2004"创造了新的世界纪录，共有5272人参加。电子竞技游戏的互动性、同步性、匿名性、扁平化特征使其具备了数字传播中的社交属性，电子竞技在数字化时代浪潮下得以迅速发展。

在互联网迅速扩张的时期，出现了第一批职业电子竞技团队，这些电子竞技团队在当时也被称为"部落"，其中一些战队至今仍然存在，并成为全球电子竞技行业中的头部战队。首先是SK Gaming（前身为Schroet Kommando），1997年该战队在德国成立，至今仍是最成功的电子竞技团队之一。该组织目前在科隆和柏林运营，吸引了大批国际化电子竞技团队和选手的加入。其他来自欧洲的知名电子竞技组织还有Mous E-Sports和Fnatic，他们至今仍在电子竞技领域处于领先位置。

电子竞技发展早期，在欧洲和北美，其发展与互联网的发展同步，亚洲的电子竞技发展与其互联网发展相比却长期处于滞后状态，游戏机的高额关税降低了大众玩家的参与度。1997~1998年亚洲金融危机后，潜在的部分高端玩家才有机会得到电脑并接触电子竞技游戏。危机过后，韩国的互联网以及个人电脑等都能得到国家的补贴，这为韩国在电子竞技领域的发展奠定了基础。韩国拥有具有本土特色的电子竞技文化，特别体现在韩国玩家对实时战略游戏如《星际争霸》的热爱。韩国电子竞技在社会中拥有较高的接受度，如今，电子竞技已成为推动韩国国民经济发展的重要力量。①

---

① Jonasson K. & Thiborg J., "Electronic Sport and its Impact on Future Sport," *Sport in Society Cultures Commerce*, *Media*, *Politics* (13) 2010.

中国作为电子竞技的后起之秀，随着2000年后互联网技术的发展，本土电子竞技产业搭上了时代的快车，这一年也是中国电子竞技发展的元年。同年电子竞技赛事WCG的举办使电子竞技职业选手正式登上舞台，中国电子竞技产业开始萌芽，并在近20年的时间内迅速发展，如今已形成了完整的产业链和文化价值链，创造了大量的就业机会，拥有巨大的市场潜力。

根据Newzoo提供的电子竞技行业的全球收入和观众数据，在2014～2017年，电子竞技行业市场收入增加近5亿美元；2017～2021年增加近10亿美元，在2021年达到16.5亿美元。2016年的主要市场是美国（32%）、韩国（30%）和中国（17%）。德国（11%）位居全球第四，领导欧洲市场。西班牙排在第10位，预估收入为100万美元。如图5所示，在2014～2017年，观众增长了1.31亿人，2017～2021年增加2.22亿人，在2021年达到5.57亿人。可以得出结论，电子竞技行业的发展主要与收入的增长挂钩而不是由观众数量的增长所驱动。因此，该行业持续发展壮大的一个关键因素是如何将受众对电子竞技的兴趣转化为实际收益。

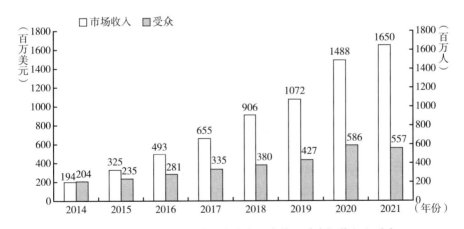

图5 2014～2021年世界范围内的电子竞技运动市场收入和受众

资料来源：Newzoo。

当前，电子竞技已从在线游戏竞技运动转变为观赏性体育赛事运动。在电子竞技赛事中，观众可以像观看任何其他传统体育赛事一样观看职

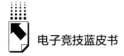

业电子竞技赛事。经过几年的发展，电子竞技行业拥有了庞大的粉丝基础，其拥有的粉丝数量甚至超过了音乐和娱乐行业的观众与参与者的总和。如今电子竞技行业的用户数量在全球范围内不断增长。新冠肺炎疫情对电子竞技市场产生了一定的影响。居家隔离等疫情防控措施迫使人们通过在线平台和数字媒介进行交流，后疫情时代为线上产业的发展带来了新的机遇和挑战。此外，在线游戏领域的数字化转型也推动了电子竞技的进一步发展。随着新冠肺炎疫情防控进入常态化，电子竞技市场的增长量预计将在未来几年实现飞跃，预测到2027年，全球电子竞技市场规模将达到35.749亿美元，并以21.3%的年均复合增长率增长。① 由于技术的持续进步，虚拟现实产品、在线游戏锦标赛和视频内容的消费支出占比在全球范围内呈现上升趋势，也带动了电子竞技衍生产业链的发展。越来越多的电子竞技赛事拥有巨额奖金赞助，电子竞技行业与市场越来越紧密。一些大学和学院开设了电子竞技相关专业，这为游戏玩家选择将其作为职业创造了机会。

1. 欧美电子竞技产业国际化发展布局

欧美电子竞技产业经历了近四十年的发展，具备较为成熟的商业发展模式。欧洲地区的电子竞技更多聚焦于赛事本身的价值开发和参与者，深耕电子竞技产业价值的创新，其电子竞技商业模式不断得到完善，同时，其电子竞技产业价值链的盈利主要聚焦在上游，以其开发的游戏IP内容为核心，在全球电子竞技发展中占据主导地位。欧美电子竞技市场始终以市场化为导向，注重游戏产品的版权保护和运营代理，通过大型赛事和与大型赞助商的合作得以变现，不断挖掘周边市场以此拓展欧美电子竞技市场的规模。

电子竞技产业的发展正步入一个新的阶段，其市场规模和运营模式日趋成熟。电子竞技运营成功的关键因素包括当地联赛的成功举办，特许经营方

---

① Global Esports Market to 2027-Rising Number of Esports Events With Huge Prize Pools is Driving Growth，Globenewswire，31 March 2022，https：//www.globenewswire.com/en/news-release/2022/03/31/2413577/28124/en/Global-Esports-Market-to-2027-Rising-Number-of-Esports-Events-With-Huge-Prize-Pools-is-Driving-Growth.html.

针、法规的落实，游戏模式的创新，内容版权的销售，团队盈利能力的提升以及行业融合的影响，并涉及传统媒体、娱乐、电信、体育公司等领域。未来几年内，欧美电子竞技产业的市场规模将呈现扩大态势。

欧洲是电子竞技产业发展热点地区，其产业规模占据全球电子竞技的1/3，地区内拥有超过7000万人的电子竞技用户群体。欧洲拥有完善的电子竞技产业体系，这部分要归功于一批拥有强大内容制作和赛事组织执行能力的电子竞技公司。以ESL为例，ESL是一家位于德国科隆的电子竞技公司，负责组织和举办各项电子竞技赛事，是目前业内体量最大、历史最悠久的公司。该公司在欧洲和全球建立了完善的差异性赛事体系，实现了从地方社区电子竞技活动到全球顶级联赛的全尺度覆盖。其最为知名的赛事分别是英特尔卡托维兹极限大师赛和科隆ESL One。

就地域而言，欧洲电子竞技渗透率最高的国家是波兰（52%）、西班牙（49%）和意大利（48%），在这些国家大约一半的消费者过去至少观看过一次电子竞技比赛，大约1/3的消费者会定期观看。此外，法国（35%）、英国（34%）和德国（33%）的电子竞技渗透率都很高（见图6）。①

美国是世界第二大电子竞技商业市场，仅次于中国，但在行业投资方面，美国却处于领先地位。美国是许多受欢迎的电子竞技玩家、组织、锦标赛和开发商的所在地。美国已将其在体育、娱乐和广播方面的悠久历史融入全球电子竞技行业，创造了世界级的电子竞技赛事和品牌。从20世纪90年代形成的草根电子游戏竞技比赛，到21世纪初美国游戏大联盟（MLG）的诞生，再到今天多方位的商业特许经营模式的基础设施公司、机构和其他玩家，都见证了美国电子竞技行业的崛起。

美国的电子竞技行业拥有巨大的市场规模和悠久的历史积淀，虽然美国政府一直在推动各地建立电子竞技中心，但有很多地方的本地企业的不支持和团队服务的不足使其举步维艰。动视暴雪拥有的《守望先锋》联赛

---

① The European E-Sports Market，"Deloitte Insights," 20 October 2021，https：//www2. deloitte. com/us/en/insights/industry/telecommunications/esports-in-europe. html.

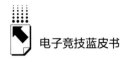

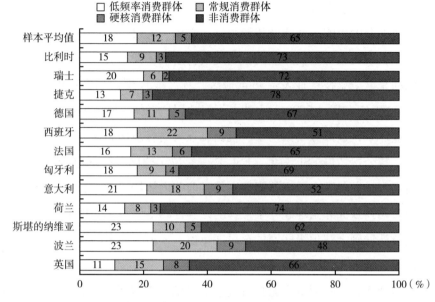

图6　电子竞技在欧洲地区的渗透率

资料来源：Deloitte Analysis。

（OWL）和《使命召唤》联赛（CDL），主要采用的是美国的地理定位电子竞技特许经营权，类似于代表城市或州的典型美国特许经营运动模式，如洛杉矶盗贼队和亚特兰大FaZe队。作为电子竞技最重要的市场之一，美国同时拥有庞大的电子竞技观众和支撑这些大型赛事的商业架构，许多著名的锦标赛和联赛都以美国为赛场首选地，包括面向国内的锦标赛，如国际联赛的北美部分，以及国际巡回赛的季后赛等。

2. 日韩电子竞技产业国际化发展布局

随着亚洲地区互联网的发展，特别是以日韩为首的资本主义国家游戏产业的发展，日韩成为电子竞技的后起之秀。电子竞技既是一项体育赛事，也是一种娱乐项目，数百万人通过在线流媒体参与或观看电子竞技赛事，电子竞技已经进入泛娱乐时代。虽然日本在电子游戏领域处于领先地位，创造了超级任天堂（Super Nintendo）和索尼PlayStation，还推出了《超级玛丽》《魂斗罗》《塞尔达传说》等畅销电子游戏内容和IP，但是在电子竞技领域日本的发展较为缓慢。此外，日本人传统上更喜欢单人游戏，但是这种单人游戏偏好正慢慢地向集体游戏转变。日本电子竞技联盟（JESU）的建立推动了电子竞技的发展，该联盟旨在通过帮助该行业克服一些行政和法律的障碍，以推动日本电子竞技行业发展。

日本的电子竞技在线观众主要集中在 18~24 岁，约有 48% 的受访者表示自己在线观看过电子竞技赛事，男性更有可能接触电子竞技，56% 的男性受访者和 40% 的女性受访者表示曾在线观看过电子竞技赛事。与其他形式的电子竞技观众相比，日本在线观看普通玩家游戏的观众比例最高。虽然近年来日本电子竞技有所发展，但是作为游戏大国的日本，游戏市场却以精品类游戏内容和独特的游戏机文化为主导，以专业性大型比赛形式为主的电子竞技模式在日本不是很流行，这也是近年来电子竞技赛事在日本发展较为缓慢的主要原因。

与日本不同的是，韩国的电子竞技产业在亚洲国家中占据领先地位。韩国以积极的态度开展电子竞技，将电子竞技视为一项真正的运动，彻底改变了该行业。韩国电子竞技赛事的体育场看起来类似于按次付费的拳击赛场，韩国还有较为成熟的行业规则和浓厚的文化氛围。韩国甚至成立了专门的电子竞技协会"韩国电子竞技协会"（KeSPA），该协会成立于 2000 年，它由韩国文化体育和旅游部分管，管理着 25 项韩国顶级电子竞技游戏，包括《星际争霸 II》、《英雄联盟》、DOTA 2 等。

韩国被认为是世界电子竞技之国的一个重要原因是其主要通过多媒体渠道宣传推广电子竞技赛事。20 多年来，韩国一直通过电视、在线流媒体平台和视频直播来播放电子竞技赛事。多元化的推广应用不仅吸引了大量观众，而且推动了韩国电子竞技产业的发展。与其他国家相比，大多数韩国人在电子竞技方面受过良好的教育。韩国的电子竞技产业由最开始的政府主导型转向市场主导型，如今形成了较为成熟的商业模式和产业链，并形成以赛事为中心，采用赛事广告和赞助加盟的盈利模式。同时，韩国电子竞技俱乐部的专业化也带动职业选手的发展路径走向成熟和标准化，并通过职业选手自身影响力发展粉丝经济，提升关注度、扩大受众群体，极大地推动了产值的提升。

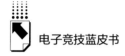

3. 中国电子竞技产业国际化发展历程

中国作为全球最大的经济体之一，也是全球最大的电子竞技商业市场。在过去十年中，中国巩固了自己在电子竞技游戏开发、发行和赛事组织方面的地位。同时中国获得了多场电子竞技比赛的世界冠军，拥有一些世界范围内规模较大的电子竞技公司。目前，中国拥有的活跃电子竞技玩家数量最多，并且在电子竞技比赛收视率和电子竞技冠军游戏收入方面均排名第一。早在2000年，中国政府就承认电子竞技是一项体育运动，也是全世界范围内最早提倡将电子竞技纳入体育竞技运动的国家之一。中国国家体育总局早在2003年就把电子竞技运动列为第99个正式体育运动项目，提出电子竞技是一项新兴体育运动项目，集体育、文化、科技、益智于一体。从全球范围看，电子竞技正发展为一种具有广泛参与性的阳光向上的互动运动产业，正朝着赛事品牌化、赛事组织规范化、竞赛规则标准化、俱乐部运作商业化的方向发展，以赛事为核心的全球电子竞技产业已创造了巨额产值，[1] 同时"中国电子竞技运动会"（CEG）在2004年第一季度揭幕。设立的比赛项目共分为国标类、休闲类和对战类三种。2016年9月6日，教育部发布《普通高等学校高等职业教育（专科）专业目录》，其中增补了"电子竞技运动与管理"专业，该专业属于教育与体育大类。这标志着电子竞技专业正式进入中国高等教育。[2]

中国及其电子竞技市场增长的核心源泉和动力是移动手游端电子竞技的爆炸式增长。仅2019年，中国电子竞技行业就有超过14万名新员工。PC游戏（如《英雄联盟》）和移动端游戏（如Wild Rift、《王者荣耀》和中国本土化的PUBG手游端的《和平精英》）在中国都非常受欢迎。近年来，关于中国电子竞技产业的数据显示出惊人的增长率。中国是世界上最大的游戏公司——腾讯的所在地，腾讯拥有Riot Games的股份，是中国电子竞技发

① 《全力推动电子竞技运动健康规范发展》，国家体育总局网站，2015年6月11日，http://www.sport.gov.cn/n16/n33193/n33223/n35604/n1419245/6725661.html。

② 《普通高等学校高等职业教育（专科）专业目录》，中华人民共和国教育部网站，2016年9月6日，http://www.moe.gov.cn/srcsite/A07/s7055/201609/t20160906_277892.html。

展的核心企业，在电子竞技游戏领域拥有大量市场份额。

受国内电子竞技市场的诱惑，一些西方国家的企业开始涉足中国电子竞技生态系统。如 G2 Esports 等知名组织（在 Mailman 2022 年中国数字表现指数中名列前茅）、BLAST 等赛事组织者，甚至英超联赛和狼队电子竞技都已与中国联赛和品牌建立合作伙伴关系。

然而，近年来我国电子竞技行业在高速发展的同时，也受制于政府的政策，这些政策措施影响其市场化程度和出海策略。2004 年 4 月，国家广播电影电视总局发布《关于禁止播出电脑网络游戏类节目的通知》，之后电视台以及各大栏目频道都关停了有关游戏的节目，网络游戏节目被清出荧幕，阻碍了中国电子竞技照搬韩国视频电子竞技的发展模式，也在一定意义上推动了中国电子竞技开拓具有自身特色发展路径的决心。随着中国电子竞技的发展，近年来中央和地方政府已发布了近百份官方文件，重点是规范电子竞技行业。在这些文件中，有 10 个是在中央政府层面上制定的，这些政策措施从不同层面完善了电子竞技产业链。随着互联网的快速发展，"电子竞技+互联网"的模式打开了中国电子竞技产业的新窗口，从一开始的流媒体直播、长视频网站游戏频道（土豆视频等）到如今火爆的游戏直播平台斗鱼、虎牙等，网络技术的发展进一步开拓了电子竞技发展的市场空间和用户群体。中国电子竞技产业模式和其发展主要依靠游戏发行和赛事举办，拥有完整的市场分工体系，同时我国手游的发展势头迅猛，这也成为我国电子竞技文化出海的一大特色。

但是中国电子竞技产业的发展也存在一定的不足和局限，如游戏 IP 创作缺乏核心竞争优势和原创性，缺乏专业的研发管理团队。因此，未来中国应在游戏产品的研发和原创上重点发力，形成具有自身特色的原创 IP 游戏产品。

（1）萌芽探索期

在中国电子竞技行业发展初期，中国的游戏公司主要通过引进国外电子竞技游戏及其内容 IP，获得其在中国的运营和代理权的方式开展业务。在 20 世纪 90 年代，国外部分电子游戏被引入中国，其中涵盖局域网对战的功能，

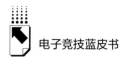

引起了部分年轻人的兴趣，促进了中国电子竞技产业的萌芽。随着《星际争霸》和《反恐精英》在中国的推广，中国电子竞技迅速掀起第一波发展热潮，这个时期一些非官方意义的游戏战队成立，同时竞技类游戏在我国迅速发展，更多人涉入电子竞技游戏领域，电子竞技产业初具规模和影响力。但是这一时期中国的互联网发展仍处于初级阶段，我国电子竞技产业还处于缓慢探索中，同时政府还未出台相应的法规政策，也缺乏相应的硬件条件和成熟的市场环境，电子竞技游戏在我国的大规模推广仍受限制。

（2）起步成长期

中国电子竞技的成长期主要集中于 2003~2012 年，特别是 2003 年电子竞技成为国家体育总局承认的正式体育竞赛项目，中国的电子竞技迎来了新的发展机会。2003 年，中国队在 WCG 赛事中获得亮眼成绩，使中国电子竞技在国际上崭露头角。

2004 年，重要的国际电子竞技赛事都来中国举办和布局，中国电子竞技迎来了发展的转折点。但是同年国家广播电影电视总局下发《关于禁止播出电脑网络游戏类节目的通知》，导致系列电子竞技节目遭遇滑铁卢式的挫败。不过，这样的外部环境也促进了线上电子竞技对战模式的发展，颠覆了传统电子竞技产业的发展模式，这一年成立了第一支国家电子竞技队和第一家国家级电子竞技俱乐部，中国电子竞技迈向职业化的道路。2005~2006 年，我国电子竞技选手李晓峰在 WCG 比赛中获得冠军，这推动了电子竞技产业的发展。同年中国电子竞技联盟成立，并在 8 月举办了第一届中国电子竞技争霸赛。

2008 年，在全球金融危机的影响下，各国经济遭遇重创，电子竞技行业发展受到阻碍，电子竞技俱乐部普遍面临资金匮乏、难以为继的局面，电子竞技行业获得的投资也相应减少。2011 年，全球经济回暖，资本重新调整并入局电子竞技行业，同年《英雄联盟》的国服发售，中国电子竞技行业迎来暖春。

在起步成长期，中国电子竞技俱乐部和电子竞技产业在国家顶层设计和市场环境中跌宕起伏、曲折前行，同时技术与媒介也在这一时期推动了电子竞技产业的发展，互联网的兴起催生出新的产业模式和文化发展空间。

（3）高速扩张期

在电子竞技 PC 端发展的同时，我国也迎来电子竞技移动端市场的爆发，直播推动电子竞技产业的发展和传播，吸引了除游戏玩家以外的更广泛的受众。电子竞技产品的成熟、大型赛事的举办、俱乐部的扩张都使我国电子竞技行业不断成熟完善，形成了完整的产业链。

2014 年，中国电子竞技行业迎来高速扩张期，同年 WCG 退出历史舞台，由世界电子竞技大赛 WCA 替代，并落户银川，开启了地方政府推动电子竞技产业发展的先河。2018 年，雅加达亚运会将电子竞技纳入表演赛项目，中国电子竞技代表团在《王者荣耀》《英雄联盟》《部落冲突：皇室战争》项目上夺得 2 金 1 银。2020 年底，亚洲奥林匹克理事会宣布电子竞技项目成为亚运会正式比赛项目，并参与杭州亚运会。参与亚运会将大力促进电子竞技行业的发展，使电子竞技发展进入一个新的阶段。①

电子竞技产业的商业模式和运营模式在这一时期获得迅速成长，并走向成熟和标准化。国内以腾讯为首的互联网巨头开始参与电子竞技游戏网络直播平台的建设，这一时期也孵化出各大网络直播平台，如斗鱼、虎牙等。2017 年，中国体育场馆协会发布全球首个《电子竞技场馆建设标准》，该标准由华体电子竞技公司发起并主编，包括场馆分级、功能分区、用房配置、附属设施设备配套、软件系统、智能化系统等 10 个部分，适用于向社会开放的新建、改建及扩建的永久性电子竞技场馆，并对电子竞技、电子竞技场馆、主机电子竞技、移动电子竞技、VR 电子竞技等进行了规范定义。② 标准的制定和实施推动了电子竞技行业的规范化，中国电子竞技行业在这一时期得到快速发展。

（二）中国电子竞技与欧美日韩电子竞技"文化出海"战略比较

与欧美日韩相比，中国的电子竞技产业起步较晚，相关的产业模式和品

① 《中国电子竞技发展史》，游戏之声，2022 年 5 月 13 日，https：//www. gameweibo. com/article-119978. html。

② 《国内首个〈电子竞技场馆建设标准〉发布》，中国经济网，2017 年 6 月 2 日，http：//caijing. chinadaily. cn/2017-06/02/content_ 29591970. htm。

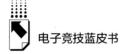
类策略都在积极的实践中探索，并在短时间内迅速成长，成为后起之秀。短短几年的发展，中国电子竞技从小众化项目到如今破圈成长的大众体育竞技类目，各地政府也加快对电子竞技产业的布局，帮助各大俱乐部和赛事在城市落地，推动当地经济的发展。从产业周期来看，我国电子竞技产业处于高速增长阶段，市场环境、平台规则、法律规制、赛事标准以及商业模式等都在不断地调整，并将步入成熟发展的产业化阶段。综合来看，我国电子竞技产业发展主要受政策导向影响，经历了自主化引进、政府严限、政府支持再到如今的监管与提倡并存等阶段，形成政府、平台共同治理监管的有序发展格局。但是，目前我国电子竞技市场仍然缺乏具有核心竞争力和IP内容的原创性游戏品牌，市场上的电子竞技产品主要依靠引进，未来亟待创新与探索，打造成熟完善的电子竞技产业链，探索经济增长新模式。

1. 产业模式对比

中国电子竞技产业模式以"政府+市场"为主，区别于欧美国家和地区完全市场化的产业模式。中国电子竞技产业的发展受政策影响明显，2003年，国家体育总局正式将电子竞技纳为体育项目，电子竞技行业发展迎来第一春。但是，国家广播电影电视总局后续出台《关于禁止播出电脑网络游戏类节目的通知》，导致我国电子竞技产业的发展陷入低谷。直到2014年各大直播平台的兴起，为电子竞技行业的发展打开新的窗口，并快速推动了粉丝经济、饭圈文化的发展。近几年，随着政府监管的放松和相关政策利好，以及电子竞技产业与城市文化的结合，我国电子竞技行业迎来新的爆发式增长，电子竞技成为具有高度影响力和关注度的全民竞技运动。

从电子竞技赛事运营和组织模式来看，欧美电子竞技赛事普遍以现场竞赛为主、电视转播为辅，同时欧美电子竞技赛事面向的主要群体是业余电子竞技爱好者，赛事注重舒适性和体验感；而韩国的电子竞技赛事组织更加注重媒介渠道的宣传，注重线上转播和直播的发展与电子竞技赛事知名度的提高，同时赛事本身的主要参与群体是专业的电子竞技玩家，赛事相对于欧美而言较为紧凑，更加注重国家集体荣誉感。中国的电子竞技赛事则是线下赛事和线上赛事并重，电子竞技赛事的受众群体主要集中在城市玩家，且近年来业余玩家的比重逐步增加。

从市场盈利来看，欧美的电子竞技赞助商主要是电脑软硬件厂商，通过电子竞技赛事提升自身品牌知名度，从而占据高端游戏市场，赞助商主要通过在联赛、锦标赛中的宣传提升其在游戏玩家以及电子产品消费者中的影响力。而日韩的电子竞技产业收入主要基于注意力经济，通过其文化价值链获益，以广告和赞助商为核心。总体来看，日韩的电子竞技盈利模式比较依赖人们对赛事本身的关注度以及衍生文化产品的推广销售。中国的电子竞技产业盈利主要依靠的是电子竞技产业链的上游，其中包括游戏运营商和开发商，一方面是内容授权，另一方面是品牌运营和营销，使玩家在参与过程中能够自主付费入驻游戏，从而提高盈利水平。

2. 社会认可对比

欧美电子竞技市场发展缓慢但是已经成熟，主要集中在 PC 端的电子竞技游戏上。在社会认可上，欧美赛事理念与亚洲地区有较大的差异。欧美市场主要依靠线下赛事吸引更多受众到现场参与活动，重视体验感和参与感，帮助玩家在赛事中找寻自身价值，培养玩家的体育竞技精神。同时，欧美国家和地区经济普遍较发达，大部分玩家有较多的业余时间来培养电子竞技的兴趣和爱好，高校也将电子竞技视作团体体育运动的一部分，政府也重视电子竞技产业和文化的建设，欧美市场拥有较为扎实的电子竞技产业发展基础。

韩国同样拥有成熟的电子竞技市场和体系，根据韩国文化体育观光部和韩国内容振兴院共同发布的《2017 年电子竞技现状报告书》，2017 年韩国电子竞技产业规模同比增长 15%，职业选手的平均年薪达到 9770 万韩元（折合人民币约为 59 万元）。报告书显示，韩国的电子竞技产业规模在 2016 年达到 830 亿韩元（折合人民币约为 5 亿元），同比增长 14.9%。同时，电子竞技赞助相关市场规模达到 212 亿韩元（折合人民币约为 1.3 亿元），在足球和棒球之后，排第 3 位。[①] 这些足以证明韩国全民参与电子竞技的热情

---

① 《5 亿的韩国电竞 VS 85 亿的中国电竞——为什么说我们大而不强》，搜狐网，2018 年 7 月 23 日，https://www.sohu.com/a/242856924_385920。

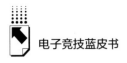

以及电子竞技在韩国文化中的重要性。在韩国人的普遍认知中，电子竞技属于严肃的体育赛事，同时能够带来巨大的经济效益，因此，电子竞技相关职业也属于韩国年轻人的梦想职业，社会对电子竞技有较高的认可度。

现阶段在中国，电子竞技还未获得国民的普遍认可，受到传统文化和体制的影响，电子竞技行业从业人员的社会认可度普遍较低，传统观念上仍将电子竞技归入游戏类目而没有将其视为竞技类目。但是随着电子竞技在我国的布局和发展，以及政府政策和高校的支持，大众的观念也有了较大的转变。

3. IP 塑造对比

电子竞技行业发展的关键在于电子游戏 IP 的塑造，游戏产品的发展往往与技术的发展亦步亦趋，强大的游戏 IP 内容才是电子竞技行业保持核心竞争力的源泉和动力。在历史上，每一次电子竞技行业的变革都离不开革命性游戏产品 IP 内容的发掘和创新。如暴雪公司在 1994 年发布的《魔兽争霸》、1998 年的《星际争霸》《反恐精英》以及 2006 年的 *DOTA* 等游戏，都是欧美电子竞技游戏的巅峰之作，极大地促进了全球电子竞技产业的发展。日本也是电子竞技游戏 IP 内容原创大国，日本一直以来有着深厚的游戏文化和二次元文化基础，也有自成体系的游戏市场和系统。任天堂和世嘉都是游戏 IP 原创性头部公司，它们创造了大量现象级电子竞技游戏，结合日本特色的动漫和独特的文化内涵，开发出以日本特色文化 IP 为核心的电子竞技类目。日本注重对游戏背后文化的挖掘和叙事的沉淀，但是日本的游戏开发以单机游戏为主，缺乏对电子竞技游戏类目的开发。

相比于欧美日的原创性，中国和韩国主要依靠引进的游戏产品，在此基础上进行本土化开发与创作，从而形成全球性的电子竞技产业链。近年来，国产电子竞技游戏 IP 掀起热潮，如 MOBA 类产品《梦三国》的开发，通过赋能三国 IP 元素，十年时间赛事体系不断完善。腾讯打造的《王者荣耀》系列，以中国传统文化和故事为游戏背景打造人物 IP，如蔡文姬、李白、张飞、曹操等历史人物都被年轻玩家熟知，也为游戏叙事空间的开发提供了更多可能。

B.7
中国电子竞技俱乐部发展报告

储小毛　王筱卉　张斯充　鲍威宇*

摘　要： 我国电子竞技俱乐部伴随产业发展飞速崛起，其市场规模和营收逐年增长。当前我国电子竞技俱乐部的发展受到新冠肺炎疫情的影响有所波动，但仍具有广阔的空间和潜力，这些俱乐部主要集聚在一线城市，在新一线城市也有分布。对于电子竞技俱乐部而言，其发展受到资本入驻、政府政策、城市发展、用户消费、赛事资金等多方面因素影响。在宽松的市场环境下，电子竞技行业吸引了大量资本的涌入。各级政府出台相关政策推动电子竞技的良性发展，尝试实现电子竞技与文化娱乐产业的深度融合。此外，电子竞技也成为新兴城市布局的一大方向。伴随知名俱乐部的出现，职业赛事商业化运行成为电子竞技俱乐部未来的发展趋势，出现了如英雄体育 VSPN、MID-MARCH、ImbaTV 等第三方公司，这些第三方公司提供电子竞技赛事组织、泛娱乐化内容生产和内容分发等服务，使电子竞技比赛内容在职业化趋势下得到多元衍生。全域化的电子竞技生态打造是电子竞技俱乐部发展的另一大趋势，构建完善的赛事体系架构，促使赛事正规化、标准化，有利于引导电子竞技俱乐部良性发展。

关键词： 电子竞技俱乐部　城市数字产业　电子竞技生态

* 储小毛，中国传媒大学中国故事研究院院长，研究方向为戏剧影视理论与实践；王筱卉，中国传媒大学数字媒体与艺术学院副教授，哲学博士，中国传媒大学 5G 智能媒体传播与产业研究院院长，研究方向为戏剧影视、数字创意设计和电子竞技；张斯充，中国传媒大学传播研究院硕士研究生，研究方向为媒体融合、智能传播；鲍威宇，中国传媒大学传播研究院硕士研究生，研究方向为传播理论与历史。

自从进入 Web 3.0 时代，随着互联网技术的发展以及国家政策利好，电子竞技行业兴起，并逐渐组建国际性体育竞赛体系。中国电子竞技行业呈现良好的发展势头，电子竞技产业的 IP 开发以及产业链的衍生、细化、差异化的发展促使中国成为国际电子竞技市场的核心。基于数字化的发展，电子竞技俱乐部行业在我国快速崛起并发展。随着电子竞技项目逐渐进入大众视野以及国内外各大电子竞技赛事的举办，我国电子竞技俱乐部的营收能力和发展态势向好。具体来看，2016～2020 年，我国电子竞技俱乐部行业市场规模由 37.8 亿元增长至 88.8 亿元，年均复合增长率约为 23.8%，预计 2024 年将达到 180 亿元以上。①

一　中国电子竞技俱乐部行业发展现状

电子竞技主要指的是使用电子游戏来比赛的体育项目。随着游戏在智能化时代影响力的增强，电子竞技也正式成为体育运动竞技的一种，电子竞技即通过竞赛和竞技组织的电子游戏活动，以电子设备（PC 端、游戏主机、手机等）作为器械，形成人与人之间的智力和操作反应的对抗。电子竞技俱乐部以帮助选手准备、参加电子竞技比赛为主要工作内容，是以获得电子竞技赛事奖项、赢得荣誉和奖金为目的的组织团体。电子竞技俱乐部通常拥有 10 名及以上的正式电子竞技选手以及部分预备选手，教练根据队员的实力、经验等，组建 3～7 人的战队，并定期组织其参加内部、对外实战比赛。电子竞技俱乐部主要参加受到游戏官方认可的，且具备一定规模的电子竞技赛事，以《英雄联盟》为例，电子竞技俱乐部主要带领选手参加英雄联盟全球总决赛（S 赛）、英雄联盟职业联赛（LPL）等。电子竞技俱乐部按照名气可分为头部俱乐部、腰部俱乐部和其他俱乐部（见表 1）。② 电子竞技

---

① 《中国电竞俱乐部行业市场深度评估及 2020－2024 年投资可行性咨询报告》，新思界咨询，http：//www.newsijie.com/baogao/2020/1229/11271659.html，最后检索时间为 2022 年 6 月 16 日。
② 《中国电竞俱乐部行业发展现状及驱动、制约因素分析，商业模式亟待改革》，华经情报网，https：//www.huaon.com/channel/trend/686447.html，最后检索时间为 2022 年 6 月 16 日。

是一种国际性体育竞技，玩家可以在任何时候与来自世界各地的玩家交流，超越了时空的界限。如今，电子竞技团队不再只由来自一个国家或地区的选手组成。相反，就像在其他运动项目一样，最成功的战队已经由来自世界各地的成员组成。

表1　中国电子竞技俱乐部分类

分类	特点	量化指标	电子竞技俱乐部(部分)
头部俱乐部	选手具备丰富的参赛经验，参赛次数多且多次获得相关赛事前三名的优异成绩，媒体、"粉丝"关注度较高	70%以上选手职业生涯在5年以上，且近5年参赛总数在250场以上，获得8场以上大型赛事冠亚季军	FPX、IG、RNG
腰部俱乐部	选手具备较多的参赛经验，多次进入相关赛事八强，拥有一定的"粉丝"基础	50%以上选手职业生涯在5年以上，且近3年参赛总数在100场以上，获得5场以上大型赛事冠亚季军	EDG、WE、JDG
其他俱乐部	选手具备一定的参赛经验，参赛数量中等，在部分赛事中进入八强或十六强，观众、媒体关注度一般	20%以上选手职业生涯在5年以上，近3年参赛总数在50场以上，获得3场以上大型赛事八强及更佳成绩	RW、LNG、BLG

资料来源：华精产业研究院。

随着电子竞技产业在我国的布局和发展，现阶段公众对电子竞技行业的认可度也在逐渐提高，同时，各地政府也通过政策法规的制定扶持电子竞技行业的发展，给予国内电子竞技俱乐部更多的参赛机会和发展空间。截至2019年末，中国电子竞技俱乐部共计5000余家，参加PC端、移动端、网页等各类游戏大小电子竞技赛事共500余场，行业整体数量规模较大，但由于盈利能力不稳定，电子竞技俱乐部数量波动较为明显。[①] 由于新冠肺炎疫情对实体经济的冲击，各地消费降级，影响了电子竞技赛事的举办，线上的比赛方式也降低了电子竞技俱乐部在各个城市的曝光度，减少了运营渠

---

① 《2020年中国电竞俱乐部短报告》，头豹研究院，https://www.leadleo.com，最后检索时间为2022年6月16日。

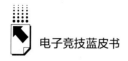
道，缩小了电子竞技俱乐部的行业规模。但是随着疫情的有效防控和国际贸易的发展，中国电子竞技俱乐部将具有广阔的发展空间和潜力，预计2020~2024年，中国电子竞技俱乐部市场规模将从88.7亿元增长至184.9亿元，年均复合增长率达20.16%。[①] 从电子竞技俱乐部的分布城市来看，大部分电子竞技俱乐部聚集在北上广等一线城市，除此之外，成都、杭州、苏州等新一线城市也拥有少量电子竞技俱乐部。

二 中国电子竞技俱乐部行业驱动因素分析

在驱动因素方面，中国电子竞技俱乐部的发展受到资本入驻、政府政策、城市发展等多方面因素的驱动。

1. 资本入驻

为保障电子竞技俱乐部的运营和竞赛水平，电子竞技赛事除了通过举办赛事盈利、招引加盟商赞助外，也在争取更多私募资金的注入，传统私人股本投资者首次以创新性的方式参与进来。2014~2017年，私募股权公司对电子竞技业务的公开投资只有9笔，而2018年一年就有11笔。传统投资者有兴趣探索以不同的方式对该行业进行投资，这表明电子竞技行业已趋向成熟，从投资者的角度来看，其主流吸引力越来越大。电子竞技生态系统在其系列细分领域也提供了各种不同的投资机会。有些是行业独有的，比如电子竞技俱乐部，有些则与其他传统行业有相似之处，比如消费品的开发和市场活动策划，这些投资项目对于第一次进入这个领域的投资者来说可能更容易接受。

同时电子竞技俱乐部将更多的时间和精力投入其专业技能的提升和商业运营，也有助于保障投资方的权益。电子竞技产业的商业价值和附带的文化空间有较大的发展潜力，资本的入驻和资金池的扩大使电子竞技开发商更加

---

① 《中国电竞俱乐部行业发展现状及驱动、制约因素分析，商业模式亟待改革》，华经情报网，https://www.huaon.com/channel/trend/686447.html，最后检索时间为2022年6月16日。

注重游戏 IP 的开发和升级，打造精品化的电子竞技产品，并推动品牌的入驻，增强电子竞技本身的吸引力。

21 世纪最初的 10 年见证了电子竞技在线收视率和奖金的增长。游戏发行商开始从周期性的游戏发行转向"游戏即服务"模式，在这种模式下，收入是通过微交易持续产生的，而不是一次性的实体和数字销售。这极大地刺激了发行商去支持竞争虚拟场景，并将职业电子竞技比赛作为其产品的营销延伸。"免费"游戏起源于亚洲，并因《英雄联盟》（*League of Legends*）在西方流行起来，它在很大程度上取代了订阅模式［该模式在《魔兽世界》（*World of Warcraft*）等游戏中使用］，并让开发商持续运行一款游戏数年，甚至可能持续数十年——前提是收入保持稳定。与此同时，专门的在线流媒体服务的出现使电子竞技的受众规模得以扩大。由此产生的消费者对职业游戏比赛的兴趣，让许多赛事运营商成长为可持续发展的企业。这催生了许多赛事品牌，这些赛事品牌往往非常重视电子竞技的赋能效果，以索尼为例，索尼与 CF 赛事的合作建立在 Xperia 手机基础上，衍生了更多生态产品的合作。

在政策红利和宽松的市场环境下，电子竞技行业也吸引了大量资本的涌入，相关数据显示，2021 年中国电子竞技领域新增注册企业高达 21190 家，同比增长 159.01%。在数字经济时代，电子竞技游戏凭借其高回报率以及元宇宙领域投资的爆发，进一步提高了我国电子竞技市场的投资热度，并在 2017~2018 年达到峰值。2019 年由于受到新冠肺炎疫情的影响，投资界对电子竞技的布局相对冷静平稳，投资和开发主要集中在线上游戏和元宇宙领域，特别是 NFT、VR、AR 技术的广泛应用，也为电子竞技产业发展带来了新的机会。

2. 政府政策

随着中国电子竞技的出圈和发展，电子竞技赛事步入新的发展阶段。中国政府也开始注重电子竞技产业规划的顶层设计，从中央到地方开始陆续出台系列政策推动电子竞技的发展（见表 2）。《文化和旅游部关于印发〈"十四五"文化产业发展规划〉的通知》提出改造提升现有文化消费场所设施，鼓励把文化消费嵌入各类消费场所，推进文化消费网点建设，并将"促进电子

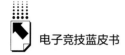
竞技与游戏游艺行业融合发展，鼓励开发沉浸式娱乐体验产品"写进规划。[1]
全国各省市也开始印发各自的"十四五"规划，积极为电子竞技产业的发展提
供支持性政策，促进并推动电子竞技产业的发展。除了北上广等一线城市，还
有成都、杭州、宁波等新一线城市也纷纷加入电子竞技产业的布局，推动电子
竞技产业和新兴技术的融合发展，并结合人工智能、NFT 等技术手段，实现电
子竞技与文化娱乐产业的深度融合，推动体育竞技事业的发展。

地方政府积极采取措施推动电子竞技产业发展。如上海明确提出建设
"全球电竞之都"的目标；北京提出"一都五中心"的概念，以建成"国际
网络游戏之都"；西安设立了 30 多亿元的电子竞技游戏产业发展基金来扶
持电子竞技相关产业；成都发布《关于推进"电竞+"产业发展的实施意
见》，提出建设符合人民美好生活需要的"电子竞技文化之都"；广州力争
在 2021 年建成"全球电子竞技产业中心"；海南省发布"海六条"，在资
金、人才、税收、出入境、赛事审批和传播等六个方面制定推动电子竞技产
业发展的政策。[2]

表 2 与电子竞技相关的国家支持政策（部分）

时间	政策	相关内容
2006 年 9 月	《电子竞技运动项目的管理规定》	支持有条件的动漫游戏企业开拓海外市场,尤其是"一带一路"沿线国家和周边国家市场
2016 年 4 月	《关于印发促进消费带动转型升级行动方案的通知》	明确指出"在做好知识产权保护和对青少年引导的前提下,以企业为主体,举办全国性或国际性电子竞技游戏游艺赛事活动"
2016 年 9 月	《普通高等学校高等职业教育(专科)专业目录》	增补了"电子竞技运动与管理"专业

---

[1] 《文化和旅游部关于印发〈"十四五"文化产业发展规划〉的通知》，中华人民共和国文化和旅游部网站，2021 年 6 月 17 日，http://zwgk.mct.gov.cn/zfxxgkml/cyfz/202106/t2021 0607_925033.html。

[2] 《产业发展正当时，电竞夺冠承势起——电竞行业深度报告》，中国银河证券研究院，https://pdf.dfcfw.com/pdf/H3_ AP202111121528560918_ 1.pdf? 1647615409000.pdf，最后检索时间为 2022 年 6 月 15 日。

时间	政策	相关内容
2017 年 4 月	《文化部"十三五"时期文化产业发展规划》	提出推进游戏产业结构升级,推动网络游戏、电子游戏等游戏门类协调发展,促进移动游戏、电子竞技、游戏直播、虚拟现实游戏等新业态发展
2018 年 10 月	《完善促进消费体制机制实施方案(2018—2020 年)》	体育领域积极培育冰雪运动、山地户外运动、水上运动、航空运动、汽车摩托车运动、电子竞技运动等体育消费新业态
2019 年 4 月	人力资源和社会保障部、国家市场监督管理总局、国家统计局联合发布新职业	人力资源和社会保障部、国家市场监督管理总局、国家统计局联合发布 13 个新职业信息,其中包括电子竞技运营师和电子竞技员两个来自新兴产业的职业
2021 年 2 月	人力资源和社会保障部首次颁布《电子竞技员国家职业技能标准》	首次颁布《电子竞技员国家职业技能标准》,在这份标准中,电子竞技员的职业定义为从事不同类型电子竞技项目比赛、陪练、体验及活动表演的人员。该标准内容包括职业概况、基本要求、工作要求和权重表等方面的内容,并对该职业的活动范围、工作内容、技能要求和知识水平做出了明确规定

资料来源:《产业发展正当时,电竞夺冠承势起——电竞行业深度报告》,中国银河证券研究院,https://pdf.dfcfw.com/pdf/H3_ AP202111121528560918_ 1.pdf? 16476 15409000.pdf,最后检索时间为 2022 年 6 月 15 日。

3. 城市发展

当下"城市+电子竞技"的模式成为城市布局的一大新兴方向。城市发展电子竞技需要具备相对成熟的条件,如年轻用户群体、人才环境、产业化集聚、政策扶持以及基础设施的完善等。年轻活力的城市文化和态度也是影响电子竞技行业发展的重要因素。近年来,越来越多的城市开始重视数字产业的发展,也投身于电子竞技产业布局中,并加大对资金、资源、政策等方面的支持力度,推动电子竞技产业发展。近年来,EDG、RNG 等俱乐部的发展推动上海建成"电子竞技之都",同时众多一线城市和新一线城市热衷于电子竞技产业布局,推动电子竞技的发展。

但是目前我国城市发展电子竞技产业和布局数字经济还处于起步阶段,发

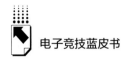

展电子竞技文化、打造精品电子竞技 IP 等方面还处在探索阶段。各城市应探索出一条属于自己的发展道路，积极推动本土化和特色化的电子竞技产业发展。

三 中国电子竞技俱乐部行业制约因素分析

（一）人才市场供需不平衡

人力资源和社会保障部发布的《电子竞技运营师和电子竞技员就业景气现状分析报告》显示，目前我国只有不到 15% 的电子竞技岗位处于人力饱和状态，预计未来 5 年，我国电子竞技员人才需求量近 200 万人，电子竞技运营师人才需求量近 150 万人。[1] 通过报告和相关政策可以看出，由于人才培养体系不完善，行业基础较薄弱，我国电子竞技人才稀缺将成为电子竞技行业未来发展的一大瓶颈。电子竞技项目被纳入国家体育战略也为电子竞技行业吸引人才和资源提供了战略性支撑。

教育部提供的数据显示，2019 年进入职业院校学习"电子竞技运动与管理"专业的学生数量不足 1 万人，本、专科在校学生中，对电子竞技感兴趣且会参加电子竞技培训的人估算仅有 40 万~60 万人。由于电子竞技相关课程的针对性不强、实地考察研究较少等，在完成电子竞技专业学习的学生中，仅有不足 30% 的学生仍想继续从事电子竞技相关行业。[2] 基于这样的背景，仅有少数学生愿意从事电子竞技行业，因此，我国电子竞技人才储备不足，还需要进一步完善教学模式和人才培养体系。

（二）商业发展模式滞后

中国电子竞技产业已进入高速发展阶段，国内电子竞技俱乐部数量初具

---

① 《电竞人才缺口高达 350 万》，山东财经网，2019 年 7 月 19 日，https：//www.sdenews.com/html/2019/7/266333.shtml。
② 《中国电竞俱乐部行业发展现状分析》，腾讯网，2021 年 3 月 15 日，https：//new.qq.com/omn/20210315/20210315A0E5JZ00.html。

规模，但是由于电子竞技产业发展仍处于探索阶段，电子竞技俱乐部对资本的依赖性仍较强，队伍仍较为单一，职业选手分布仍较分散。同时，近几年新冠肺炎疫情影响了实体经济的发展，电子竞技场馆的扩张进程放缓，导致国内职业电子竞技联赛无法形成较大的规模，影响了电子竞技的赛事收入、转播收入、广告收入以及品牌加盟等。

近年来，随着国家政策的扶持、行业规范的完善以及媒体关注度的提升，我国电子竞技行业商业模式规范化的趋势也越发明显。电子竞技作为新兴数字文化产业，正在发展成符合现代竞技精神和多元文化需求的行业，拥有较为成熟的上中下游产业链。当下政府也在积极布局"元宇宙+电子竞技"领域，并积极培养电子竞技专业人才，扩大电子竞技的市场空间，激发其发展潜力。

目前，我国电子竞技俱乐部的培养模式亟待完善，当下电子竞技俱乐部的运营和宣传投入资金量较大，俱乐部内部相关机制还未完善，小型俱乐部生存空间被大型俱乐部挤占，造成培养成本的增加和时间损耗。目前，中国的电子竞技俱乐部成为后起之秀，所培养战队陆续在全球性电子竞技比赛中获得冠军，但是由于缺乏商业化运作和包装，我国电子竞技难以获得较高关注，电子竞技的商业模式还需要进一步完善。

（三）低迷的经济环境

经济环境能够直接影响消费动能和市场需求，好的经济环境和宽松的市场监管一定程度上能够推动新兴产业的崛起，但是趋严的市场监管政策和低迷的经济环境会对新兴产业的发展产生不利影响。2019年新冠肺炎疫情在全球范围内暴发，大量电子竞技赛事延迟或取消，直接影响了全球电子竞技市场的盈利。电子竞技收入的一大部分来源于赛事门票销售和观众对衍生周边产品的消费，比赛场次的减少使盈利锐减。同时，在场感和参与感更能够带动观众的情绪和消费，推动品牌传播和线上直播或转播的广告收入持续增长，从而扩大资金池，盘活整个市场，带动新兴消费的增长。在新冠肺炎疫情期间全球低迷的经济环境，居民消费的降级，国际比赛的受限，使电子竞技赛事的发展受到了阻碍。

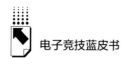

四　电子竞技俱乐部发展展望

电子竞技俱乐部是各大电子竞技赛事的主要参与者和表演者，较高级别电子竞技联赛参与者均为职业电子竞技俱乐部。职业俱乐部与业余俱乐部的区别在于职业俱乐部具有企业法人资格，由职业电子竞技运动员组成，并配备投资人、经理、拥有相关从业资格的教练以及专门的传播媒介。

电子竞技被官方和社会认可，电子竞技项目被纳入奥运会比赛项目，各地政府和相关部门出台多项利好政策，加之游戏研发商和发行商大力推动电子竞技全民化进程，电子竞技环境不断优化，俱乐部获得了越来越多的参赛机会和与公众接触的机会，加之直播平台签约、赞助商出资赞助、内容流量变现等因素影响，涌现出 WE ［希玛（上海）文化传播有限公司］、IG（上海皑极信息科技有限公司）、RNG（乐游网络科技有限公司）等知名战队，培育出众多明星选手。同一个俱乐部往往会组建多个部门以参与不同游戏的赛事。

2003 年 11 月 18 日，中国数字体育互动平台启动仪式在北京人民大会堂举办，这次会议宣布将电子竞技运动列为第 99 个体育项目并给出电子竞技的官方定义。意味着电子竞技在我国经过多年发展最终被官方认可。在经过十几年发展后，电子竞技赛事在我国已经不再是单纯的娱乐项目，而形成了拥有完整产业链、能带来巨大经济和文化价值的产业体系。根据《2021年中国电竞行业研究报告》[1] 的数据，2020 年，中国电子竞技用户规模达 5亿人，整体电子竞技市场规模近 1500 亿元，整体市场增长率达 29.8%，并形成了专业化、标准化的产业模式。

---

① 《2021 年中国电竞行业研究报告》，艾瑞咨询，2021 年 5 月 11 日，http：//pg. jrj. com. cn/ acc/Res/CN_ RES/INDUS/2021/5/11/107169af-c516-4493-8b3a-5e033327739e. pdf。

（一）职业赛事商业化运行

1. 英雄体育 VSPN

英雄体育 VSPN 是一家成立于 2016 年的第三方电子竞技公司，以电子竞技赛事和泛娱乐化内容为核心，提供电子竞技赛事承办业务和赛事内容制作，电子竞技商业化、电子竞技 IP 化运营，艺人孵化等服务，致力于构建全球可持续发展的电子竞技生态圈。截至 2020 年，英雄体育 VSPN 在全球范围内共计制作播出了 13000 余场高级别赛事，与众多国内高热度电子竞技游戏的研发商和发行商展开了深度合作，在全球范围内为《英雄联盟》《穿越火线》《王者荣耀》《和平精英》等众多高人气顶级电子竞技赛事举办一系列官方、顶级的职业赛事，包括 KPL、LPL、PEL 等高级别赛事（见表 3）。

表 3　英雄体育 VSPN 全球业务分布情况

亚洲	欧洲	北美洲	南美洲
CFS 世界总决赛 《和平精英》职业联赛 KPL 春季赛总决赛 世界电子竞技大赛 PEC《和平精英》世界冠军杯 《穿越火线》国际邀请赛 CFS 世界总决赛 《炉石传说》中欧对抗赛 《穿越火线》国际邀请赛 《皇室战争》亚洲皇冠杯 《王者荣耀》世界冠军杯 《王者荣耀》世界冠军杯 《穿越火线枪战王者》国际邀请赛 LOL 洲际赛亚洲对抗赛 PUBG 国家杯 《荒野乱斗》世界锦标赛 《王者荣耀》国际冠军杯 LCK 总决赛	PUBG 全球邀请赛	PUBG 全球总决赛	CFS 2019 巴西国际邀请赛

亚洲	欧洲	北美洲	南美洲
CFS 全球总决赛 EACC PUBG 亚洲邀请赛 PUBG MOBILE 名人挑战赛 PUBG MOBILE 名人挑战赛亚洲区决赛 PMCO 世界总决赛 AWC 世界总决赛 PUBG MOBILE 东南亚职业联赛 Free Fire World Series PUBG MOBILE 全球总决赛 PUBG MOBIE 名人挑战赛 PUBG MOBILE 名人挑战赛全球总决赛 PMGC 世界总决赛 BH|亚运会 PMCO-SEA	Rise of the Vikings 全球挑战赛	PUBG 全球总决赛	CFS 2019 巴西国际邀请赛

资料来源：英雄体育 VSPN 官方网站。

英雄体育 VSPN 拥有《王者荣耀》和《和平精英》系列赛事的独家版权，同时还拥有《绝地求生》《穿越火线》系列职业联赛的赛事运营版权，覆盖 IPTV、有线网络、数字频道和地方台等多个电视端平台，打造出独特的电视电子竞技版权生态。同时英雄体育 VSPN 在全球核心城市投资建设电子竞技场馆，围绕电子竞技核心用户群体，为玩家、用户、城市、行业营造丰富、多维、正规的电子竞技生态。例如，在经过大量实践探索后结合相关技术标准和行业规范，电器与电子工程师协会（IEEE）与英雄体育 VSPN、腾讯云、中国联通、英特尔等合作伙伴共同推出《电竞赛事直转播技术标准》和《电竞赛事公平性准则》两项国际电子竞技标准，统一的标准有助于行业内部协同合作，提高效率，同时具有合法性的国内、国际规范性文件也有助于推动社会对电子竞技的正向认知。

2. MID-MARCH

2020 年，上海众沃文化传播有限公司（以下简称"众沃文化"）完成了 Pre-A 轮融资，获得了来自曜为资本、嘉源海文化等各方投资人共计上千万元的投资。2020 年，众沃文化将资金用于现有头部和中部艺人孵化、线下直播基地建设、培训业务的拓展等，该公司具有巨大的发展潜力。MID-MARCH 作为众沃文化全资控股的 MCN（短视频）公司在北京市电子竞技产业发展协会举办的"2020 畅想未来新竞界：电竞行业颁奖盛典"上获得"2020 最具潜力 MCN 机构"的头衔。

MID-MARCH 是一家致力于精准营销服务的 MCN 机构，服务覆盖动漫、电子竞技等泛娱乐产业。经过数年发展形成从内容制作到市场推广的完整产业链。在电子竞技领域，MID-MARCH 从打造直播行业艺人、艺人服务、垂直化运营，到整合赛事节目、项目等都有着规范的流程和标准。MID-MARCH 签约了 EDG 电子竞技俱乐部旗下《英雄联盟》《王者荣耀》的职业选手。在直播解说领域，不同于传统 MCN 公司大量签约主播的做法，MID-MARCH 采取细分化管理的方式，针对不同的主播采取不同的孵化策略。例如《英雄联盟》官方解说"记得"，其个人身份特点是毕业于台湾台北大学，在主播行业中学历较高，其解说风格沉稳、条理清晰，机构针对这些特点对其进行包装，这也使"记得"获得 2020 年"体育星力量年度电竞人气解说"的称号。

在垂直化运营方面，MID-MARCH 全方位覆盖小红书、抖音、微博、斗鱼、虎牙等多个核心平台。在不同的平台上 MID-MARCH 输出的内容也有所不同，其目标是输出不同质但优质的内容，有效激发电子竞技"粉丝"群体热情，反哺品牌，以获得更多目标用户。

3. ImbaTV

ImbaTV 是一家以电子竞技赛事为核心的内容分发平台，致力于为电子竞技用户提供全球优质的电子竞技赛事内容。2014 年，ImbaTV 通过众筹的方式创办了 i 联赛。2015 年，ImbaTV 与知名赛事品牌 Starladder 达成合作协议，共同举办大型电子竞技赛事。ImbaTV 不仅在国内是一家大型内容分发机构，在国际上也是一家实力雄厚的赛事制作方。曾多次作为 CS：GO 赛事体系内最高级别的 Major 赛事的中文直播信号官方授权合作伙伴，在世界各

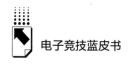

个国家举办大型电子竞技赛事，涵盖《英雄联盟》、CS：GO、《绝地求生》等多款热门电子竞技比赛项目游戏。

ImbaTV 在电子竞技领域培养了瓦莉拉、XIXI 等众多知名解说主播，制作了多款与电子竞技相关的原创类综艺节目，如《游戏麦霸我最 6》《倒塔我的锅》《炉石速成班》等，这些综艺节目以反映电子竞技游戏内容和行业内从业人员的生活经历为主，使电子竞技得到更多衍生。

（二）全域化的电子竞技生态：TGA 腾讯电竞赛事联合会

2021 年腾讯举办 TGA[①] 赛事生态共建大会。在这次会议上，TGA 腾讯电竞赛事联合会正式成立，并且推出"全域电竞生态打造计划"，协助地域自建赛事 IP 创造及人才培养与输送。同时与广州丝芭文化达成合作，共同探索"偶像+电子竞技人才培养"新路径。腾讯游戏副总裁、腾讯电子竞技总经理侯淼表示，"在过去电子竞技行业发展的黄金五年里，电子竞技行业与地域的联系越发紧密"。在这次大会上，相关发言人做出规划，完善赛事体系架构，挖掘全域电子竞技新可能。同时对地域化的省队做出安排，确定奖池金额、发布赛制规则；通过建立组委会防范机制对赛事进行正规化、标准化管理。TGA 腾讯电竞赛事联合会从省队赞助、招商授权、赛事版权三方面持续优化省队商业合作模式。同时成立了商业互助小组、开放了省队管理系统，鼓励省队自建主场，协助地域进一步拓展商务能力。更加聚焦地域化内容制作，积极推广省队赛事模式，打造差异化的省队标签，培养省队间良性的竞争氛围。在 TGA 腾讯电竞赛事联合会的努力下，省队共设置《王者荣耀》、《英雄联盟》、FIFA online、《和平精英》四个项目。

以上种种模式调整意味着电子竞技行业内的头部企业已经发现了地域化对电子竞技赛事体系的正向促进作用，省队赛事模式能在一定程度上推动社会对电子竞技项目的正向认知，并激发地域化赛事进一步发展的潜力。

城市所在地是影响队伍建设的重要因素。例如在足球运动中，世界五大

---

① TGA：腾讯电竞运动会，Tencent Globle eSports Arena。

联赛之一英超联赛的许多球队，如曼彻斯特联队、利物浦队等就是依据某一特定城市而建立起来的拥有悠久历史的球队。这种队伍建设模式在其长久的发展历史中带来了许多文化层面的影响，作为球迷共同体的身份为球迷的地域共同体身份认同感起到了强化作用，同时局限在球场上球队之间的冲突摩擦也会对现实生活中不同城市居民之间的互动实践产生影响，这足以说明一旦城市作为要素被纳入竞技运动的组织模式中，将会极大地拓展这项赛事的内涵与外延。TGA 采用的省队模式，不但能够促进地方经济与文化实力的发展，打造开放、时尚、包容的城市形象，还能增强"粉丝"的地域认同感并推动社会正向认知。也需要关注在举办地域化电子竞技赛事的同时，虚拟赛事对现实社会主体间交往产生的负面影响，这就需要政府、企业、游戏三方共同维护地域赛事，通过适当的方式引导电子竞技省队间良性竞争、不同省份居民间良性互动。

案 例 篇

Case Study

B.8

《王者荣耀》的商业价值与社会责任

张易加 季 彬 宋 芹 张玉林*

摘 要： 《王者荣耀》是新时代全民性电子竞技运动，通过全民观赏和参与电子竞技赛事，建立关系连接、沉淀高光回忆，实现人民群众对精神文化的更高追求。《王者荣耀》作为 MOBA 多人在线战术竞技手游，目前已形成较为完善的游戏模式与商业模式，通过内容授权、内容制作、赛事执行、内容传播、赛事参与和电子竞技衍生建设，打造出一条完整的电子竞技产业链，并持续建设全民电子竞技体系与全球电子竞技体系，全力推动电子竞技从中国走向世界。此外，《王者荣耀》积极部署 IP 化战略，深耕文化传承与游戏出海，通过未成年人保护与防沉迷机制展现社会责任，并通过电子竞技公益项目为传播竞技精神与维持社会

* 张易加，腾讯互娱天美电竞中心总经理、《王者荣耀》电竞总负责人；季彬，天美电竞赛事制作人，《王者荣耀》职业联赛（KPL）首任制作人；宋芹，中国传媒大学媒体融合与传播国家重点实验室助理研究员，研究方向为国际传播、智能化影像传播、媒体与文化研究；张玉林，中国传媒大学新闻学院硕士研究生，研究方向为全媒体新闻实务。

稳定做出贡献。本报告主要从《王者荣耀》的商业价值与社会责任两个方面对电子竞技的正向价值进行梳理与阐释。

关键词： 《王者荣耀》　用户经济　IP 化　游戏出海

一　《王者荣耀》的商业价值

随着 5G、大数据等技术的发展，移动游戏行业规模迅速扩大，中国游戏强势崛起。相关统计数据显示，2022 年 1 月全球游戏收入榜中，中国共 34 款手游上榜，合计吸金 22.6 亿美元。在手游市场中，《王者荣耀》的亮眼表现值得注意，根据 Sensor Tower 商店数据，2022 年《王者荣耀》在全球 App Store 和 Google Play 吸金 2.25 亿美元，位于全球手游畅销榜首位。[①]《王者荣耀》是新时代全民性电子竞技运动，是《王者荣耀》价值观与竞技运动价值观的融合外化，通过全民观赏和参与电子竞技赛事，建立关系连接、沉淀高光回忆，实现人民群众对精神文化的更高追求。具体来看，《王者荣耀》具有三个特色，一是具有广泛的群众基础，二是具有领先的商业模式与专业能力，三是代表从中国崛起走向世界的电子竞技文化。

（一）电子竞技产业价值:《王者荣耀》的产业市场

1. 电子竞技与游戏行业市场规模

（1）端游电子竞技、移动电子竞技和电子竞技生态

根据艾瑞咨询《2020 年中国电竞行业研究报告》数据，2017~2021 年，中国电子竞技行业市场规模呈逐年增长趋势，整体电子竞技游戏市场规模从 2017 年的 706.1 亿元增长至 2021 年的 1651.4 亿元。对中国电子竞技游戏市

---

① 《王者荣耀重回全球手游畅销榜冠军手游行业市场调研分析》，中研网，2022 年 3 月 23 日，https://www.chinairn.com/hyzx/20220323/115410521.shtml。

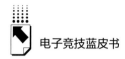

场进行细分，可分为端游电子竞技游戏市场、移动电子竞技游戏市场和电子竞技市场。端游电子竞技游戏市场规模和移动电子竞技游戏市场规模分别指中国大陆地区用户为端游电子竞技游戏和移动电子竞技游戏消费的总金额，电子竞技生态市场规模包括赛事门票、周边、众筹等用户付费和赞助、版权、广告等围绕赛事产生的收入以及俱乐部和选手、直播平台和主播等赛事之外的产业链核心环节产生的收入。[①] 其中，端游电子竞技游戏市场规模较为稳定，2017 年端游电子竞技游戏市场规模为 301.2 亿元，2021 年端游电子竞技游戏市场规模为 374.3 亿元，增长幅度较小；随着移动互联网、5G、大数据和人工智能等技术的发展，移动电子竞技游戏市场规模和电子竞技生态市场规模迅速扩大，2021 年移动电子竞技游戏市场规模达 724.5亿元，电子竞技生态市场规模从 2017 年的 101.7 亿元增长至 2021 年的552.6 亿元（见图 1）。

图 1　2017~2021 年中国电子竞技游戏各细分市场规模

资料来源：《2020 年中国电竞行业研究报告》，艾瑞咨询，2020 年 4 月 30 日，https：//www. iresearch. com. cn/Detail/report？id＝3573&isfree＝0。

---

① 《2020 年中国电竞行业研究报告》，艾瑞咨询，2020 年 4 月 30 日，https：//www. iresearch. com. cn/Detail/report？id＝3573&isfree＝0。

从增长率来看，2018～2021 年电子竞技整体市场增长率呈下降趋势，2018 年电子竞技整体市场增长率为 33.2%，2021 年下降至 17.5%，下降了 15.7 个百分点；与此同时，电子竞技生态市场增长率也在逐年下降，但相比电子竞技整体市场增长率，电子竞技生态市场增长率维持在一个较高的水平，2018 年电子竞技整体市场增长率为 33.2%，电子竞技生态市场增长率则达到 75.1%，2021 年电子竞技生态市场增长率下降至 35.1%，约为 2018 年增长率的 1/2，但仍是 2021 年整体电子竞技市场增长率的 2 倍（见图 2）。

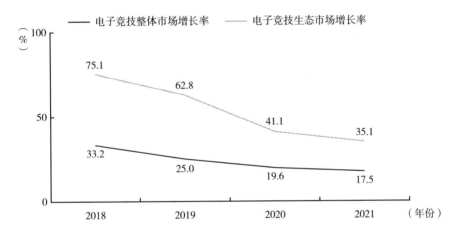

图 2　2018～2021 年中国电子竞技整体市场增长率与电子竞技生态市场增长率

资料来源：《2020 年中国电竞行业研究报告》，艾瑞咨询，2020 年 4 月 30 日，https://www.iresearch.com.cn/Detail/report？id＝3573&isfree＝0。

从市场份额来看，从 2017 年起，移动电子竞技游戏市场收入是中国电子竞技整体市场收入的主要部分，电子竞技生态市场也展现出强劲的生机与活力。2020 年端游电子竞技游戏市场规模为 348.4 亿元，移动电子竞技游戏市场规模达到 648.1 亿元，电子竞技生态市场规模达 409.1 亿元。具体来看，2017 年端游电子竞技游戏市场和移动电子竞技游戏市场占据主要市场份额，分别为 42.7% 和 42.9%。但随着移动互联网、5G、人工智能等技术的发展，电子竞技生态市场迅速发展，其市场份额从 2017 年的 14.4%，增长至 2021 年的 33.5%；而端游电子竞技游戏市场被挤压，市

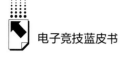

份额从 2017 年的 42.7%下降至 2021 年的 22.7%（见图 3）。从数据来看，移动电子竞技游戏仍占据主要市场，但电子竞技生态市场发展迅速，近些年大型电子竞技赛事、电子竞技直播等行业兴起，电子竞技生态市场具有较大发展潜力。

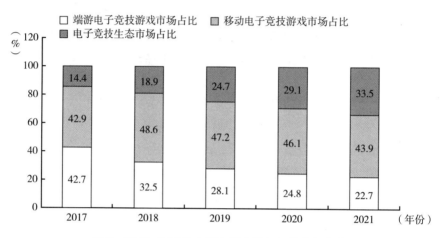

图 3　2017～2021 年中国电子竞技各细分市场占比

资料来源：《2020 年中国电竞行业研究报告》，艾瑞咨询，2020 年 4 月 30 日，https：//www. iresearch. com. cn/Detail/report? id＝3573&isfree＝0。

（2）游戏销售收入

①国内市场与海外市场

中国游戏市场实际销售收入逐年增长，2014 年实际销售收入为 1141. 81 亿元，2020 年实际销售收入达 2786. 87 亿元，是 2014 年收入额的 2.44 倍。但是从增长速度来看，中国游戏市场实际销售收入增长率并不平稳，2014 年是中国游戏市场实际销售收入增长幅度较大的一年，实际销售收入增长率高达 37. 65%，2015 年增长率下降至 23. 23%，2017 年游戏市场实际销售收入增长率稳定在 22. 98%。自 2018 年开始，中国游戏市场实际销售收入增长步伐放缓，2018～2019 年，增长率分别为 5. 32%和 7. 66%；2020 年增长率才恢复到之前的水平，达到 20. 71%，可见中国游戏市场实际销售收入仍保持增长态势，但受市场影响较大，增长率波动较大（见图 4）。

图 4　2014～2020 年中国游戏市场实际销售收入及其增长率

资料来源:《2020 年中国游戏产业报告》, 游戏产业网, 2022 年 8 月 19 日, http: //
www. cgigc. com. cn/details. html? id = 08da81c4-fc35-4bd1-853d-9f66bba69125&tp = report。

从国内市场来看, 销售收入呈现逐年增长态势, 2014 年中国自主研
发游戏国内市场实际销售收入为 726. 60 亿元, 2020 年达 2401. 92 亿元。
2020 年中国游戏市场实际销售总收入为 2786. 87 亿元, 2020 年中国自主
研发游戏国内市场实际销售收入占游戏市场实际销售总收入的 86. 19%。
从增长率来看, 2014 年是中国游戏发展的大好之年, 相比 2013 年, 中国
自主研发游戏国内市场实际销售收入增长率达到 52. 45%; 此后增长率开
始下降, 2016 年, 增长率下降至 19. 85%; 2016～2019 年增长较稳定,
2020 年增长率达到 26. 74% (见图 5)。从中国自主研发游戏国内市场实
际销售收入及增长率来看, 2014～2020 年是中国游戏市场稳定发展的
时期。

海外市场的实际销售收入与国内市场相距甚远, 2014 年中国游戏市场
实际销售总收入为 1141. 81 亿元, 中国自主研发游戏国内市场实际销售收入
为 726. 60 亿元, 而海外市场实际销售收入为 30. 76 亿元, 占中国游戏市场
实际销售总收入的 2. 69%。2020 年海外市场实际销售收入增长至 154. 50 亿
元, 国内市场实际销售收入为 2401. 92 亿元。海外市场实际销售收入自
2014 年起保持逐年增长态势, 从增长率来看, 2014 年与 2015 年的增长率分

图5　2014~2020 年中国自主研发游戏国内市场实际销售收入及其增长率

资料来源：《2020 年中国游戏产业报告》，游戏产业网，2022 年 8 月 19 日，http：// www. cgigc. com. cn/details. html？ id＝08da81c4-fc35-4bd1-853d-9f66bba69125&tp＝report。

别达到69.02%和72.56%。自2015年起，中国游戏市场实际销售总收入与中国自主研发游戏国内市场实际销售收入的增长率均开始下降，但2015年中国自主研发游戏海外市场实际销售收入增长率反有上升之势。2015~2017年中国自主研发游戏海外市场实际销售收入增长率开始下降，与国内市场相似，增长率下降至14.48%；2017~2020年，增长率开始稳步上升，2020年增长率达到33.25%（见图6）。由此可见，中国自主研发游戏海外市场实际销售收入虽不是中国游戏市场实际销售总收入的主要部分，且与国内市场实际销售收入相距甚远，但其收入也保持稳步增长态势。

②移动游戏、客户端游戏与网页游戏市场

从实际销售收入来看，移动游戏的实际销售收入是中国游戏市场收入的主要部分。以2020年实际销售收入数据为例，中国移动游戏市场实际销售收入为2096.76亿元，占据75.24%的市场份额；客户端游戏市场实际销售收入为559.20亿元，占比为20.07%；网页游戏市场实际销售收入为76.08亿元，占比为2.73%（见图7）。

从2014~2020年的数据来看，移动游戏市场实际销售收入逐年增长，2014年实际销售收入为274.92亿元，2020年实际销售收入达2096.76亿

图6　2014~2020年中国自主研发游戏海外市场实际销售收入及其增长率

资料来源：《2020年中国游戏产业报告》，游戏产业网，2022年8月19日，http：//www. cgigc. com. cn/details. html？id＝08da81c4－fc35－4bd1－853d－9f66bba69125&tp＝report。

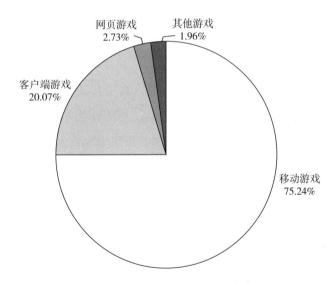

图7　2020年中国游戏市场分布情况

资料来源：《2020年中国游戏产业报告》，游戏产业网，2022年8月19日，http：//www. cgigc. com. cn/details. html？id＝08da81c4－fc35－4bd1－853d－9f66bba69125&tp＝report。

元。其增长率有较大波动幅度，2014年移动游戏市场实际销售收入增长率达144.59%，之后开始逐年下降，2018年增长率下降至15.36%；自2019

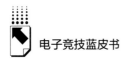

年开始增长率不再下降，2019 年增长率上涨至 18.03%，2020 年增长率进一步上升至 32.61%（见图 8）。

图 8　2014~2020 年中国移动游戏市场实际销售收入及其增长率

资料来源：《2020 年中国游戏产业报告》，游戏产业网，2022 年 8 月 19 日，http：//www. cgigc. com. cn/details. html？id=08da81c4-fc35-4bd1-853d-9f66bba69125&tp=report。

　　早些年客户端游戏市场的实际销售收入高于移动游戏市场，2014 年客户端游戏市场实际销售收入为 608.93 亿元，2015 年为 611.57 亿元，均高于移动游戏市场实际销售收入。但客户端游戏市场实际销售收入并不稳定，有涨有跌，发展出现停滞甚至倒退，2020 年客户端游戏市场实际销售收入已下降至 559.20 亿元。从增长率来看，2015 年客户端游戏市场实际销售收入增长率只有 0.43%，除 2017 年实际销售收入出现增长和 2019 年出现小幅增长外，2016~2020 年，客户端游戏市场实际销售收入均下降，2020 年增长率已下降至-9.09%。可见移动游戏市场的发展对客户端游戏市场造成挤压，客户端游戏市场实际销售收入呈现下降趋势（见图 9）。

　　近几年，网页游戏市场实际销售收入持续下降，网页游戏在市场竞争中处于下风，实际销售收入本就不及客户端游戏，随着移动游戏的发展，网页游戏更无反抗之力，实际销售收入一降再降。2014 年网页游戏市场实际销售收入为 202.70 亿元，与移动游戏市场实际销售收入相差无几，均低于客户端

图9　2014~2020年中国客户端游戏市场实际销售收入及其增长率

资料来源：《2020年中国游戏产业报告》，游戏产业网，2022年8月19日，http：//www.cgigc.com.cn/details.html？id=08da81c4-fc35-4bd1-853d-9f66bba69125&tp=report。

游戏市场实际销售收入。2020年，网页游戏市场实际销售收入已降至76.08亿元，虽然客户端游戏市场实际销售收入也下降至559.20亿元，但仍高出网页游戏市场实际销售收入不少，与移动游戏市场2096.76亿元的实际销售收入相比，网页游戏市场实际销售收入仅占移动游戏市场实际销售收入的3.63%。从增长率来看，2014年网页游戏市场实际销售收入增长率为58.76%，2015年跌至8.34%，自2016年起网页游戏市场实际销售收入开始下降，2020年，增长率下降至-22.91%（见图10）。可见随着移动游戏的兴起与发展，网页游戏市场转向惨淡。

③电子竞技游戏市场

中国电子竞技游戏市场兴起与繁荣时间较短，但发展态势较好，展现出蓬勃的生机与活力，发展速度较快。从数据来看，2016年中国电子竞技游戏市场实际销售收入为504.60亿元，随后实际销售收入逐年增长，2020年实际销售收入已达1365.57亿元，是2016年实际销售收入的2.71倍。其增长率呈倒梯形，2017年增长率达到44.77%，2019年下降至13.53%，2020年增长率又上升至44.16%，与2017年持平，保持在较高水平（见图11）。

图 10　2014～2020 年中国网页游戏市场实际销售收入及其增长率

资料来源:《2020 年中国游戏产业报告》,游戏产业网,2022 年 8 月 19 日,http://www. cgigc. com. cn/details. html? id = 08da81c4 - fc35 - 4bd1 - 853d - 9f66bba69125&tp = report。

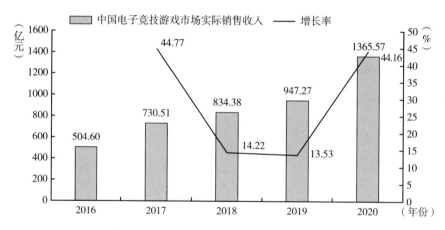

图 11　2016～2020 年中国电子竞技游戏市场实际销售收入及其增长率

资料来源:《2020 年中国游戏产业报告》,游戏产业网,2022 年 8 月 19 日,http://www. cgigc. com. cn/details. html? id = 08da81c4 - fc35 - 4bd1 - 853d - 9f66bba69125&tp = report。

（3）中国电子竞技产业生态

根据艾瑞咨询《2022 年中国电竞行业研究报告》,中国电子竞技产业链（见图 12）主要包括六部分,即内容授权、内容制作、赛事执行、内容传播、赛事参与和电子竞技衍生。其中,内容授权指游戏研发商授权给游戏运

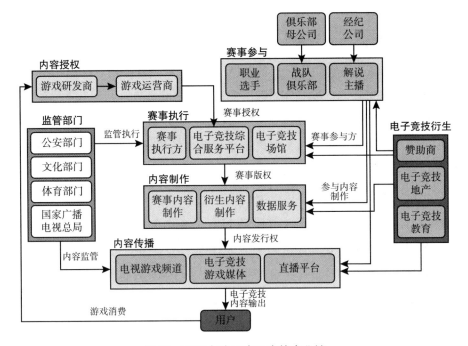

图 12　2020 年中国电子竞技产业链

资料来源：《2022 年中国电竞行业研究报告》，艾瑞咨询，2022 年 5 月 27 日，https：//report. iresearch. cn/report/202205/4001. shtml。

营商，游戏运营商再进行赛事授权，包括赛事版权和内容发行权。赛事执行指赛事执行方获得授权后举行电子竞技赛事，包括电子竞技综合服务平台的搭建和电子竞技场馆的建设。内容制作主要包括赛事内容制作、赛事衍生内容制作和赛事的数据服务。获得内容发行权后，赛事可以通过电视游戏频道、电子竞技游戏媒体和直播平台对用户进行电子竞技内容输出，引导用户进行游戏消费。同时在赛事执行和内容传播的过程中，由统一的监管部门进行监管执行与内容监管，其中监管部门包括公安部门、文化部门、体育部门和国家广播电视总局。在赛事参与层面，主要参与者包括职业选手、战队俱乐部与解说主播。电子竞技衍生的产业包括赞助商、电子竞技地产、电子竞技教育等，这些衍生产业对电子竞技赛事参与、赛事执行、内容制作和内容传播等产生重要影响。

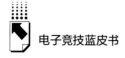

①电子竞技赛事

2020 年 Value 官方宣布推出联赛体系，标志着电子竞技赛事体系的转型，随后 *DOTA 2* 俱乐部联盟与 MarsTV 成立 DPL-CDA 联赛，试水该体系。① 相比传统的杯赛体系，联赛体系的商业化水平更高，更有利于电子竞技赛事的发展。与此同时，电子竞技赛事的主场化趋势增强，将原本在一个城市举行的赛事分散到不同的城市，对电子竞技赛事的传播与推广具有重要意义。比如《守望先锋》全球联赛即分为太平洋赛区与大西洋赛区，其中太平洋赛区下设东部赛区和西部赛区，大西洋赛区则下设南部赛区与北部赛区，在全球范围内推广赛事。腾讯率先推动 LPL 主场化布局，在北京、上海、杭州、苏州、成都和西安等经济繁荣地区举办 LPL 赛事。近些年电子竞技赛事发展迅速，赛事的竞技性、观赏性、大众参与性等方面取得新突破。

以 2019 年 CF 职业联赛为例，CF 职业赛事体系分为地区联赛与国际对抗，其中地区联赛主要包括国内职业联赛与巴西职业联赛，国际对抗则包括国际邀请赛和中越对抗赛，以此提升赛事的竞技性与丰富性。此外，CF 职业联赛还开启了席位制，落地联盟制度，得到诸多俱乐部的认可，比如老牌战队 SV、AG 等，也包括新晋战队 EDG、苏宁等。在席位制中，俱乐部可以与联盟共享商业利益，也需要提升自身团队的品牌效应与传播效果。

《QQ 飞车》拥有完备的电子竞技赛事体系。以 S 联赛、亚洲杯为核心的职业联赛体系，汇聚了全国乃至亚洲最顶尖的电子竞技俱乐部/个人选手。以全国车队公开赛为核心的大众型赛事，则面向全国各地的玩家群体，号召大众参与，是玩家"家门口"的电子竞技赛事。2020 年，《QQ 飞车》电子竞技赛事举办 800 场比赛，收视人数突破 8 亿人次，赛事内容阅读播放量突破 60 亿次，是腾讯电子竞技旗下最顶尖的赛车电子竞技品牌。

②内容制作

随着 5G、大数据、人工智能等技术的发展，电子竞技赛事内容制作的

---

① 《2022 年中国电竞行业研究报告》，艾瑞咨询，2022 年 5 月 27 日，https：//report. iresearch. cn/report/202205/4001. shtml。

方向开始改变，数字化技术使内容制作的成本更低、效果更好，用户的多元化需求得到满足。相比以往现场采集、现场制作的传统模式，如今的电子竞技赛事采取远程集成制作技术和云演播厅技术，提升制作效率与制作效果。远程集成制作技术即现场录制设备进行信号采集后传输到云端，进行远程制作与推送，大大节省了现场的人力、物力等成本，也节约了制作时间，实现协同式随采随制。云演播厅技术则通过直播信号叠加、视频抠像、VR 和3D 等场景与智能营销完成内容在云端的实时合成与直播输出。

"飞跃华夏"是《QQ 飞车》的文化 IP 基于腾讯新文创战略的重要探索，致力挖掘中华大地上的文化瑰宝，以年轻人喜闻乐见的数字娱乐方式，赋予传统文化以新时代的内涵，助力地方产业经济的发展。自 2018 年开始，《QQ 飞车》已陆续与敦煌研究院、国家京剧院、新华社融媒体中心以及贵州省文化与旅游厅等机构、政府部门开展深度合作。以 2020 年"飞跃华夏，一路向黔"贵州新文创项目为指导，同年 11 月，《QQ 飞车》再度与贵州省文化与旅游厅、贵州省体育局达成战略合作，着力推动贵州主题电子竞技赛事落地，以游戏、电子竞技的方式，让更多年轻人发现"贵州之美"，助力地方文旅产业发展。最终全网话题阅读量 1.93 亿次，内容播放量 3.24 亿次，央视、新华社、人民网、《中国文化报》等 447 家权威媒体跟进报道，报道阅读量 1500 万次。合作旅游路线首周销售收入达 134 万元，带动周边旅游产值 400 万元。

③内容传播

从内容传播来看，赛事直播成为主要形式，而赛事版权成为主要竞争点。目前市场上的直播平台主要包括虎牙、斗鱼、企鹅电竞、快手与bilibili，其中虎牙拥有《英雄联盟》LCK、LCS、LEC 赛事的独家版权，bilibili 则以 8 亿元的价格买下 2020~2022 年英雄联盟全球总决赛的独家直播版权。如何打造平台的内容传播竞争力，是各大直播平台努力的方向。

以企鹅电竞为例，作为腾讯旗下的游戏直播平台，企鹅电竞与腾讯旗下的电子竞技资源、视频、云计算等业务进行深度合作，发展出"电子竞技+娱乐""电子竞技+音乐""电子竞技+视频"等多种融合生态模式。如企鹅电竞

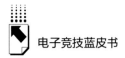

与 QQ 音乐合作推出"企鹅游戏音乐人"计划，为头部主播定制单曲，不仅实现了内容的融合传播，且有效实现了企鹅电竞与 QQ 音乐的商业共赢。此外，企鹅电竞着力深耕赛事内容、赛事主播培育与渠道资源，签约优质主播并通过宣传包装提升主播影响力，实现电子竞技与短视频的融合发展，实现用户转化。

2.《王者荣耀》的市场分析

《王者荣耀》作为 MOBA 多人在线战术竞技手游，目前已形成较完善的游戏模式与商业模式。从社交层面来看，《王者荣耀》主要分为 QQ 区与微信区，将用户的社交流量引入游戏中，并通过好友系统、社区等设置强化社交关系；从游戏层面来看，《王者荣耀》主要通过铭文、英雄、技能等丰富游戏内容，并通过倔强青铜、秩序白银、荣耀黄金、尊贵铂金、永恒钻石、最强王者、荣耀王者七个段位进行玩家激励，增强游戏的竞技性；从商业化层面来看，游戏商城内的英雄、皮肤、铭文等对玩家进行开放售卖，激励用户通过充值方式完成购买。

（1）营业收入

根据前瞻产业研究院的数据，2020 年全球电子游戏营业收入排名（见表 1）中，《王者荣耀》居首位，营业收入达 24.5 亿美元。事实上 2008 年腾讯通过收购游戏开发商将《英雄联盟》引入中国后，2015 年旗下天美工作室就推出与《英雄联盟》采取相同对战形式的《王者荣耀》，吸引了一大批《英雄联盟》的老玩家与老粉丝。而且《王者荣耀》难度降低，为玩家提供出装与铭文的大神装备和官方搭配，玩家并不需要完全清楚装备的搭配与功效，娱乐性大大增强，玩家的游戏门槛大大降低；而且对战节奏加快，一局游戏的时间在 15～20 分钟，为普通用户的休闲娱乐增添了一项选择；且《王者荣耀》可在移动设备上进行游戏，一改以往《英雄联盟》设备与地点的限制，玩家可以随时随地开一场游戏，游戏体验感更好。从 2020 年全球电子游戏营业收入 Top10 名单中，我们发现《王者荣耀》的营业收入排名第一，《英雄联盟》则排名第六，《王者荣耀》的营业收入高出《英雄联盟》7 亿美元，可见《王者荣耀》的市场效益更好。

表1　2020 年全球电子游戏营业收入 Top10

单位：亿美元

排名	游戏名称	游戏类型	收益
1	《王者荣耀》	MOBA	24.5
2	《和平精英》	Shooter	23.2
3	《罗布乐思》	Simulation	22.9
4	《我要活下去》	Shooter	21.3
5	《精灵宝可梦 GO》	Action-adventure	19.2
6	《英雄联盟》	MOBA	17.5
7	《糖果传奇》	Puzzle	16.6
8	《剑与远征》	Strategy	14.5
9	《梦幻花园》	Puzzle	14.3
10	《地下城与勇士》	RPG	14.1

资料来源：前瞻产业研究院。

（2）网络热度

从中国手游网络热度指数来看，2020～2021 年处于热度指数首位的是《王者荣耀》，2020 年网络热度指数为 86.91，2021 年网络热度指数上升至88.49。以 2021 年的数据为例，《王者荣耀》的网络热度指数比第二名《和平精英》的网络热度指数高出将近 30，稳居第一。网络热度指数Top10 中其他手游的网络热度指数与《王者荣耀》的数据相差甚远（见图13）。可见《王者荣耀》的市场热度较高，在网络上受欢迎程度更高，也拥有更高的网络话题度和参与度。

（3）电子竞技赛事

《王者荣耀》持续建设全民电子竞技体系与全球电子竞技体系，全力推动电子竞技从中国走向世界。成熟赛区全民电子竞技体系包括大型合作赛道、游戏内赛道、城市赛道与高校赛道四大赛道，帮助公众享受电子竞技乐趣，追求电子竞技梦想。全球电子竞技体系则包括大众赛事、各地区联赛、各赛区杯赛与世界冠军杯四大类型。2022 年杭州亚运会上，电子竞技成为竞赛项目之一，《王者荣耀》成为中国唯一一款自主研发的 IP 移动

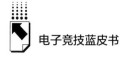
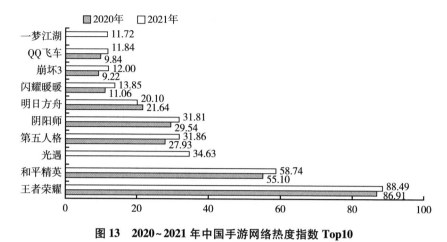

图 13　2020~2021 年中国手游网络热度指数 Top10

资料来源：前瞻研究院，https：//x.qianzhan.com/xcharts/detail/1f51930a600dd539.html。

电子竞技项目。自 2016 年起，《王者荣耀》便推出职业联赛，每年进行 KPL 秋季赛与 KPL 春季赛，吸引一大批游戏玩家与职业选手，对宣传推广《王者荣耀》具有重要意义。尤其在比赛过程中，会诞生许多明星战队与明星选手。从粉丝经济角度来看，这些战队与选手是玩家和观众心中的明星，用户对明星拥有特殊的情怀，会对赛事、战队或者明星周边等进行物质消费，从而增强用户的黏性，形成良性循环。目前较为熟悉的战队包括 eStar、QGhappy、AG 超会玩等，热度较高的明星选手包括 AG 的一诺、南京 Hero 久竞的久酷等。从赛事数据来看，2020 年 KPL 赛事内容观看量达 730 亿次，全国大赛的年参与人数达 600 万人次，可见《王者荣耀》的赛事内容深受用户喜爱。

此外，《王者荣耀》设置了单独的女子赛事体系，《王者荣耀》女子公开赛为女性在电子竞技领域的发展提供了一个广阔的舞台。2019 年，《王者荣耀》推出女性电子竞技综艺《荣耀美少女》；2020 年，《王者荣耀》与 TGA 赛事合作，专门为女性设立了一个职业赛道——TGA 王者荣耀女子赛。2022 年《王者荣耀》女子公开赛于 5 月 16 日正式开赛，并发布了全新的赛事 Slogan "点亮你的赛场"，旨在体现《王者荣耀》电子竞技的全民性，以及女性选手、女性玩家在电子竞技领域的重要地位。①

（4）游戏直播

腾讯作为大型的互联网公司，资源较为丰富，其旗下设有企鹅电竞、腾讯游戏、腾讯体育、腾讯视频、腾讯广告等业务线。为扩大《王者荣耀》的影响力，腾讯旗下的许多平台与《王者荣耀》进行业务联动，开启"电子竞技+娱乐""电子竞技+音乐""电子竞技+视频"等多种融合生态模式。直播是目前效果较好的引流方式之一，《王者荣耀》充分利用直播平台进行赛事转播，保持活跃，吸引更多电子竞技爱好者。目前《王者荣耀》拥有完善的直播矩阵，除腾讯旗下的企鹅电竞外，直播平台涵盖虎牙、斗鱼、龙珠直播等。

根据小葫芦大数据平台针对 bilibili、快手、斗鱼和虎牙四大直播平台的统计数据，在 2022 年 4 月手游直播数据 Top10 中，《王者荣耀》位居第一，开播场次共 201.72 万次，开播主播数达 163.12 万人，贡献指数达 8890.37 万，弹幕达 5999.48 条。与第二名的《原神》相比，开播场次与主播人数是其 2 倍之多，贡献指数近 4 倍（见表 2）。

表 2　2022 年 4 月手游直播数据 Top10

排名	游戏	开播场次 （万次）	开播主播数 （万人）	贡献指数 （万）	弹幕（条）
1	《王者荣耀》	201.72	163.12	8890.37	5999.48
2	《原神》	91.99	74.33	2261.84	1367.82
3	《和平精英》	86.90	68.83	3405.54	2361.21
4	《英雄联盟》	26.29	22.81	769.17	269.99
5	《使命召唤》	12.84	11.38	73.00	136.19
6	《我的世界》	11.87	9.55	298.99	214.43
7	《穿越火线:枪战王者》	9.28	7.51	272.52	184.23

① 《2022 年王者荣耀女子公开赛即将开启，全民参与共聚"巾帼"力量》，搜狐网，2022 年 5 月 13 日，https：//game.sohu.com/a/546774782 _ 121119410？spm = smpc.content.huyou.9.1652698292011aerJveD。

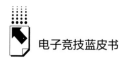
排名	游戏	开播场次（万次）	开播主播数（万人）	贡献指数（万）	弹幕（条）
8	《第五人格》	8.90	7.12	336.16	217.67
9	《金铲铲之战》	6.33	5.07	175.31	248.35
10	《迷你世界》	6.01	4.32	152.49	54.86

资料来源：小葫芦大数据平台。

从主播数据来看，2022年4月，《王者荣耀》主播贡献指数最高的是来自虎牙直播平台的张大仙，拥有粉丝数2590.19万人，贡献指数达166.95万；第2名的主播小鲁班007也来自虎牙直播平台，贡献指数为140.55万。从主播所属平台来看，《王者荣耀》主播贡献指数Top10中，有7名主播来自虎牙直播平台，2名主播来自bilibili直播平台，1名主播来自斗鱼直播平台。[①]

（5）明星营销

除赛事直播外，短视频也成为《王者荣耀》营销的一大阵地。针对短视频用户，《王者荣耀》签约微博、抖音等平台的大V和人气主播，主要通过制作赛事集锦、游戏动画、恶搞视频等形式吸引短视频用户，提升《王者荣耀》的传播力和影响力。除此之外，《王者荣耀》还签约一大批明星为游戏带来大量流量，如2020年王者荣耀世界冠军杯总决赛邀请了易烊千玺、李现、杨幂等明星选手，在吸引一大批粉丝的同时为赛事造势；在2022年虎年明星祝福语音包活动中，沈腾、易烊千玺、邓紫棋、杨幂和李现分别为《王者荣耀》录制新年祝福语音。

同时，腾讯利用自身的业务线为《王者荣耀》打造《王者出击》《终极高手》等综艺，其中《王者出击》基于《王者荣耀》对抗赛，邀请林志玲、杨颖等人参赛，娱乐性与观赏性较强；《终极高手》通过明星经理人，筛选优秀的电子竞技选手成立战队，脱颖而出的战队选手可接受国家队教练团队设计的科学训练，拥有较强的竞技性。

[①] 《小葫芦大数据：2022年4月游戏直播价值榜》，新浪财经，2022年5月18日，http://finance.sina.com.cn/tech/2022-05-18/doc-imcwiwst8165803.shtml。

（二）电子竞技用户价值:《王者荣耀》的用户经济

互联网时代是注意力经济时代，即用户为王，用户的需求是传媒经济发展的根本动力，想要获得市场就必须掌握用户，关注用户的需求、注重用户服务。从游戏行业来看，用户规模的扩大正是用户经济的表现，如何进行用户画像、把握用户的特征与需求、向用户提供符合心意的电子竞技服务，是整个行业发展需要解决的重要问题。

1.游戏行业用户规模

从 2014~2020 年的数据来看，中国游戏用户规模逐年增长，2014 年用户规模为 5.17 亿人，2020 年用户规模增长至 6.65 亿人。但其增长率起伏较大，2016 年与 2018 年增长率较高，分别为 5.91% 与 7.28%，2017 年与 2019 年增长率较低，分别为 3.12% 和 2.46%，2020 年增长率为 3.70%（见图 14）。可见中国游戏用户数量保持增长，但增长率并不稳定。

图 14　2014~2020 年中国游戏用户规模及其增长率

资料来源:《2020 年中国游戏产业报告》，游戏产业网，2022 年 8 月 19 日，http://www.cgigc.com.cn/details.html? id=08da81c4-fc35-4bd1-853d-9f66bba69125&tp=report。

移动游戏市场规模较大，发展良好。通过对中国移动游戏用户规模数据进行研究发现，移动游戏用户从 2014 年的 3.58 亿人增长至 2020 年的 6.54

亿人。且从用户占比来看，2014 年移动游戏用户占总用户的 69.11%；2020年，占比达到 98.43%，游戏用户几乎全是移动游戏用户。由此可知，随着新兴技术的发展，移动游戏用户越来越成为游戏的主力军。从增长率来看，2014~2015 年移动游戏用户数量保持增长态势，2015 年增长率达到 27.37%，但从 2016 年开始，移动游戏用户规模的增长率开始下降，2017 年下降至4.95%。2019~2020 年，增长率基本保持稳定，2020 年增长率为 4.84%（见图 15）。

图 15　2014~2020 年中国移动游戏用户规模及其增长率

资料来源：《2020 年中国游戏产业报告》，游戏产业网，2022 年 8 月 19 日，http://www.cgigc.com.cn/details.html？id＝08da81c4-fc35-4bd1-853d-9f66bba69125&tp＝report。

通过对电子竞技游戏用户规模进行研究发现，电子竞技用户人数亦保持逐年增长态势，2016 年电子竞技游戏用户规模为 3.00 亿人，2020 年人数增加至 4.88 亿人。2016 年，电子竞技游戏用户约占中国游戏用户的 53.21%，2020 年占比达到 73.39%，可见中国电子竞技游戏在游戏市场的份额也有所增长。从增长率来看，2017~2019 年，增长率逐年下降，从 21.11% 下降至3.90%，但 2020 年增长率又上升至 9.65%，远超中国游戏用户和移动游戏用户规模的增长率（见图 16）。可见，中国电子竞技游戏拥有庞大的受众群体，电子竞技的游戏用户预计仍将持续增长。

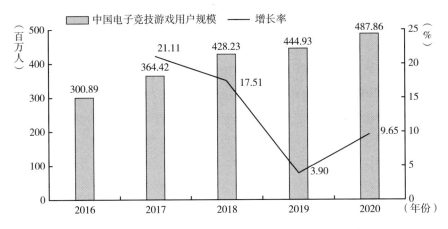

图16　2016～2020年中国电子竞技游戏用户规模及其增长率

资料来源：《2020年中国游戏产业报告》，游戏产业网，2022年8月19日，http://www.cgigc.com.cn/details.html？id=08da81c4-fc35-4bd1-853d-9f66bba69125&tp=report。

2.《王者荣耀》用户数据

（1）用户规模与活跃度

根据极光大数据，2016年12月至2017年5月，《王者荣耀》用户从1.20亿人增长至2.01亿人。从市场渗透率来看，2016年12月《王者荣耀》市场渗透率为13.30%；2017年5月，市场渗透率达22.35%（见图17）。

图17　2016年12月至2017年5月《王者荣耀》用户规模及其市场渗透率

资料来源：极光大数据。

197

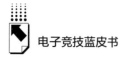

从《王者荣耀》日活跃用户数据来看，2016 年 12 月 DAU 均值为 2579.3 万人，2017 年 5 月 DAU 均值上升至 5412.3 万人，增长超过一倍（见图18）。从月活跃数据来看，2016 年 12 月《王者荣耀》MAU 均值为 0.79 亿人，2017 年 5 月 MAU 均值达到 1.63 亿人，增长超过一倍（见图19）。这些数据表明《王者荣耀》深受市场用户喜爱，且用户活跃度较高。

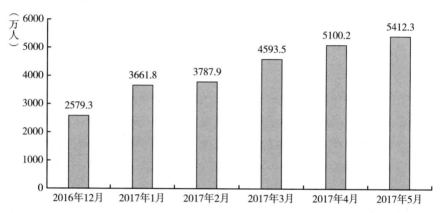

图 18　2016 年 12 月至 2017 年 5 月《王者荣耀》DAU 均值

资料来源：极光大数据。

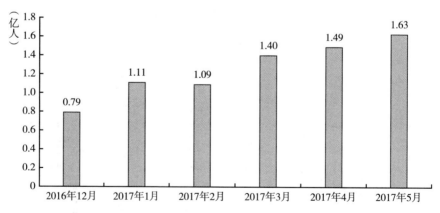

图 19　2016 年 12 月至 2017 年 5 月《王者荣耀》MAU 均值

资料来源：极光大数据。

（2）用户特征

从用户年龄、性别、学历、收入水平、地区分布等层面对用户进行画像与研究。

《王者荣耀》的用户年龄主要集中在 15～34 岁，其中 20～24 岁的用户最多，占比为 27.0%。35 岁及以上与 14 岁及以下的用户较少，占比分别为 7.2% 和 3.5%（见图 20）。

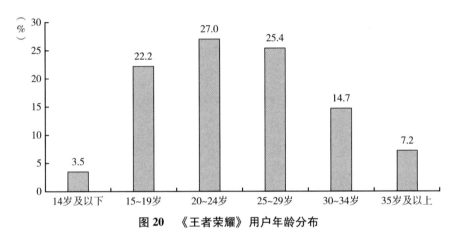

图 20　《王者荣耀》用户年龄分布

资料来源：极光大数据。

根据数据，《王者荣耀》的用户性别分布较均衡，男性与女性占比分别为 54.1% 和 45.9%，男性用户数量略多于女性用户（见图 21）。

从《王者荣耀》用户的学历来看，大部分用户属于在校大学生，本科学历占比为 49.5%，高中与初中学历的用户占比分别为 17.4% 与 19.8%，而研究生及以上的用户与小学及以下的用户占比较小（见图 22）。

《王者荣耀》的用户收入水平主要在 3000～8000（含）元，占比为 47.8%，收入在 8000 元以上与 3000 元及以下的用户占比相差不大（见图 23）。从《王者荣耀》用户的地区分布来看，华东地区的用户占比最大，为 30.2%；华中、华南、西南与华北地区的用户数量相差不大，所占比重主要集中在 12%～17%；而东北与西北地区的用户占比分别为 6.7% 和 6.3%（见图 24）。

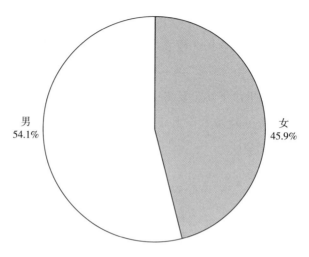

图 21　《王者荣耀》用户性别分布

资料来源：极光大数据。

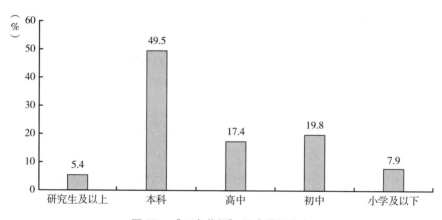

图 22　《王者荣耀》用户学历分布

资料来源：极光大数据。

从表3来看，《王者荣耀》用户量排名前五的城市分别是北京、广州、上海、郑州与重庆，占比相差不大，维持在2%左右，其中北京市的用户量最高，占比为2.25%。

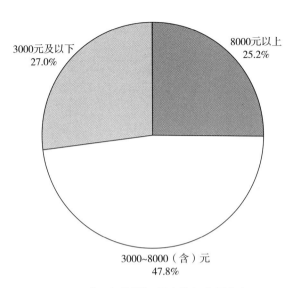

图 23　《王者荣耀》用户收入水平分布

资料来源：极光大数据。

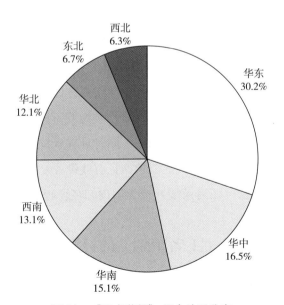

图 24　《王者荣耀》用户地区分布

资料来源：极光大数据。

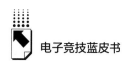

表3　《王者荣耀》用户量排名前五的城市

单位：%

排名	城市	占比
1	北京市	2.25
2	广州市	2.23
3	上海市	2.09
4	郑州市	2.03
5	重庆市	1.93

资料来源：极光大数据。

诸多数据表明，《王者荣耀》的用户数据较好。根据智研咨询发布的报告，2020年7月《王者荣耀》的活跃用户数已增长至15914万人，当月的月活跃人数为1551万人。从启动次数与使用时长来看，2020年7月《王者荣耀》的启动次数达466902万次，当月人均单日启动次数为10次；使用时长达105088万小时，人均单日使用时长为131分钟。对用户进行画像发现，《王者荣耀》的用户覆盖全国，用户主要分布在经济发达城市；用户的年龄主要集中在15~29岁，用户的游戏欲望较强。从性别来看，《王者荣耀》的用户性别差异并不明显，与以往专门为男性用户设计的枪战、跑车类游戏不同，也与专门为女性用户设计的经营、装扮类游戏不同，《王者荣耀》设置了许多女性玩家角色，形象多样而精美，同时具有竞技性与社交性，分别满足了男性用户与女性用户对游戏的需求，且游戏设置复杂程度不高、门槛较低、容易上手。因此，《王者荣耀》成为国内知名度较高的游戏。

二　《王者荣耀》的社会责任

《王者荣耀》从诞生至今，致力于展现电子竞技的正向价值。《王者荣耀》从文化传承与游戏出海中讲好中国故事，在国际上传播中国文化；也通过电子竞技公益项目为传播竞技精神与维持社会稳定做出贡献；同时，《王者荣耀》积极部署IP化战略，与文化部门开展跨界合作，实现文化价值与产业价值的融合，开启文创之路；在社会舆论与社会责任层面，《王者荣耀》设置未成年人保护与防沉迷机制，这对青少年的成长具有重要意义。

（一）文化建设：电子竞技如何讲好中国故事

2022 年杭州亚运会将《英雄联盟》《王者荣耀》《炉石传说》等项目设置为电子竞技项目，电子竞技越来越为世人接受和认可，近些年电子竞技的出圈也使人们看到电子竞技在文化传承、讲好中国故事方面的优势。电子竞技既是竞技体育项目，也是展示电子竞技精神、传承本土文化的重要载体。尤其是《王者荣耀》《梦三国 2》等电子竞技项目，其游戏背景与游戏人物皆来自中国历史文化。中华传统文化与电子竞技融合的《王者荣耀》，不仅在国内形成强有力的文化传播，也成为海外玩家了解中国故事与中国文化的重要渠道，电子竞技亦成为走出国门进行文化输出的重要赛道。

1. 中国传统文化的传承

《王者荣耀》是腾讯于 2015 年发行的一款 MOBA 游戏，游戏中共有 100 余位英雄，绝大多数原型为中国神话故事或历史故事人物。按照朝代来划分，可分为上古、周朝、秦汉、三国、南北朝、隋唐、元代等时期，每个时期都有人们耳熟能详的人物，比如盘古、诸葛亮、花木兰等，且每位英雄的形象、皮肤、语音、台词、技能等都与历史形象有极大的贴合度。以三国时期的英雄人物为例，《王者荣耀》中"三分之地"即为三国时期的历史故事，魏国即游戏中的武都，内部具有森严的等级制度，内核为理想，英雄人物主要有曹操、典韦、夏侯惇、甄姬、蔡文姬、吕布、貂蝉、司马懿和澜；吴国即游戏中的江都，江都靠近长江，富庶一方，航运发达，内核为革新，英雄人物有周瑜、大乔、孙尚香、小乔、孙策；蜀国即游戏中的盐城，地势艰险，机关发达，内核为侠义，英雄人物有人们熟知的刘备、关羽、张飞、诸葛亮、赵云、刘禅、黄忠等。

从游戏背景来看，游戏中许多设定与历史故事重合，比如吕布与貂蝉、大乔与孙策、小乔与周瑜在游戏中属于"官方 CP"，在历史上也有感情纠

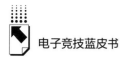

葛。可以说游戏人物感情线的设定来源于历史故事，比如刘关张三人的桃园三结义在游戏中也有体现。

从游戏人物设定来看，吕布勇猛、貂蝉貌美、诸葛亮聪慧、司马懿心机、大乔温柔、小乔可爱，貂蝉的台词是"华丽又漂亮地生存到最后"；吕布的台词中也有诸如"我的貂蝉呢""从此刻开始，战场由我一人主宰"，均符合历史人物的形象设定。

从游戏内核来看，许多设定体现中国文化的精神与内涵，如小乔与周瑜暗生情愫的契机是共同防治瘟疫，心系天下苍生；澜是魏国刺客，在任务中因杀蔡邕而结识蔡文姬，蔡文姬不知澜的身份而救治澜，澜醒后也因蔡文姬的救命之恩而未下杀手，随后曹操要追杀蔡文姬时，澜毫不犹豫挺身而出保护蔡文姬。从这段故事中，我们能看到中国文化中的与人为善、知恩图报等精神，传递了中华文化的仁爱之心。

从游戏人物皮肤来看，许多皮肤与中国电影、电视剧等经典故事贴合，如孙悟空与露娜的情侣皮肤是"大圣娶亲"与"一生所爱"，来源于人们熟知的《大话西游》中大圣与紫霞仙子的爱情故事。皮肤元素以中国风为主，尤其大圣的皮肤采用古时成亲的大红色吉服，音效则百分百还原电影台词，孙悟空的语音台词是"曾经有份真挚的爱情我没有好好珍惜"，露娜的回答则是"我的意中人是个盖世英雄，有一天他会踩着七色云彩来娶我"。大乔与小乔的姐妹皮肤则以"白蛇"与"青蛇"为灵感，向《白蛇传》致敬，裙身设计以古风元素为主，台词上也贴合原著，比如小乔的台词"西子湖畔，再续前缘"暗示白蛇与许仙的情愫，"姐姐说尾巴要时刻藏好"则与剧中白蛇因误饮雄黄酒现出真身的情节贴合，"只要小青在，就不许别人欺负姐姐"更是小青本人的性格，符合剧中小青与白素贞姐妹情深的设定。此外，包括《王者荣耀》推出的京剧项羽、虞姬的"霸王别姬"，昆曲甄姬的"游园惊梦"也是融合中国戏曲元素、宣传戏曲文化的系列皮肤；而杨玉环"遇见飞天"、貂蝉"遇见胡旋"的皮肤则是以敦煌文化为主题的皮肤。

2. 游戏出海与全球传播

2022年，Sensor Tower发布中国出海手游收入榜，数据显示2月4日当

日《王者荣耀》刷新了海外上市 5 年来的流水纪录。根据此前数据，2021
年 3 月全球热门游戏收入数据榜单中，《王者荣耀》荣登第一，国内市场占
比为 96.3%，海外版本市场份额为 3.7%。此前，腾讯针对海外市场推出的
Arena of Valor 被称为《王者荣耀》海外版，2012 年 9 月腾讯宣布将其升级
为重要战略项目，投放预算成倍增加。2021 年 6 月，腾讯的海外发行品牌
Level Infinite 发布消息称《王者荣耀》将正式对海外市场开放，更名为
Honor of King，且将开始多轮内测，计划于年底推出，面向全球玩家。这是
《王者荣耀》加速出海、在国际上传播中国声音的重要举措。

  同时，从游戏的设计开发来看，《王者荣耀》作为传递中华文化与价值
观念的游戏产物，在"文化出海"的背景之下，《王者荣耀》并不完全依赖
中国历史故事与历史人物，而是寻求创新与突破，打造原创人物形象。海外
玩家对中国历史缺乏了解，对游戏中的历史人物并没有历史情愫，也很难全
部理解人物的内涵，因此，天美在推出原创人物形象时，在融合中国的文化
精神与文化元素的基础上，积极创新与突破，向海外玩家输出中国文化，致
力于在全球传播的道路上讲好中国故事。以英雄"云缨"为例，云缨是
2021 年《王者荣耀》推出的原创角色，人物形象塑造为风风火火的少女，
从人物战斗姿势来看，云缨进入守护状态时，将变成握住枪杆中部，让自己
有余地回旋和守护，设计团队的初衷是将云缨设定为"初入职场的年轻姑
娘一往无前，但在现实不如意的时候要退半步坚守自己的初心"，向玩家传
达"守护"的意义，而这也是中国英雄的重要内核之一。[①] 且云缨的招式是
邀请中国峨眉派大师做的动作捕捉，鉴于海外用户对中国功夫的认同与崇
拜，更易以此宣扬中国文化与中国功夫。

  此外，《王者荣耀》机制属于 5v5 团队合作比赛，法师、射手、辅助、
打野、上单等人合力协作才能赢得游戏，宣扬合作精神与竞技精神。从游戏
内的语音条来看，若队友失误旁边会弹跳出"我的我的"承担责任，而其

---

① 《电子竞技王者荣耀的"中国文化，国际表达"》，"文旅中国"百家号，2022 年 6 月 3
 日，https://baijiahao.baidu.com/s?id=1734595949359108957&wfr=spider&for=pc。

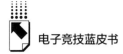

余队友也会出现"好兄弟，没事儿"进行安抚，展示中华文化中谦让、负责的价值观念。游戏角色包括西方航海时代的马可波罗、西方神话中的智慧女神雅典娜、日本 SNK 格斗游戏中的虚拟人物娜可露露、日本江户时代的宫本武藏，更体现出《王者荣耀》对"大同"理念的践行。这些中华文化的内涵在游戏出海的过程中随之被宣扬与传播，对塑造中国在国际上的形象、讲好中国故事具有重要意义。

（二）社会责任：后疫情时代下的电子竞技公益

后疫情时代，游戏行业为社会稳定与经济繁荣做出重要贡献。据中国音数协游戏工委统计，截至 2020 年 3 月 5 日，80 余家游戏企业合计捐款 22.29 亿元。[①] 此外游戏行业还通过公益项目、知识普及等多种形式宣扬竞技精神，维持社会稳定。

《王者荣耀》在 2021 年 12 月开办电子竞技全明星公益赛，集结明星与诸多 KPL 职业选手进行了 12 场对抗赛。在这些赛事中，《王者荣耀》不仅借助粉丝经济效应宣传电子竞技精神，而且将所有比赛收入捐赠给新浪公益，这笔款项已经落地，为四川省小学修建了两个足球场。除明星公益外，《王者荣耀》充分利用腾讯旗下的公益资源，联合开展 99 公益日活动，2019 年腾讯公益与《王者荣耀》共同为"山村妈妈的逆袭"捐赠 99 万元，全服玩家可通过登录、解锁插画等任务获得积分，为公益项目助力；2021年《王者荣耀》响应腾讯的公益计划，通过公益普及、爱心分享等形式为城乡孩子提供"未来教室"与"快乐运动场"，守护城乡孩子的健康成长。在文化遗产保护方面，2017 年《王者荣耀》认捐了 1000 米长城的修复，2021 年《王者荣耀》在 99 公益日认捐北京市怀柔区箭扣长城正北楼东段的保护修缮，玩家可通过游戏内人物参与助力长城修缮，在游戏内最终产生 14 亿颗爱心，同时向人们宣传保护长城的知识，为保护长城与文化遗产做

---

① 《2020 年中国游戏产业报告 国内玩家数达 6.65 亿》，VPGAME 电竞，2020 年 12 月 7 日，https://m.vpgame.com/news/article/672225。

出贡献。

此外,《王者荣耀》的职业选手与职业战队也为公益事业添砖加瓦,为社会稳定贡献力量。在"长线关爱自闭症公益活动"中,2021 年 4 月 1 日 Fly 直播宣传公益活动,全国 7 处地标循环播放,达到亿级曝光量;2021 年 6 月 9 日,QG、Fly 与自闭症儿童及家属共进午餐,自闭症儿童及家属 10 余人到比赛现场为比赛加油;2021 年 9 月上海书展,QG 作为自闭症书籍鸣谢单位的代表参与公益;2021 年 9 月,Fly 与自闭症儿童一起庆祝生日,购买儿童画作《未来》。AG 俱乐部自发开展公益项目"AG 蜀光公益",为小动物保护,独居老人、弱势儿童保护等捐赠物资,AG 成员一诺在微博等社交平台发布公益话题带动捐赠,并多次与俱乐部工作人员一起进入社区参加公益活动,AG 教练月光光向中国红十字会基金设立的为救助贫困家庭白血病儿童的专项基金捐赠 25 万元。2020 年 eStarPro 参与"留住长江微笑"公益行动,致力于保护江豚,通过俱乐部影响力为项目募捐,为动物保护做出贡献;DYG、TTG、WB 等战队成员参与轻量级公益项目,通过"一元公益日"等话题为环境保护与动物保护造势。2021 年 Fly 联动腾讯 110 宣传防网络诈骗知识;上海 EDGM 联动上海公安宣传防诈骗知识;DYG 与南山区委宣传部及南山文体局联动,DYG 成员小义受邀成为"全民公益阅读大使",宣传世界读书日。《王者荣耀》选手们充分发挥电子竞技的正向价值,通过公益活动为社会稳定贡献力量。

(三)"电子竞技新文创":IP 化跨界深度合作

《王者荣耀》作为腾讯开发的游戏,立足中国文化,从英雄人物、英雄皮肤、游戏设定等多个方面为中华文化的传播与传承做出贡献,同时构建数字文化 IP 与传统文化融合的策略,提出"新文创"的构思,与各大文化机构展开深度合作,既带动传统文化破圈,也为《王者荣耀》的商业化版图开拓新的道路。

2021 年《王者荣耀》以中国节日为立意点,围绕中国节日推出主题系列皮肤。其中"飞鸢探春"是响应清明节踏春的主题,融合国家级非遗潍

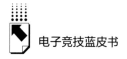

坊风筝的元素，李元芳皮肤中的风筝元素由非遗传承人郭洪利老师倾情打造，通过蓝燕配色融合"沙燕风筝"的造型；"龙鼓争鸣"则是响应端午节的主题，突出节日的粽子、龙舟等元素，英雄蒙恬的皮肤配色以绿色和白色为主，与粽子的外形呼应，并融合节日特有的龙舟与鼓作为武器的原型，营造浓浓的节日氛围，端午节赛龙舟、吃粽子的场景仿佛就在眼前；七夕节的"乞巧织情"通过非遗苏绣的元素向大众科普刺绣与七夕习俗，七夕节起源于牛郎织女的爱情故事，在这一天会有斗巧、拜七姐、观星等习俗，英雄王昭君的皮肤采用苏绣的工艺手法，融入牵牛花、彩色织线、喜鹊等元素，绣工十分精致，也符合苏绣的清丽特色，对于宣传七夕节、科普节日小习俗具有重要意义；中秋节则通过月兔、孔明灯、月饼等元素增添团圆气氛，英雄沈梦溪的皮肤中融入现代服饰的轮廓，将月亮、月饼、孔明灯、月兔、桂花等节日元素展现在皮肤上，不仅宣扬了中秋节，也传达出浓浓的相思之情与团圆之情。这一举措不仅对中国传统节日的传播具有重要意义，而且为《王者荣耀》带来新的商业化思路与较好的收益。

此外，《王者荣耀》开始走出游戏行业，与文化机构开展深度跨界合作。2018年《王者荣耀》与哈尔滨冰雪大世界开展合作，冰雪雕大师用6.5万立方米的雪在当地打造了占地43200平方米的《王者荣耀》大峡谷冰雪实景，这是《王者荣耀》文创之路的开端。通过游戏连接，王者荣耀从虚拟游戏变成线下体验实景，吸引一大批游戏玩家来哈尔滨冰雪大世界参观，既宣传了冰雪的魅力，带动了当地文旅产业的发展，又助力了《王者荣耀》出圈与繁荣发展。

敦煌系列皮肤是《王者荣耀》与敦煌研究院共同研发的系列皮肤，在敦煌莫高窟实地取景，还原每一个细节，皮肤首发当日获得200万人关注。以貂蝉的"遇见胡旋"皮肤为例，原型是敦煌莫高窟第220窟的敦煌乐舞，展现了一个胡旋舞伎的形象，从外表看貂蝉的着装与敦煌壁画中两头系缚形如囊的服装相似，貂蝉赤足轻点、旋舞如风，并且在细节处还植入象征着壁画随着风沙消散的痕迹，既传递出敦煌文化精神内涵，也传达出数字化保护敦煌文化遗产的意义。此后，在腾讯与敦煌研究院的"数字供养人计划"中，《王者荣耀》也积极参与推动传统文化的"数字化保护"。

　　《王者荣耀》与《国家宝藏》合作，在李白的草书《上阳台帖》的基础上，推出李白的星元皮肤。从细节来看，历史中李白写《上阳台帖》的时候正是其被罢官不得志时，所以李白的发型只采用普通文人发髻；在皮肤的色彩搭配上，模仿白纸黑字的配色，采用白色的衣服与黑色的领子，又用国画常用的配色青山绿进行点缀，既简洁美观又贴合《上阳台帖》，与李白寄情山水的诗人形象贴合；在配饰上，李白的腰间别着的卷轴正是《上阳台帖》；在武器上，结合史料对李白剑术的记载，选择唐横刀作为武器；在衣服上，李白的衣服下摆写有《上阳台帖》的八字真迹，在皮肤设置定制的动作中，李白可在地上写出《上阳台帖》的 25 个字。其设定既让玩家了解《上阳台帖》，又为 IP 化道路打通了层层关卡。

　　《王者荣耀》与广东佛山的醒狮非遗文化合作，开展南海醒狮文创项目，以醒狮狮头的形象、配色与线条为基础提炼打造鲁班"狮舞东方"皮肤，鲁班成为"南海醒狮非遗推广大使"。在传统文化中，醒狮被认为是祥瑞的象征，每逢重大活动必要舞狮助兴，鲁班的狮头帽、红色的服装、配饰中的锣鼓都完全贴合醒狮的形象。《王者荣耀》的这款皮肤引导玩家感受与关注中国文化，也是天美推进《王者荣耀》IP 化战略，打造文创项目的版图之一。文化价值与产业价值的有机结合才是数字化产品的生存之道，《王者荣耀》深谙此理，致力于 IP 化，与传统文化跨界合作实现共创，推动产业与文化的良性循环。①

（四）成长保护：电子竞技游戏的防沉迷设置

　　根据《2020 年全国未成年人互联网使用情况研究报告》，2020 年中国未成年网民规模达 1.83 亿人。针对未成年人沉迷网络游戏与过度消费等问题，国家新闻出版署下发《关于进一步严格管理 切实防止未成年人沉迷网络游戏的通知》，明确提出要保护未成年人的身心健康。2021 年 8 月《王者

---

① 《王者荣耀书写文化传承创新之路》，新浪游戏，2019 年 11 月 19 日，http：//games. sina. com. cn/y/n/2019-11-19/ihnzahi1958683. shtml。

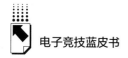

荣耀》宣布健康系统再次升级，对未成年用户的游戏时长、游戏消费以及游客模式做出严格规定。具体来说，在游戏时长方面，健康系统每日游戏时长的刷新时间为 0 时，未成年用户每日 22 时至次日 8 时禁止登录游戏，国家法定节假日每日限制游戏时长为 2 小时，其余时间每日限制游戏时长为 1 小时。在游戏消费方面，对未满 12 周岁的用户禁止开放游戏充值功能，12 周岁以上但未满 16 周岁的用户单次充值费用上限是 50 元，每月的充值上限是 200 元；16 周岁及以上的未成年用户，单次充值上限为 100 元，每月的充值上限是 400 元。在游客模式方面，《王者荣耀》也做出严格限制，规定在游客模式下，同一台硬件设备 15 天内累计游戏时长不超过 1 小时，且无法进行充值。①

中国音数协游戏工委的数据显示，2021 年游戏防沉迷措施确实取得了显著效果，在采访中 80%以上的家长认为孩子玩游戏的时间有不同程度的减少，其中 43%的家长认为孩子玩游戏的时间"明显减少"。目前，腾讯游戏通过技术支持，在公益项目、网络素养等方面开展工作，对未成年人的保护取得了显著效果，根据数据，腾讯游戏的未成年人游戏时长已经降至很低的水平。

根据《21 世纪经济报道》的数据，2022 年 20 款手游 App 未成年人保护机制测评结果显示，《王者荣耀》的未成年人保护机制得分最高，为 85 分，属于高等级别的保护机制；排名第二与第三的《和平精英》与《火影忍者》也属于腾讯旗下，得分均为 83 分；排名第四与第五的《阴阳师》与《我的世界》隶属于网易，对未成年人保护机制测评的得分也达到 80 分，属于高等级别的保护机制（见表 4）。可见腾讯游戏对未成年人保护机制的设置十分严格，从 2021 年 8 月 30 日国家新闻出版署发布《关于进一步严格管理 切实防止未成年人沉迷网络游戏的通知》开始，腾讯迅速落实规定中的五项要求，用时仅 26 小时，可见腾讯游戏对未成年人的保护十分重视，在落实上也做到了快而精准。

---

① 《王者荣耀推出"最严禁令"：未满 12 周岁的用户无法进行游戏充值》，北青网，2021 年 8 月 4 日，https://t.ynet.cn/baijia/31218728.html。

表 4　2022 年 20 款手游 App 未成年人保护机制测评得分情况

排名	手游名称	所属公司	得分	等级
1	《王者荣耀》	腾讯	85	高等级
2	《和平精英》	腾讯	83	高等级
3	《火影忍者》	腾讯	83	高等级
4	《阴阳师》	网易	80	高等级
5	《我的世界》	网易	80	高等级
6	《原神》	米哈游	73	中等级
7	《闪耀暖暖》	叠纸	73	中等级
8	《最强蜗牛》	青瓷游戏	73	中等级
9	《三国志幻想大陆》	阿里灵犀互娱	73	中等级
10	《江南百景图》	椰岛游戏	73	中等级
11	《剑与远征》	莉莉丝	72	中等级
12	《小花仙》	淘米	72	中等级
13	《球球大作战》	巨人	65	中等级
14	《猫和老鼠》	网易	65	中等级
15	《斗罗大陆:武魂觉醒》	三七互娱	63	中等级
16	《迷你世界》	迷你玩	63	中等级
17	《明日方舟》	鹰角	55	低等级
18	《少年三国志·零》	游族	53	低等级
19	《摩尔庄园》	雷霆游戏	—	—
20	《恋与制作人》	叠纸	—	—

资料来源：《21 世纪经济报道》。

除国家新闻出版署的规定外，腾讯游戏还积极采取相关措施对未成年人防沉迷机制的成效进行维护，坚决杜绝"偷梁换柱""上有政策下有对策"式的行为出现。比如，通过技术将人脸识别的方案升级至金融级别人脸识别，防止未成年人擅自使用家长的设备和账号；同时通过技术升级，对市场上"解绑防沉迷系统""绕过人脸识别程序"等进行精准打击，升级人脸识别技术，若相同账号在多个设备同时使用，将触发人脸识别，坚决打击第三方产业租赁游戏账号的行为，坚决落实未成年人防沉迷系统机制，对未成年人的身心健康负起责任。腾讯数据显示，2021 年第四季度腾讯国内的未成年人游戏市场下降至 0.9%，总时长同比下降 88%，游戏流水占比下降至

1.5%，总流水同比下降73%。① 数据显示，2022年寒假期间，平均每天有792万名未成年人因不在可玩时间段登录游戏账号被系统拦截；在登录环节平均每天有940个实名认证为成年人的游戏账号触发人脸识别，在消费支付环节平均每天有4.3万个账号触发人脸识别；74.14%的账号在登录环节被纳入防沉迷系统进行监管，77%的账号在支付环节被拦截。事实上，腾讯自2017年开始部署未成年人保护机制，上线了"未成年人保护体系1.0"；2018年腾讯将系统升级至2.0，强制用户进行实名认证，对不同年龄段的用户采取不同的限制措施；2020年腾讯将系统升级至3.0，通过人脸识别、AI、机器学习等技术，致力于解决未成年人冒用家长信息躲避监管的行为。

腾讯游戏针对未成年人的防沉迷系统机制在限制未成年人的游戏时长与游戏消费方面取得显著成效，其中《王者荣耀》的成效最为显著，对国家新闻出版署的要求做到坚决落实。具体来看，在以上20款手游中，仅《王者荣耀》在未成年人实名认证环节，增加了认证结束后通知监护人或家长的机制，其余19款游戏包括腾讯旗下的《和平精英》与《火影忍者》均未设置监护人或家长对未成年人游戏行为的监督机制。在实名认证这一环节，未成年人若处于14周岁以下，系统将会提示用户对监护人信息进行关联，包括监护人的出生年月、手机号等信息，在用户注册的同时，《王者荣耀》将通过短信验证码通知监护人用户的游戏注册行为，以获取监护人的同意。

身处数字化和网络化的时代，在充分享受技术带来的红利的同时，游戏企业更需要履行社会责任，推动游戏行业健康发展，同时为下一代人的健康成长做出努力。《王者荣耀》坚决响应国家号召，担负起正确引导青少年的重任，通过落实严格的防沉迷机制，对未成年人的游戏时长、游戏消费等行为进行限制与监管。腾讯通过多种渠道呵护青少年的成长，除前文提到的"智体双百"公益项目，在重庆、四川、湖北等多个地方建立科技性教室与运动场，为孩子们的全面发展做出贡献。除此之外，腾讯还依托平台技术与

---

① 《腾讯公布2021年财报：国际市场游戏收入提速，未成年人游戏时长大幅下降》，"中国日报网"百家号，2022年3月23日，https://baijiahao.baidu.com/s? id = 17280962200627496 98&wfr = spider&for = pc。

资源，面向青少年推出编程平台与课程，鼓励青少年学习编程知识，帮助青少年找到正确的人生规划，分散其在游戏上的注意力。此外，腾讯还开发了未成年人家长服务平台，为家庭教育提供辅导，并接受家长的教育建议，对家长提供更多支持，正确、健康疏导未成年人的游戏行为。

Abstract

Originating from electronic games, e-Sports is closely related to sports competitions. As a product of the development of modern technology, and as the foundation for supporting tens of billions of scale industries, China's e-Sports is painstakingly growing and becoming an important part of people's social life.

Recently, eight e-Sports events were included in the competition items of the 19th Asian Games in 2022, which is the first time that e-Sports has appeared in the public view as a formal competition event of the Asian Games since it became a performance event of the Jakarta Jugang Asian Games in 2018. It is also a comprehensive recognition of the fairness of e-Sports rules, the correctness of value orientation, and domestic and international influence. As a digital entertainment sports project integrating science and technology, sports, culture and social interaction, and with unique commercial, cultural and user values, e-Sports culture highlights the richness of subculture phenomena and the importance of multicultural expression, and plays a positive value-leading role in enhancing the national competitive spirit, intellectual ability and aesthetic acceptance. As of December 2021, a total of 23 provinces (autonomous regions or municipalities) across the country have introduced supportive policies for the e-Sports industry, and China's e-Sports industry is in a vigorous booming development stage.

E-Sports is a new type of intellectual economy and entertainment project, and it is flourishing in China. However, compared with developed countries and regions such as Europe and the United States, there is still a large gap. It is particularly important to clarify the social value of China's e-Sports, fasten the "first button" of social responsibility, so that it can achieve "curve overtaking". The concepts of "e-Sports plus education", "e-Sports plus public welfare", and "e-

Sports plus overseas" are emerging, which is constantly narrowing the gap between the public and e-Sports. China's e-Sports should play its positive guiding role in economy, culture, society, and other aspects, take the corresponding social responsibilities, extract the essence and discard the dross, strive to become a popular leisure and entertainment sports product for the people, and contribute to the country's strengthening of cultural soft power and continuously improve the influence of international communication.

How does e-Sports spread positive social values? Based on the current situation, characteristics, and problems of China's e-Sports industry in the new period and new stage, this report explores diverse modules and integrated content, including e-Sports models, e-Sports users, and e-Sports training. With the help of Game Theory in western philosophy and cultural communication perspectives, it comprehensively utilizes literature review, comparative analysis, album interview, case study, and triangular mutual evidence methods, aiming to analyze the possibilities, strategies, and effects of e-Sports stepping-out as a cultural carrier, and improve the overall industrial layout. Finally, this report completes the cognitive process of positive value from the perspective of social behavior and identity.

Keywords: E-Sports; Cultural Communication; Social Value

Contents

I General Reports

Abstract: It's just over 60 years since the birth of e-Sports, and its competitive form are constantly changing and updating. China's e-Sports emerged later than the world, but it has gradually caught up and has the tendency to overtake, becoming the "trendsetter" in the industry. The scale of China's e-Sports users has continued to expand, and the market scale has gradually increased, showing the characteristics of technological upgrading, ecological construction, and the original cognition breaking. Along with the development of the carrier on which e-Sports rely and the use of a large number of high-tech, e-Sports will further develop towards mobility and high-tech in the future, and transform towards the emerging sports industry. From the perspective of the noumenon of e-Sports, it can be regarded as e-Sports as sports competition and e-Sports as cultural entertainment. E-Sports has the modern sports characteristics of secularization, equality, specialization, rationalization, bureaucracy, quantification and recording, and has gradually become an important part of the current entertainment life, building its own cultural ecological landscape. China's e-Sports industry is in a period of explosive growth. Although the growth rate has slowed down, the overall quality has been upgraded. E-Sports has a good "chemical reaction" with online live broadcast, film and television culture, urban development, hotel industry and higher education, which is shown as a tendency of integration and contains endless imagination.

Keywords: E-Sports; Sports Competition; Cultural Entertainment

B.2   Research Report on the Social Value of China's E-Sports

（2023）

Wang Yuan, Duan Peng, Song Qin and Zhang Sichong / 029

Abstract: Games have not been the mainstream culture of society in China and are in a relatively weak position. However, with the continuous development of the e-Sports industry, its social efficacy is being continuously explored, and generally shows a trend towards goodness. As a binary mixture of games and sports, e-Sports plays a positive role in promoting economy and culture, and can generally be "incorporated" by mainstream values, which can enrich the splendid garden of human civilization with proper guidance. This report will focus on analyzing the relationship between e-Sports and adolescent personality development and its social behavior mechanism through academic theories and cases, as well as the second part of e-Sports promoting the dissemination of sports spirit and the formation of social identity. It will explore the deep relationship between e-Sports and social values, in order to improve stereotypical influence and promote the continuous promotion of social value of e-Sports.

Keywords: Social Values; Social Identity; Collective Memory; Cultural Soft Power; E-Sports

Ⅱ   Topical Reports

B.3   Report on the Development of China's E-Sports Industry

（2023）   *Wang Xiaohui, Duan Peng, He Na and Bao Weiyu / 054*

Abstract: This report focuses on the construction and organization of China's

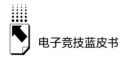
e-Sports system, e-Sports webcasting mode and communication effect, digital content creative industry and "green e-Sports" research. In the area of building China's e-Sports system, we will focus on the upstream part, which is content production authorization and organization management, the midstream part, which is mainly the production of mainstream e-Sports events, and the downstream part, which is the selection of professional players and dissemination of e-Sports events. Finally, the future development trend of China's e-Sports content tournamentization and specialization, e-Sports commercialization and nationalization is summarized. In terms of e-Sports network live broadcast mode and dissemination effect. Firstly, the general development overview of China's e-Sports industry is compiled, and the industry profiles of two leading enterprises, Douyu and Hu Ya, and several live broadcast platforms are summarized and analyzed. Secondly, the content ecology of e-Sports live streaming is examined, and the copyright possession of five domestic mainstream live streaming platforms, namely, Hu Ya, Douyu, QQ E-game, Kuaishou Live and bilibili, for different e-Sports live streaming is compiled. Finally, the interaction pattern of each participant in the live e-Sports broadcast is summarized. In terms of the effect of live e-Sports, this report starts from quantitative data, analyzes the viewing data such as the number of plays, pop-ups and comments generated during the broadcast of e-Sports events, and summarizes the cultural connotation of the effect of live e-Sports. At the level of content creative industry, this report takes content orientation as the main axis, pointing out that the social and cultural standpoint should be firmly established, government supervision should be strengthened, and industry self-awareness should be improved to build a green and healthy industry.

Keywords: E-Sports Event System; E-Sports Industry; Digital Innovation Industry

B.4　Research Report on E-Sports Users

Niu Wanqing, *Wang Xiaohui and Bao Weiyu* / 089

Abstract: This report focuses on e-Sports fans and their culture. By combing the established experiences in academia and industry, it summarizes the development of e-Sports fan groups and e-Sports fan culture, summarizes the positive and active characteristics of e-Sports fan groups in three levels: opinion expression, group organization, and socio-cultural connotation, and uses the "Honor of Kings" fan group as a specific exploration case to summarize its characteristics and values in cultural and economical levels. At the same time, through long-term observation and in-depth interviews with selected player groups, the similarities and differences between e-Sports and the user experience with traditional sports are summarized to provide a reference basis for the governance of online users and fans in the Internet era and to promote stimulating the positive social and economical values of e-Sports.

Keywords: E-Sports Fans; E-Sports Culture; User Experience

Ⅲ　Special Topics

B.5　Report on the Training and Development of E-Sports

　　　Professional Talents (2023)

Lu Sibing, *Duan Peng and Zhang Yulin* / 108

Abstract: The training mechanism of e-Sports professional talents includes the selection and training of e-Sports professional reserve players. At present, the selection of e-Sports professional reserve players is mainly through three channels: promotion of e-Sports mass events, open selection of e-Sports rookie selection and selection of e-Sports club youth training camp. The training of e-Sports professional reserve players mainly includes three modes: e-Sports professional training in universities, e-Sports club youth training system and third-party training institutions. It

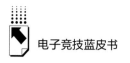

is found that the selection and training of e-Sports professionals exist in a single way; the selection process lacks scientific assessment; general learning, professional training and quality cultivation of e-Sports professional reserve players are not perfect. Therefore, it is urgent to improve the selection and training system of e-Sports professional reserve players, attach importance to the team training mechanism such as character running-in and psychological training of e-Sports team members, so as to enhance the collective wisdom of the team.

Keywords: E-Sports Talents; E-Sports Events; Team Training Mechanism

B.6 Research on the Development Strategy of China's E-Sports

Globalization　　　　　　　　　*Wang Shilin, Song Qin and He Na* / 130

Abstract: As the stereotype of the public about e-Sports games continues to change, the gap between audience perception and the industry is constantly dispelling, which is continuously promoting the vigorous development of China's e-Sports industry. Starting from the perspective of the international competitive pattern of the e-Sports industry, this report makes a horizontal comparison and sorting out of the development landscape of the e-Sports industry represented by Europe, America, Japan, South Korea and China, aiming to trace the development of the global e-Sports industry, while providing historical reference value, and also providing more innovative ideas and directions for the development path and cultural globalization of China's e-Sports.

Keywords: E-Sports; Globalization; International Competition Pattern

B.7 Report on the Development of China's E-Sports Clubs

Chu Xiaomao, Wang Xiaohui, Zhang Sichong and Bao Weiyu / 161

Abstract: With the rapid development of e-Sports industry, China's e-Sports clubs have grown in market size and revenue capacity year by year. At present, the development of e-Sports clubs in China has fluctuated due to the COVID-19, but it still has broad space and potential. These clubs are mainly concentrated in first-tier cities and also distributed in new-first-tier cities. For e-Sports clubs, their development is influenced by various factors such as capital entry, government policies, urban development, user consumption, and event funds. In a loose market environment, the e-Sports industry has attracted a large influx of capital. Governments at all levels have issued relevant policies to promote the healthy development of e-Sports, attempting to achieve a deep integration of e-Sports and the cultural and entertainment industry. In addition, e-Sports has also become a major direction in the layout of emerging cities. With the emergence of well-known clubs, the commercial operation of professional sports events has become the future development trend of e-Sports clubs. There have been third-party companies such as VSPN, MID-MARCH, ImbaTV, and others engaged in e-Sports event organization, pan-entertainment content production, content distribution, and other services, making the content of e-Sports events diversified under the tendency of professionalization. Building an all-fields e-Sports ecosystem is another major trend for the development of e-Sports clubs. Building a great competition system, promoting the normalization and standardization of events, is conducive to guiding the healthy development of e-Sports clubs.

Keywords: E-Sports Club; Urban Digital Industry; E-Sports Ecosystem

Ⅳ   Case Study

B. 8   The Commercial Value and Social Responsibility of *Honor*

of Kings   *Zhang Yijia*, *Ji Bin*, *Song Qin and Zhang Yulin* / 176

Abstract: *Honor of Kings* is a new era of national e-Sports, which through the whole people watching and participating in the e-Sports events, establishes the relationship connection, highlight memories collection, to achieve the people's higher

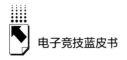

pursuit of spiritual culture. As a MOBA multiplayer online mobile sports game, *Honor of Kings* has formed a relatively complete game and business model. Through content authorization, content production, event execution, content communication, event participation and e-Sports derivative Construction, it has built a complete e-Sports industrial chain and continued to build a national e-Sports system and a global e-Sports system, full layout of e-Sports from China to the world. In addition, *Honor of Kings* deploys IP strategy, cultivates cultural inheritance and the game gets into international market, demonstrates social responsibility through the mechanism of protecting minors and preventing addiction, and makes contributions to spreading competitive spirit and maintaining social stability through e-Sports public welfare projects. Therefore, the report mainly combs and interprets the positive value of e-Sports from the two levels of commercial value and social responsibility of *Honor of Kings*.

Keywords: *Honor of Kings*; User Economy; IP; Game Globalization

皮 书

智库成果出版与传播平台

❖ 皮书定义 ❖

皮书是对中国与世界发展状况和热点问题进行年度监测，以专业的角度、专家的视野和实证研究方法，针对某一领域或区域现状与发展态势展开分析和预测，具备前沿性、原创性、实证性、连续性、时效性等特点的公开出版物，由一系列权威研究报告组成。

❖ 皮书作者 ❖

皮书系列报告作者以国内外一流研究机构、知名高校等重点智库的研究人员为主，多为相关领域一流专家学者，他们的观点代表了当下学界对中国与世界的现实和未来最高水平的解读与分析。截至 2022 年底，皮书研创机构逾千家，报告作者累计超过 10 万人。

❖ 皮书荣誉 ❖

皮书作为中国社会科学院基础理论研究与应用对策研究融合发展的代表性成果，不仅是哲学社会科学工作者服务中国特色社会主义现代化建设的重要成果，更是助力中国特色新型智库建设、构建中国特色哲学社会科学"三大体系"的重要平台。皮书系列先后被列入"十二五""十三五""十四五"时期国家重点出版物出版专项规划项目；2013~2023 年，重点皮书列入中国社会科学院国家哲学社会科学创新工程项目。

皮书网

（网址：www.pishu.cn）

发布皮书研创资讯，传播皮书精彩内容
引领皮书出版潮流，打造皮书服务平台

栏目设置

◆ **关于皮书**

何谓皮书、皮书分类、皮书大事记、
皮书荣誉、皮书出版第一人、皮书编辑部

◆ **最新资讯**

通知公告、新闻动态、媒体聚焦、
网站专题、视频直播、下载专区

◆ **皮书研创**

皮书规范、皮书选题、皮书出版、
皮书研究、研创团队

◆ **皮书评奖评价**

指标体系、皮书评价、皮书评奖

◆ **皮书研究院理事会**

理事会章程、理事单位、个人理事、高级
研究员、理事会秘书处、入会指南

所获荣誉

◆ 2008 年、2011 年、2014 年，皮书网均
在全国新闻出版业网站荣誉评选中获得
"最具商业价值网站"称号；

◆ 2012 年，获得"出版业网站百强"称号。

网库合一

2014 年，皮书网与皮书数据库端口合
一，实现资源共享，搭建智库成果融合创
新平台。

皮书网

"皮书说"
微信公众号

皮书微博

权威报告·连续出版·独家资源

皮书数据库

ANNUAL REPORT(YEARBOOK)
DATABASE

分析解读当下中国发展变迁的高端智库平台

所获荣誉

- 2020年，入选全国新闻出版深度融合发展创新案例
- 2019年，入选国家新闻出版署数字出版精品遴选推荐计划
- 2016年，入选"十三五"国家重点电子出版物出版规划骨干工程
- 2013年，荣获"中国出版政府奖·网络出版物奖"提名奖
- 连续多年荣获中国数字出版博览会"数字出版·优秀品牌"奖

皮书数据库

"社科数托邦"
微信公众号

成为用户

　　登录网址www.pishu.com.cn访问皮书数据库网站或下载皮书数据库APP，通过手机号码验证或邮箱验证即可成为皮书数据库用户。

用户福利

- 已注册用户购书后可免费获赠100元皮书数据库充值卡。刮开充值卡涂层获取充值密码，登录并进入"会员中心"—"在线充值"—"充值卡充值"，充值成功即可购买和查看数据库内容。
- 用户福利最终解释权归社会科学文献出版社所有。

数据库服务热线：400-008-6695
数据库服务QQ：2475522410
数据库服务邮箱：database@ssap.cn
图书销售热线：010-59367070/7028
图书服务QQ：1265056568
图书服务邮箱：duzhe@ssap.cn

社会科学文献出版社 皮书系列
SOCIAL SCIENCES ACADEMIC PRESS (CHINA)

卡号：341915464397
密码：

S 基本子库
UB DATABASE

中国社会发展数据库（下设 12 个专题子库）

紧扣人口、政治、外交、法律、教育、医疗卫生、资源环境等 12 个社会发展领域的前沿和热点，全面整合专业著作、智库报告、学术资讯、调研数据等类型资源，帮助用户追踪中国社会发展动态、研究社会发展战略与政策、了解社会热点问题、分析社会发展趋势。

中国经济发展数据库（下设 12 专题子库）

内容涵盖宏观经济、产业经济、工业经济、农业经济、财政金融、房地产经济、城市经济、商业贸易等 12 个重点经济领域，为把握经济运行态势、洞察经济发展规律、研判经济发展趋势、进行经济调控决策提供参考和依据。

中国行业发展数据库（下设 17 个专题子库）

以中国国民经济行业分类为依据，覆盖金融业、旅游业、交通运输业、能源矿产业、制造业等 100 多个行业，跟踪分析国民经济相关行业市场运行状况和政策导向，汇集行业发展前沿资讯，为投资、从业及各种经济决策提供理论支撑和实践指导。

中国区域发展数据库（下设 4 个专题子库）

对中国特定区域内的经济、社会、文化等领域现状与发展情况进行深度分析和预测，涉及省级行政区、城市群、城市、农村等不同维度，研究层级至县及县以下行政区，为学者研究地方经济社会宏观态势、经验模式、发展案例提供支撑，为地方政府决策提供参考。

中国文化传媒数据库（下设 18 个专题子库）

内容覆盖文化产业、新闻传播、电影娱乐、文学艺术、群众文化、图书情报等 18 个重点研究领域，聚焦文化传媒领域发展前沿、热点话题、行业实践，服务用户的教学科研、文化投资、企业规划等需要。

世界经济与国际关系数据库（下设 6 个专题子库）

整合世界经济、国际政治、世界文化与科技、全球性问题、国际组织与国际法、区域研究 6 大领域研究成果，对世界经济形势、国际形势进行连续性深度分析，对年度热点问题进行专题解读，为研判全球发展趋势提供事实和数据支持。

法律声明

　　"皮书系列"（含蓝皮书、绿皮书、黄皮书）之品牌由社会科学文献出版社最早使用并持续至今，现已被中国图书行业所熟知。"皮书系列"的相关商标已在国家商标管理部门商标局注册，包括但不限于LOGO（　）、皮书、Pishu、经济蓝皮书、社会蓝皮书等。"皮书系列"图书的注册商标专用权及封面设计、版式设计的著作权均为社会科学文献出版社所有。未经社会科学文献出版社书面授权许可，任何使用与"皮书系列"图书注册商标、封面设计、版式设计相同或者近似的文字、图形或其组合的行为均系侵权行为。

　　经作者授权，本书的专有出版权及信息网络传播权等为社会科学文献出版社享有。未经社会科学文献出版社书面授权许可，任何就本书内容的复制、发行或以数字形式进行网络传播的行为均系侵权行为。

　　社会科学文献出版社将通过法律途径追究上述侵权行为的法律责任，维护自身合法权益。

　　欢迎社会各界人士对侵犯社会科学文献出版社上述权利的侵权行为进行举报。电话：010-59367121，电子邮箱：fawubu@ssap.cn。

社会科学文献出版社